Michaela Pfadenhauer | Alexa M. Kunz (Hrsg.)
Kompetenzen in der Kompetenzerfassung

D1731931

Michaela Pfadenhauer |
Alexa M. Kunz (Hrsg.)

Kompetenzen in der Kompetenzerfassung

Ansätze und Auswirkungen
der Vermessung von Bildung

Bibliografische Information der Deutschen Nationalbibliothek

Die Deutsche Nationalbibliothek verzeichnet diese Publikation in der Deutschen Nationalbibliografie; detaillierte bibliografische Daten sind im Internet über http://dnb.d-nb.de abrufbar.

Das Werk einschließlich aller seiner Teile ist urheberrechtlich geschützt. Jede Verwertung außerhalb der engen Grenzen des Urheberrechtsgesetzes ist ohne Zustimmung des Verlags unzulässig und strafbar. Das gilt insbesondere für Vervielfältigungen, Übersetzungen, Mikroverfilmungen und die Einspeicherung und Verarbeitung in elektronischen Systemen.

© 2012 Beltz Juventa · Weinheim und Basel
www.beltz.de · www.juventa.de
Druck und Bindung: Beltz Druckpartner GmbH & Co. KG, Hemsbach
Printed in Germany

ISBN 978-3-7799-2834-8

Inhalt

Einblick

Michaela Pfadenhauer und *Alexa Maria Kunz*
Der Kompetenzstreit um Bildung.
Kontexte und Konsequenzen der Kompetenzerfassung   7

Teil I
Kompetenzerfassung an der Hochschule

Sigrid Blömeke
Kompetenzerfassung in der empirischen Bildungsforschung.
Historische und disziplinäre Entwicklungen sowie
die aktuelle Umsetzung in Studien   18

Matthias Heiner und *Johannes Wildt*
Professionalisierung von Lehrkompetenz.
Theoretische und methodische Befunde aus einem Projekt
empirischer Hochschulforschung   39

Ulrich W. Ebner-Priemer, *Philip Santangelo* und *Susanne Koudela*
Ambulatory Assessment als innovatives Instrument zur
Kompetenzerfassung. Eine erste Erprobung an Studierenden
am House of Competence (HoC)   57

Albert Albers, *Norbert Burkardt* und *Claudia Becke*
KaLeP: Karlsruher Lehrmodell für Produktentwicklung.
Ein Ansatz zur Kompetenzerfassung in der Ingenieurausbildung   75

Teil II
Kompetenzerfassung im Beruf

Martin Fischer
Berufliche Handlungskompetenz im Bereich
gewerblich-technischer Facharbeit. Welche Kompetenzen
braucht man für deren Messung?   87

Bernd Haasler
Was müssen Rating-Experten wissen und können?
Praxisbericht aus zwei Modellprojekten zur Messung
berufsfachlicher Kompetenzen 105

Teil III
Beobachtung der Kompetenzerfassung

Richard Münch
Mit dem PISA-Express in die globale Wissensgesellschaft 121

Thomas Brüsemeister
Die Trias Kompetenzen/Bildungsstandards/Evaluation
als Reproduktionsmechanismus des funktional fragmentierten
Schulsystems. Ein spitzer Kommentar 133

Achim Brosziewski
Kompetenzmessung als Bindung organisationaler Intelligenz.
Zur soziokulturellen Evolution der skalenförmigen
Organisationsbeobachtung 145

Inga Truschkat
Quo vadis, Kompetenz?
Zur sozialstrukturellen Blindheit der Kompetenzmessung
bei Übergängen 159

Ausblick

Reiner Keller und *Harald Hofer*
Allgemeine Mobilmachung.
Über Kompetenzdefinition, Platzierungskampf und
Positionierungsmacht 174

Die Autorinnen und Autoren 191

Michaela Pfadenhauer und Alexa Maria Kunz

Der Kompetenzstreit um Bildung
Kontexte und Konsequenzen der Kompetenzerfassung

‚Kompetenz' ist kein unbelasteter Gegenstand. Sowohl das, was mit diesem Begriff bezeichnet wird, als auch die Bestrebungen, dieses Konstrukt zu modellieren und zu messen, sind mehr als umstritten, wie die z.T. heftig geführte und nicht abklingende Debatte um PISA überdeutlich zeigt. Geführt wird sie vor allem von Pädagogen und empirischen Bildungsforschern, und es dürfte nicht übertrieben sein, hierbei von einem Paradigmenstreit in der Pädagogik bzw. Erziehungswissenschaft zu sprechen.

Der vorliegende Band dokumentiert die Beiträge der Konferenz „Kompetenzen in der Kompetenzerfassung", die am 1. und 2. Juli 2011 auf Einladung des Lehrstuhls für Soziologie des Wissens und des House of Competence (HoC) am KIT als gemeinsame Veranstaltung der DGS-Sektionen Professions- und Wissenssoziologie in Karlsruhe stattgefunden hat. Mit dieser dezidiert interdisziplinär angelegten Veranstaltung war daran gelegen, die im Kompetenzstreit um Kompetenz kulminierende Problematik aus unterschiedlichen Disziplinen, insbesondere auch der Soziologie, zu beleuchten, um den in Frage stehenden Gegenstand grundlagentheoretisch zu fundieren und gesellschaftstheoretisch zu kontextualisieren.

Für eine Klärung des Konstrukts ‚Kompetenz', das keineswegs nur in seinem Verhältnis zu Bildung zu bestimmen ist, stellt gerade die Soziologie ein theoretisches Fundament bereit.[1] ‚Kompetenz' erweist sich auf dieser Basis als Wissen, das nicht als Äußerliches von Handeln, sondern als untrennbar damit verwoben anzusehen ist, weshalb es sich auch nur im praktischen Vollzug offenbart. Konstatieren lässt sich allerdings, dass gerade dann, wenn der zentrale Stellenwert von Wissen in modernen Gesellschaften betont wird und diese deshalb als ‚Wissensgesellschaften' etikettiert werden, einer positivistischen Vorstellung von Wissen zum einen als unmittelbar beobachtbar, zum anderen als immer brauchbar und nützlich Vorschub geleistet wird, die sich im Kompetenzdiskurs wieder findet. Mit einer grundlagentheoretischen Klärung von Kompetenz als erfahrungsgesättigter

---

1 Vgl. hierzu bereits die Beiträge in Kurtz/Pfadenhauer 2010.

Qualität sozialen Handelns (Pfadenhauer 2010) kann nicht nur dieser Verdinglichungstendenz entgegengewirkt werden, sondern auch für die Überlagerung von Kompetenz durch deren Darstellung sensibilisiert werden, der in Messverfahren zumeist nicht eigenständig Rechnung getragen wird.

Nicht nur aber ist Kompetenz Wissen, sondern mit Kompetenzerfassung wird Wissen über Einzelpersonen und Gruppen bereitgestellt. Jenseits der Frage, ob damit Herrschaftswissen erzeugt wird, weil und insofern damit Entscheidungsträgern in Politik, Bürokratie und Wirtschaft argumentative Mittel für deren jeweilige Zwecke zur Verfügung gestellt werden, ist zu klären, welcher Typus von Wissensträger diese Art von Wissen über individuelle und kollektive Kompetenzen produziert und welche Akteursgruppe mit diesem Sonderwissensbestand gesellschaftlich an Einfluss gewinnt. Mit der Frage nach der Art des Wissens, das damit erzeugt wird, nach den Motiven dafür, dieses Wissen gesellschaftlich bereitzustellen, und nach der Zuständigkeit, dieses Wissen einzusetzen, werden die Kompetenzen in der Kompetenzerfassung in den Blick genommen.

Eine Diskussion darüber, „in welcher Beziehung das Paradigma der empirischen Bildungsforschung, oder genauer, das Paradigma der internationalen Schulvergleichsstudien wie PISA, zu globalen ökonomischen und gesellschaftlichen Entwicklungen steht, und was dies für die Logik solcher Studien bedeutet" (Klieme 2011, o.S.), mag „metatheoretisch" (ebd.) und damit realitätsfern erscheinen. Mit Analysen zum gesellschaftlichen Wandel, den die Konjunktur des Kompetenzbegriffs anzeigt und für den Kompetenzmessung ein Ausdruck ist, lässt sich jedoch der Kontext bestimmen, in dem Bestrebungen zur Kompetenzerfassung zu verorten sind, die derzeit nach den Schulen und den Betrieben auch die Hochschulen erreichen. Eine solche Perspektive, die einzunehmen tatsächlich das für die Soziologie konstitutive Abstandhalten von ihren Gegenständen erfordert, liefert nicht zuletzt den in den Vollzug der Kompetenzerfassung eingebundenen Akteuren einen Einblick in die Hintergründe ihres Tuns.

1. Der Kontext schulischer Kompetenzerfassung

Eingang in die Pädagogik hat der Kompetenzbegriff in den 1970er Jahren gefunden, weil er den Disput über das Verhältnis von allgemeiner und beruflicher Bildung zu umgehen versprach. Mit der Verlagerung der einschlägigen Semantiken auf den Kompetenzbegriff war intendiert, die enge Beschränkung der (Berufs-)Bildung auf kognitive Aspekte und eine allzu eng gefasste Vermittlung von Fertigkeiten im Hinblick auf den je unmittelbaren Tätigkeitsbezug in der beruflichen Aus-, Fort- und Weiterbildung in Richtung auf eine ganzheitliche, die gesamte Persönlichkeit umfassende Kompetenz*entwicklung* aufzuheben. In der Pädagogik und inzwischen auch in der Berufsbildungsforschung dominiert deshalb ein weites Kompetenzverständnis, das im Hinblick auf eine umfassende Handlungsfähigkeit und Mündigkeit (im Verstande der „seelischen Verfassung einer Person, bei der Fremdbestimmung so weit wie möglich durch Selbstbestimmung abgelöst ist"; Roth 1971, S. 180) nicht nur kognitive, sondern affektuelle und motivationale Komponenten einbezieht (vgl. etwa Baethge et al. 2006; Fischer 2010; Straka/Macke 2010).

In der Bildungsforschung gilt demgegenüber ein engeres Verständnis von Kompetenz als „Befähigung (Disposition) zur Bewältigung unterschiedlicher Anforderungssituationen" (Jude/Klieme 2008, S. 11). Kompetenzen werden hier definiert als „erlernbare kontextspezifische Leistungsdispositionen, die sich funktional auf Situationen und Anforderungen in bestimmten Domänen beziehen" (Klieme/Hartig 2007, S. 14). Hier wird Kompetenz auf konkrete Aufgabenstellungen bezogen, worin die Möglichkeit gesehen wird, Kompetenz (im Verstande von durch den Erwerb von Spezialwissen angeeigneter kognitiver Befähigung zur Aufgabenbewältigung) psychometrisch zu modellieren und zu messen.

Es sind nun gerade die Berufsbildungsforscher, die diese Reduktion des Kompetenzbegriffs problematisieren, die von Schulbildungsforschern auch zugestanden wird. Sie sei notwendig, weil gerade die Engführung des Begriffs auf Fachwissen und auf die kognitive Dimension die Möglichkeit zur Kompetenzmessung eröffne. Den Kritikern zufolge bedeutet das aber eben, dass der in Frage stehende Gegenstand der Logik des Messens angepasst werde – ‚operationalisiert' sagen die einen, ‚verfehlt' sagen die anderen.

Als weitere Kritikpunkte am engen Kompetenzkonstrukt, das in den PISA-Studien prominent geworden ist, werden u.a. ins Feld geführt

- der Vorwurf eines Funktionalismus, wonach Lernende in Funktionen einer zu erreichenden Quote und Bildung in bloßes Lernen für Prüfungen transformiert werden (Steinfeld 2011). Dieser Vorwurf wird mit empirischen Befunden entkräftet, wonach die Vertrautheit mit Aufgabenformaten keine Rolle für (die Verbesserung von) Testergebnisse(n) spielt;
- der Vorwurf, dass der positive Zusammenhang von Lernstrategien und Lerneffekten auf individueller Ebene sich auf der Makroebene nicht zeigen lasse, was auf Effekte des Schulsystems, das heißt kulturelle, institutionelle und organisatorische Faktoren schließen lasse (Münch 2009, S. 221). Dieser Vorwurf wird methodisch als „ökologischer Fehlschluss" (Klieme 2011, o.S.) zurückgewiesen;
- der Vorwurf einer Vermeidung inhaltlicher Festlegungen zugunsten von ‚soft skills'. Diesem Vorwurf werden Aspekte der Selbstregulation und Metakognition in Rahmen einer durchaus auf hermeneutische Fähigkeiten und kritisches Denken abzielenden Kompetenzkonzeption entgegengestellt;
- der Vorwurf eines ökonomischen Leitkonzepts im literacy-Konzept (Rekus 2007, S. 157) und mehr noch einer von der OECD getriebenen

„Leitidee von Bildung als Humankapital" (Münch 2009, S. 33). Dieser Vorwurf wird mit dem Verweis auf die wesentlich längere Tradition international vergleichender Leistungsmessung im Zuge des Paradigmenwechsels zur empirischen Bildungsforschung entkräftet;

- der Vorwurf einer „Vernachlässigung des Subjekts" (Koch 2004, S. 190) im Kompetenzkonzept zur Schaffung der für Standardisierung, Steuerung und Kontrolle nötigen Distanz. Diesem Vorwurf wird mit dem Anspruch begegnet, an vielen Einzelfällen das ihnen Gemeinsame zu beobachtbaren und daraus für Bildungseinrichtungen und Lehrende hilfreiche Lehren zu ziehen, womit durch repräsentative Studien sowohl für die Politik als auch die Praxis notwendiges Grundlagenwissen zur Verfügung gestellt werde (Klieme/Prenzel 2011).

In Teilen der Pädagogik wird der Kompetenzbegriff zwischenzeitlich gänzlich abgelehnt, weil darin dem Bildungsziel der Mündigkeit eine Absage erteilt scheint. ‚Kompetenz' wird zu einem Gegenbegriff zu ‚Bildung' stilisiert, obwohl er bereits vor PISA Eingang in die pädagogische Diskussion gefunden hatte und damals durchaus normativ konnotiert war – beispielsweise von Heinrich Roth (1971), der die Ausdifferenzierung in Sach-, Sozial- und Selbstkompetenz dezidiert als Möglichkeitsbedingungen von Mündigkeit konzipiert hatte. Der Begriff wird deshalb zum „Plastikwort par excellence" (Pongratz 2007, S. 163) stigmatisiert, weil er in der Folge der PISA-Vergleichsstudien zu einer zentralen Kategorie in der Schulreformdebatte avanciert ist.

Der Streit um Kompetenz ist folglich ein Kompetenzstreit im Verstande eines Kampfs um Zuständigkeit für die Definition von Bildungszielen und die als adäquat angesehenen Maßnahmen zu deren Erreichung. Während wertorientierte Pädagogen (internationale) Bildungsstandards ablehnen, weil damit Inhalte, Einstellungen und Werte zugunsten formal gemeinter Fähigkeiten und Bereitschaften aus der Bildungsidee verabschiedet würden (Rekus 2007, S. 157), betonen empirische Bildungsforscher, dass sich die Bestimmung von Kompetenz, wie sie etwa im Rahmen von PISA vorgenommen worden sei, als durchaus kompatibel mit einem komplexen Bildungsbegriff erweise. Die Überlegenheit des Konstrukts besteht ihnen zufolge gerade darin, dass sich zentrale Aspekte des Bildungsgeschehens eben in Tests und Fragebögen beschreiben und auf dieser Basis weniger ‚ideologisch' diskutieren lassen, womit eine neue Sachlichkeit Einzug in die aufgeregte Bildungsdebatte halten könne (Klieme/Prenzel 2011). Der Disput um die Definition des Kompetenzbegriffs erweist sich als Kompetenzstreit um die Definitionsmacht für Bildung.

2. Der Kontext betrieblicher Kompetenzerfassung

Auseinandersetzungen wie diese, deren Konfliktlinien hier nur grob umrissen sind, können zum Gegenstand einer Diskursanalyse gemacht werden, die nach Diskursparteien und -kontrahenten, nach Argumenten und deren Dominanz bzw. Marginalisierung, kurz: nach Diskursverläufen fragt. Hiermit kann überdies das Geflecht von Diskursen, in denen der Kompetenzbegriff eine zentrale Stellung einnimmt, historisch und ökonomisch kontextualisiert werden: Boris Traue (2010) zufolge lässt sich die Konjunktur des Kompetenzbegriffs und der damit einhergehenden Evaluationskultur aus dem Konvergieren ökonomisch-managerialer und therapeutischer Diskurse, das heißt einer Hybridisierung von Personalverwaltung hier und therapeutischer Kultur da seit den 1970er Jahren erklären.

Demnach ist der Kompetenzdiskurs im Kontext des Wandels der fordistischen zur postfordistischen Produktionsweise zu verorten. Seit etwa 20 Jahren wird in diesem Zuge die kredentialistische Organisation der Bildung „durch ein System ergänzt, das nicht mehr ausschließlich auf der ‚äußerlichen', das heißt staatlich anerkannten Verleihung von Bildungstiteln („Qualifikationen") durch Bildungsinstitutionen beruht, sondern auf der Feststellung von ‚innerlichen' Eigenschaften der Person. Beides, Qualifikationen und Kompetenzen sind für den Marktwert des Arbeitsvermögens relevant" (Traue 2010, S. 52). Kompetenz kann im Unterschied zu Qualifikation nicht formal geprüft, aber in Form von Tests – zum Beispiel in Bewerbungs- und Mitarbeitergesprächen – evaluiert werden, wofür diese dargestellt, das heißt sichtbar gemacht werden muss.

Der Wandel vom Fordismus zum Postfordismus hat eine Erweiterung von Konzepten des Arbeitsvermögens und Formen von Expertise hervorgebracht, die das Verhältnis des Einzelnen zu sich selber verändern. Denn mit der Ergänzung von Qualifikation durch Kompetenz wird das Arbeitsvermögen zum einen auf Denken und ein affektuelles und kognitives Verhältnis zu sich selbst ausgedehnt und zum anderen werden die Einzelnen stärker in den Dokumentationsprozess einbezogen, das heißt „sie müssen lernen, ihr Vermögen selber zu dokumentieren und im richtigen Moment zu inszenieren" (ebd.). Kompetenz entfaltet insofern also eine aktivierende und zugleich responsibilisierende Wirkung, als die Verantwortung, sich kompetent zu machen und lebenslang zu halten, weitgehend an den Einzelnen delegiert wird. Die Definitionsmacht darüber, wer als kompetent gilt, verbleibt demgegenüber in der Hand einer neuen, erstarkenden Expertengruppe (Koppetsch 2011).

3. Konsequenzen der Kompetenzerfassung

Diese Analyse lässt sich nochmals pointieren: Die Konjunktur von ‚Kompetenz' ist auf die rasche Spezialisierung von Wissen zurückzuführen, die mit einer noch nie da gewesenen Ausweitung des (höheren) Bildungssystems einhergegangen ist. Die Ausweitung von Sonderwissen ist jedoch nicht mit funktionaler Differenzierung identisch, das heißt es differenziert sich nicht nur zum Beispiel das juristische, ökonomische, erzieherische Sonderwissen immer weiter aus. Mit dem Kompetenzbegriff gerät vielmehr gerade jenes Wissen an den *Übergängen* funktional differenzierter Teilbereiche in den Blick, das heißt für immer mehr Tätigkeiten werden in immer mehr beruflichen Zusammenhängen die Differenzen zwischen Professionen und ihrem Sonderwissen ersichtlich. Mit ‚Kompetenz' wird nun gerade auf das Wissen abgehoben, das sich an den Schnittstellen spezialisierter Einheiten bildet und zwischen diesen Übergängen vermittelt.

Relevant erweist sich diese überfachliche Kompetenz bzw. das von Knoblauch (2010, S. 251) so genannte „Brückenwissen" deshalb, weil die fortschreitende Ausdifferenzierung von Sonderwissensbeständen diejenigen, die über dieses Sonderwissen verfügen, zu Kommunikation nötigt, wenn sie „routinemäßig auf Vertreter anderer Gruppen treffen" (Knoblauch 2004, S. 287). Eben diesen erhöhten Kommunikationsbedarf, der gerade auch aus der Industrie an die Schulen und Hochschulen zurückgemeldet wird, hat die therapeutisch-manageriale Branche als ‚Problem erkannt' bzw. definiert; und sie stellt mit Coaches, Beratern usw. sogleich auch Spezialisten für Kompetenzentfaltung bereit, die Lösungen für die Problembearbeitung in Aussicht stellen (Pfadenhauer 2005).

Der Kompetenzbegriff bewährt sich deshalb, weil das so genannte Brückenwissen als Sonderwissen thematisiert werden kann. Weil und insofern ‚Kompetenz' als etwas Beobachtbares angesehen wird, geht mit seiner Thematisierung und Bewertung dessen Verdinglichung einher. Denn beobachten lässt sich nicht das ‚subjektive Vermögen', also Kompetenz, sondern nur objektivierte Leistungen, Produkte und Äußerungen, das heißt die Performanz, das Auftreten, die Selbstpräsentation eines Subjekts. Bei Verfahren der Kompetenzerfassung geht es also um *Darstellung* von Kompetenz, ohne dass die Präsentation in aller Regel selber zum Thema gemacht wird. Beobachtet und bewertet wird vielmehr das, was in Anlehnung an Odo Marquard (1981) als „Kompetenzdarstellungskompetenz" (Pfadenhauer 2003) bezeichnet werden kann.

4. Zu den Beiträgen in diesem Band

Der Band versammelt zum einen Beiträge, die sich der Erfassung – das heißt der Modellierung, Messung und Diagnostik – und Entwicklung von Kompetenzen in Schule und Hochschule (Themenblock I) sowie im beruflichen und betrieblichen Umfeld (Themenblock II) widmen. Diese werden ergänzt durch Artikel, die sich mit der Beobachtung jener Kompetenzerfassungen in Schule und Hochschule sowie im betrieblich-organisationalen Kontext (Themenblock III) befassen. Abgerundet wird der Band durch einen Ausblick, der den Kompetenzdiskurs als symptomatische Ausprägung eines gesamtgesellschaftlichen Wandels hin zu einer ‚Ratinggesellschaft' interpretiert.

Im Anschluss an eine Darstellung psychologischer und soziologischer Kompetenzbegriffe stellt *Sigrid Blömeke* in ihrem Beitrag die Operationalisierung eines auf kognitive Fähigkeiten zielenden Kompetenzverständnisses dar. Am Beispiel der international angelegten TEDS-M-Studie zur Erfassung fachbezogenen und pädagogischen Professionswissens angehender Mathematiklehrerinnen und -lehrer macht sie auf problematische Aspekte aufmerksam wie die einer solchen Kompetenzmessung inhärenten Normativität und die Konzentration der Messkompetenzen bei einer exklusiven Gruppe. Zugleich betont sie die demokratisierenden Potenziale von auf Vergleichbarkeit angelegten Instrumenten und deren diskursiver Verhandlung.

Ebenfalls mit der Entwicklung von Lehrkompetenz – hier: im Kontext von Hochschulen – befassen sich *Matthias Heiner* und *Johannes Wildt*. In ihrem Beitrag schlagen sie ein analytisches Modellieren von Kompetenz vor, das sich nicht an einem bereits etablierten Kompetenzmodell orientiert, sondern die Kompetenzentwicklung anhand biographischer Selbstbeschreibungen von Lehrenden rekonstruiert und somit die Zuständigkeit der Kompetenzbeurteilung in den Bereich der Handelnden selbst legt. Basierend auf dieser empiriegesättigten Vorgehensweise stellen sie die Entwicklung von Lehrkompetenz als keineswegs linearen, sondern rhizomatischen Prozess mit mehreren Ebenen, Kanten und Pfaden dar.

Ulrich Ebner-Priemer, *Philip Santangelo* und *Susanne Koudela* befassen sich ebenfalls mit methodischen Aspekten der Kompetenzdimensionierung: Am Beispiel einer Studie zu Zeitmanagement-Kompetenzen von Studierenden am Karlsruher Institut für Technologie (KIT) machen sie in ihrem Beitrag auf die damit verbundene Problematik aus Sicht der Angewandten Psychologie aufmerksam. Auch bei den von ihnen eingesetzten Verfahren, die mittels real-time- und real-life-Assessment versuchen, dem Situationsbezug von kompetentem Handeln dezidiert Rechnung zu tragen, sehen sich die Autoren mit der Frage konfrontiert, was die ermittelten Werte tatsächlich über den Kompetenzgrad des Handelns aussagen können. In der technischen Unterstützung solcher Erhebungen und insbesondere der fortschreitenden Miniaturisierung aufwändiger IT-Systeme vermuten sie eine potente Möglichkeit zur Klärung dieser Frage.

Eine praktische Umsetzung von Kompetenzorientierung in der universitären Lehre demonstrieren *Albert Albers, Norbert Burkardt* und *Claudia Becke*: Mittels eines am KIT entwickelten Projektstudiums im Maschinenbau illustrieren sie in ihrem Beitrag die Komplexität eines Lehr-Lern-Szenarios, das möglichst ideale Rahmenbedingungen für die Kompetenzentwicklung künftiger Ingenieure bieten soll. Mittels einer an der späteren Berufspraxis orientierten und gleichzeitig durch Betreuungsangebote unterstützten Herangehensweise sollen zukünftige Ingenieurinnen und Ingenieure in die Lage versetzt werden, ihr keineswegs auf Fachkompetenz beschränktes Wissen methodisch unterstützt problemspezifisch anzuwenden.

Mit der Kompetenzerfassung im betrieblichen und beruflichen Umfeld und der zu deren Beurteilung erforderlichen Kompetenzen befassen sich die Beiträge im II. Themenblock. Dabei widmet sich *Martin Fischer* explizit der Frage nach notwendigen Bestandteilen einer umfassenden Kompetenzdiagnostik, die sich eben nicht lediglich in einem Messmodell erschöpft, sondern zudem eines Erklärungsmodells, eines Strukturmodells und eines Entwicklungsmodells bedarf. Dabei weist er insbesondere auf das für die Diagnostik hoch relevante Wechselverhältnis von Wissen und Handeln sowie die domänenspezifischen Aspekte kompetenten Handelns hin.

Daran anschließend setzt sich *Bernd Haasler* speziell mit den Kompetenzen derjenigen auseinander, die eine Kompetenzdiagnostik im beruflichen Umfeld durchführen sollen: so genannte Rating-Experten. Basierend auf empirischen Ergebnissen einer in Deutschland und China durchgeführten Large-Scale-Untersuchung zeigt er auf, wie voraussetzungsvoll verlässliche Ratingprozesse zur Untersuchung beruflicher Kompetenzen sind.

Themenblock III schließlich widmet sich der Beobachterperspektive eben jener Kompetenzerfassung in Schule und Hochschule sowie an deren Übergängen.

Richard Münch bezweifelt grundlegend, dass die PISA-Studien als Instrument der Kompetenzerfassung tatsächlich dazu beitragen, das Bildungsniveau einer Gesellschaft, und damit verbunden ihren Wohlstand, zu mehren. Er problematisiert in seinem Beitrag die Übertragung der Marktlogik auf einen bis dato nicht marktförmig geregelten Bereich allein schon aufgrund fehlender Konsumentensouveränität und weist darauf hin, dass die wettbewerbsorientierte Ausrichtung des Bildungssektors zur Exklusion bestimmter Gruppen statt zu deren politisch gewollter Integration führt.

Einen spitzen Kommentar liefert *Thomas Brüsemeister* mit seinem Beitrag zur Trias „Kompetenzen – Bildungsstandards – Evaluation". Pointiert weist er dabei auf systematische Schwachstellen des deutschen Bildungswesens hin, das sich ihm zufolge insbesondere durch organisierte Unverantwortlichkeit und fehlende Interdependenzen auszeichnet. Bildungsstandards erfüllen in einem solch fragmentierten System keine genuin inhaltliche Funktion mehr, sondern dienen vor allem dem politischen System als Möglichkeit, (kaum erfüllbare) Forderungen an die Schulebene zu stellen. Resultat dieses unverbundenen Nebeneinanders von Politk, Verwaltung und Schule sind nicht zuletzt mannigfaltige und gänzlich unvereinbare Kompetenzverständnisse, die Kooperationen zusätzlich erschweren.

Achim Brosziewski greift ebenfalls die Frage nach der Verteilung von Zuständigkeiten auf: Er stellt in seinem Beitrag Kompetenzerfassung als einen im Erziehungssystem bereits etablierten und weiterhin im Ausbau befindlichen Modus skalenförmiger Organisationsbeobachtung heraus, der von der Wissenschaft entwickelt und durch Bildungspolitik und -verwaltung in den ihnen zugeordneten Organisationen wie Schulen und Hochschulen Anwendung findet. Diesen Prozess rekonstruiert er aus der Perspektive einer Theorie der soziokulturellen Evolution, wodurch insbesondere die Grenzen kompetenzvermessener Bildungsorganisationen offen zutage treten.

„Quo vadis Kompetenz?", fragt schließlich *Inga Truschkat* und fokussiert in ihrem Beitrag kompetenzdiskursanalytisch die Übergänge vom Bildungs- zum Erwerbssystem. Illustriert an einigen gängigen Kompetenzdiagnostikverfahren zeigt sie mit dem strukturell-normativen und dem individual-dispositiven Kompetenzdiskurs zwei Stränge auf, die sich beide durch eine Nichtbeachtung sozialstruktureller Einflüsse auszeichnen und dergestalt das selbst formulierte Ziel eines Abbaus struktureller Barrieren unterlaufen.

Der Band schließt mit einem Ausblick von *Reiner Keller* und *Harald Hofer*, die in ihrem Beitrag den Kompetenzdiskurs in einen gesamtgesellschaftlichen Wandlungsprozess einbetten. In der Logik der Foucault'schen Machtanalytik identifizieren sie die ubiquitären Jurys, Rating- und Rankinginstanzen als Statthalter des von ihnen neu erkannten Machttypus der „Positionierungsmacht". Am Bildungs- und Hochschulsektor zeichnen sie die Ausweitung der Rankinglogik ausgehend vom ökonomischen Sektor auf alle Lebensbereiche nach und pointieren mit der Beschreibung von Ranking und Rating als weithin akzeptierten Deutungsangeboten die auch in anderen Beiträgen aufgeworfene Frage nach den ‚Kompetenten' in der Kompetenzerfassung.

An dieser Stelle danken die Herausgeberinnen auch all jenen, die zur Realisierung des Bandes beigetragen haben. Neben den Autorinnen und Autoren gilt dies insbesondere für Frank Engelhardt von der Verlagsgruppe Beltz, dem wir für die stets sehr gute Zusammenarbeit danken. Für die ausgesprochen sorgfältige und zuverlässige Bearbeitung der Manuskripte danken wir Anna K. Lehner auf das Herzlichste.

Literatur

Baethge, M./Achtenhagen, F./Arends, L./Babic, E./Baethge-Kinsky, V./Weber, S. (2006): Berufsbildungs-PISA – Machbarkeitsstudie. Stuttgart: Steiner.

Fischer, M. (2010): Kompetenzmodellierung und Kompetenzmessung in der beruflichen Bildung – Probleme und Perspektiven. In: Becker, M./Fischer, M./Spöttl, G. (Hrsg.): Von der Arbeitsanalyse zur Diagnose beruflicher Kompetenzen. Frankfurt am Main: Peter Lang, S. 141–158.

Jude, N./Klieme, E. (2008): Einleitung. In: Jude, N./Hartig, J./Klieme, E. (Hrsg.): Kompetenzerfassung in pädagogischen Handlungsfeldern. Bildungsforschung. Band 26. Bonn: BMBF, S. 11–18.

Klieme, E./Hartig, J. (2007): Kompetenzkonzepte in den Sozialwissenschaften und im erziehungswissenschaftlichen Diskurs. In: Prenzel, M./Gogolin, I./Krüger, H.-H. (Hrsg.): Kompetenzdiagnostik. Zeitschrift für Erziehungswissenschaften, Sonderheft 8.

Klieme, E. (2011): Bildung unter undemokratischem Druck? Anmerkungen zur Kritik der PISA-Studie. In: Aufenanger, S./Hamburger, F./Ludwig, L./Tippelt, R. (Hrsg.): Bildung in der Demokratie. Beiträge zum 22. Kongress der DGfE. Band 2. Opladen: Barbara Budrich (auch online unter http://pisa.dipf.de/de/files/PISA_Artikel_Bildung%20unter%20undemokratischen%20Druck_klieme.pdf, Abruf 8.5.2012).

Klieme, E./Prenzel, M. (2011): Doch, Pisa hilft den Schulen. Eine Replik auf die Kritik Hans Brüggelmanns an der Pisa-Studie. In: Die ZEIT vom 27.1.11, S. 68.

Knoblauch, H. (2004): Kritik des Wissens. Wissensmanagement, Wissenssoziologie und die Kommunikation. In: Wyssussek, B. (Hrsg.): Wissensmanagement komplex: Perspektiven und soziale Praxis. Berlin: Erich Schmidt Verlag, S. 275–289.

Knoblauch, H. (2010): Von der Kompetenz zur Performanz. Wissenssoziologische Aspekte von Kompetenz. In: Kurtz, T./Pfadenhauer, M. (Hrsg.): Soziologie der Kompetenz. Wiesbaden: VS, S. 237–255.

Koch, L. (2004): Allgemeinbildung und Grundbildung, Identität oder Alternative? In: Zeitschrift für Erziehungswissenschaft 7, S. 183–191.

Koppetsch, C. (2011): Symbolanalytiker – ein neuer Expertentypus? Einige Thesen zum Wandel akademischer Berufsfelder. In: Leviathan 39, S. 407–433.

Kurtz, T./Pfadenhauer, M. (Hrsg.) (2010): Soziologie der Kompetenz. Wiesbaden: VS.

Marquard, O. (1981): Inkompetenzkompensationskompetenz. In: Ders. (Hrsg.): Abschied vom Prinzipiellen. Stuttgart: Reclam, S. 23–38.

Münch, R. (2009): Globale Eliten, lokale Autoritäten. Bildung und Wissenschaft unter dem Regime von PISA, McKinsey&Co. Frankfurt am Main: Suhrkamp.

Pfadenhauer, M. (2003): Professionalität. Eine wissenssoziologische Rekonstruktion institutionalisierter Kompetenzdarstellungskompetenz. Opladen: Leske+Budrich.

Pfadenhauer, M. (2005): Die Definition des Problems aus der Verwaltung der Lösung. Professionelles Handeln revisited. In: Dies. (Hrsg.): Professionelles Handeln. Wiesbaden: VS, S. 9–26.

Pfadenhauer, M. (2010): Kompetenz als Qualität sozialen Handelns. In: Kurtz, T./Pfadenhauer, M. (Hrsg.): Soziologie der Kompetenz. Wiesbaden: VS, S. 149–172.

Pongratz, L.A. (2007): Plastikwörter. Notizen zur Bildungsreform. In: Engagement. Zeitschrift für Erziehung und Schule 3/2007, S. 161–170.

Rekus, J. (2007): Kompetenz – ein neuer Bildungsbegriff. In: Engagement. Zeitschrift für Erziehung und Schule 3/2007, S. 155–160.

Roth, H. (1971): Pädagogische Anthropologie. Band 2: Entwicklung und Erziehung. Hannover: Schroedel.

Steinfeld, T. (2011): Scheitern muss sein, aber nicht zu oft. In: Süddeutsche Zeitung vom 6.6.2011, S. 4.

Straka, G.A./Macke, G. (2010): Kompetenz – nur eine „kontextspezifische kognitive Leistungsposition"? Zeitschrift für Berufs- und Wirtschaftspädagogik 106, S. 444–451.

Traue, B. (2010): Kompetente Subjekte: Kompetenz als Bildungs- und Regierungsdispositiv im Postfordismus. In: Kurtz, T./Pfadenhauer, M. (Hrsg.): Soziologie der Kompetenz. Wiesbaden: VS, S. 49–67.

Sigrid Blömeke

Kompetenzerfassung in der empirischen Bildungsforschung

Historische und disziplinäre Entwicklungen sowie die aktuelle Umsetzung in Studien

Der vorliegende Beitrag hat zwei schwierige Aufträge zu bewältigen: eine Klärung ‚des' Kompetenzbegriffs aus pädagogisch-psychologischer Perspektive und die Erläuterung seiner konkreten Implementierung in ‚der' empirischen Bildungsforschung.

Der Begriff der *Kompetenz* schillert in seiner Bedeutung und irrlichtert durch die akademischen Disziplinen wie nur wenige andere, so dass seine respektive Definition mit dem Theoriekontext variiert. Verschiedene Autorinnen und Autoren verwenden denselben Begriff in unterschiedlicher Bedeutung oder dasselbe Phänomen wird mit unterschiedlichen Begriffen belegt. Schon der gleichzeitige Bezug der empirischen Bildungsforschung auf Pädagogik *und* Psychologie bedeutet die Integration von zwei unterschiedlichen Herangehensweisen, die sich zudem über die Zeit gewandelt haben. Pädagogische Ansätze beschäftigen sich traditionell vor allem mit Fragen der *Gestaltung* von Kompetenzerwerbsprozessen. Um dies evidenzbasiert tun zu können, werden zunehmend psychologische Herangehensweisen zur empirischen Erfassung der Voraussetzungen, Rahmenbedingungen und Ergebnisse des internen Kompetenzaufbaus herangezogen. Im ersten Abschnitt dieses Beitrags wird versucht, den dabei entstandenen Theorierahmen so zusammenzufassen, dass insbesondere die Unterschiede zu soziologischen Definitionen deutlich werden.

Der pädagogisch-psychologische Theorierahmen der Bildungsforschung wird in empirischen Studien dann durch Operationalisierung in Form von Messinstrumenten konkretisiert. *Die* ‚empirische Bildungsforschung' gibt es allerdings ebenso wenig, wie es *die* Soziologie gibt. Insofern unterscheidet sich das Vorgehen zwischen den Studien zum Teil deutlich. Es haben sich jedoch Forschungslinien zur Kompetenzerfassung herauskristallisiert, in denen die theoretische Konzeptualisierung und empirische Operationalisierung weitgehend übereinstimmen. Hierzu gehören Studien zur Kompetenzerfassung bei angehenden und praktizierenden Lehrkräften wie TEDS-M (siehe zum Beispiel Blömeke/Suhl/Kaiser 2011; Blömeke et al. 2012) und COACTIV (siehe zum Beispiel Kunter et al. 2011) oder Studien zu anderen akademisch ausgebildeten Berufsgruppen wie in der BMBF-Förderinitiative KoKoHs (Blömeke/Zlatkin-Troitschanskaia 2011) und die Studien im Umfeld des DFG-Schwerpunktprogramms Kompetenzmodelle (Klieme/Leutner 2006). Im zweiten Abschnitt des vorliegenden Beitrags wird das Vorgehen in diesen Studien beispielhaft dargelegt.

Abschließend werden Chancen und Grenzen der Kompetenzerfassung in der empirischen Bildungsforschung mit Blick auf die Professionalisierung des Lehrerberufs, die implizite Normativität von Messungen und deren Leistungen für die Gestaltung der Lehrerausbildung reflektiert.

1. Theoretischer Rahmen: Kompetenzdefinitionen in Pädagogik und Psychologie

1.1 Historische und disziplinäre Entwicklungen des Kompetenzbegriffs

Lange bevor der Begriff der ‚Kompetenz' seinen Eingang in die Bildungsforschung fand, wurde er in der Umgangssprache und anderen wissenschaftlichen Disziplinen wie der Biologie, der Sprachwissenschaft oder der Philosophie verwendet. Erst für die 1970er Jahre lassen sich verstärkt Literaturangaben im Bereich der Pädagogik finden.[1] Die Verwendung steht im Kontext einer Diskussion um die Beschreibung und Klassifikation von Lernzielen. Hoppe (1974, S. 171) stellte beispielsweise „Taxonomien", denen er fehlende logische Stringenz vorwarf, Kompetenzbeschreibungen gegenüber, die von domänenspezifischen Inhalten ausgingen. Im Zusammenhang der Diskussion um die Gestaltung der Lehrerausbildung taucht der Kompetenzbegriff dann in den 1990er Jahren wieder verstärkt auf, ohne dass jedoch seine Grundlagen und die Diskussion der 1970er Jahre thematisiert werden. Heydrich formuliert daher noch 1995 (S. 224): „Die Geschichte des Kompetenzbegriffs ist bis dato nicht geschrieben. Sie könnte seinen Mehrdeutigkeiten nachgehen, seiner Offenheit und Vagheit." Disziplinenübergreifend gilt dieses Statement noch heute.

Generell liegen dem Begriff Kompetenz zwei Bedeutungen zu Grunde: Kompetenz im Sinne von *Zuständigkeit* für ein bestimmtes Handeln und Kompetenz im Sinne von *Fähigkeit* zu einem bestimmten Handeln. Für den ersten Fall, ausführlich thematisiert in Webers (1922/1980) Bürokratiemodell, lassen sich im Bereich der Pädagogik zahlreiche Beispiele finden, in denen Kompetenzen aufgrund eines Amtes oder einer Funktion vergeben werden: So gelten Eltern in der Regel als zuständig für die häusliche Erzie-

---

1 Für Details zum Folgenden siehe Blömeke 2002.

19

hung, Lehrerinnen und Lehrer als zuständig für den Unterricht, und dem Staat wurde lange Zeit die Zuständigkeit für die Lehrerausbildung zugesprochen. Für die pädagogisch-psychologische Auseinandersetzung mit Kompetenz spielt dieses Begriffsverständnis zunächst keine Rolle. Hier erfolgt die inhaltliche Füllung überwiegend im Sinne der zweiten Bedeutung von Kompetenz als Fähigkeit.

Analytisch lassen sich verschiedene Kompetenzen nebeneinander und innerhalb jeder Kompetenz verschiedene Dimensionen bzw. Facetten unterscheiden. In pädagogisch-psychologischer Perspektive gilt dabei, dass Kompetenzen – anders als Intelligenz – *domänenspezifisch* ausgeprägt sind, dass sie latente Dispositionen darstellen, die *anforderungsbezogen* wirksam werden, dass sie *erlernbar* sind und eine gewisse *Stabilität* über Einzelsituationen hinweg aufweisen (Weinert 1999; 2001). Vor allem mit dem Postulat der Erlernbarkeit unterscheidet sich das pädagogisch-psychologische Verständnis von biologischen oder anthropologischen Ansätzen, nach denen es sich bei Kompetenzen um angeborene Fähigkeiten handelt. Damit unterscheiden sich Pädagogik und Psychologie von Soziologen wie Lepenies, der 1971 (S. 29), von Kompetenzen als „anthropologischen (evolutionären) *Vorgaben*" spricht.

Demgegenüber besteht eine Nähe des pädagogisch-psychologischen Kompetenzbegriffs zu einem anderen soziologischen Ansatz, dem von Habermas. In seiner Theorie der „kommunikativen Kompetenz" formuliert er ein Kompetenztheorem für an Situationen gebundene Sprechakte. Habermas (1971, S. 102): „Unter Standardbedingungen kehren in jeder möglichen Redesituation allgemeine Bestandteile wieder." Kompetenzen betrachtet er als das Ergebnis von Reifungs- und Lernprozessen, die in Doppelinteraktion mit den eigenen Voraussetzungen und der Umwelt erworben werden. Der Soziologe Heming (1996, S. 104) formuliert entsprechend ganz im Sinne der Pädagogik: „Die Kompetenzentfaltung muss demnach als Bildungsprozess beschrieben werden." Klieme und Hartig (2007, S. 14) weisen in diesem Zusammenhang aber deutlich auf die Bedeutsamkeit der Evidenzbasierung hin (Hervorhebung nicht im Original): „Wer kompetent zu handeln vermag, verfügt nicht nur über träges Wissen, sondern ist *nachweislich* in der Lage, reale Anforderungssituationen zu bewältigen." Dieser Punkt ist zumindest in der Pädagogik mit ihrem Fokus auf der Gestaltung entsprechender Lernprozesse lange Zeit vernachlässigt worden.

Auf der Ebene des epistemischen Subjekts werden Kompetenzen in der Regel dreifach dimensioniert:[2] kognitive (vor allem von Piaget theoretisch konzeptualisiert und empirisch geprüft), sozial-moralische (Kohlberg) und kommunikative bzw. interaktive Kompetenzen (Habermas). Alle drei Autoren gehen von einer Interdependenz der Kompetenzdimensionen aus, sehen

---

2 Für Details zum Folgenden siehe Blömeke 2002.

aber unterschiedliche Primate. Alle drei gehen auch von vergleichbaren wissenschaftstheoretischen Grundauffassungen aus, indem sie Kompetenzerwerb als ontogenetisches Resultat der Wechselbeziehung zwischen Subjekt und Umwelt sehen, in der das Subjekt zunehmend an Autonomie gewinnt (Krüger/Lersch 1993, S. 107). Der Soziologe Habermas nimmt dabei gegenüber den beiden Entwicklungspsychologen Piaget und Kohlberg eine für die Pädagogik wichtige Wendung vor, indem er die drei Modellierungen normativ deutet und die jeweils höchste Entwicklungsstufe, die von den beiden anderen nur empirisch beschrieben wurden, als Zielvorstellungen beschreibt. Dies bedeutet nach Dröse (1982, S. 24): „Somit ist die ‚voll entwickelte Persönlichkeit' Habermas'scher Modell-Provenienz durch Diskursfähigkeit und hohes abstrakt-kognitives Niveau gekennzeichnet und weist sich durch ein moralisches Verhalten aus, das eigenen, als ethisch akzeptierten Prinzipien folgt und damit relativ unbeeinflusst von konventionellen Bewusstseinslagen bzw. Motivationsstrukturen ist."

1.2 Der Kompetenzbegriff in der aktuellen empirischen Bildungsforschung

Im Anschluss an Weinert (1999) wird ‚Kompetenz' in zahlreichen Studien der aktuellen empirischen Bildungsforschung[3] in kognitive Leistungsdispositionen sowie damit verbundene motivationale, volitionale und soziale Bereitschaften und Fähigkeiten differenziert, um kognitiv erarbeitete Problemlösungen in variablen Situationen erfolgreich und verantwortungsvoll nutzen zu können (siehe beispielhaft die Modellierung professioneller Kompetenz von Lehrkräften in Abb. 1). Sowohl die kognitive als auch die affektiv-motivationale Komponente werden jeweils auf der Basis des Forschungsstands analytisch weiter ausdifferenziert. Für Lehrkräfte wird beispielsweise in kognitiver Hinsicht zwischen fachbezogenem, fachdidaktischem und pädagogischem Wissen unterschieden (Shulman 1985; Bromme 1997; Blömeke 2002; Baumert/Kunter 2006). In affektiv-motivationaler Hinsicht wird ähnlich zwischen domänenspezifischen und generischen Eigenschaften differenziert. Quer zu diesen Unterscheidungen lässt sich der Wissensbestand von Lehrkräften jeweils weiter in propositionales, fallbezogenes und strategisches Wissen ausdifferenzieren, so dass man bei der Bestimmung professioneller Lehrerkompetenz eine Matrix erhält.

---

3 Für alternative Konzeptualisierungen des Kompetenzbegriffs in Pädagogik und Psychologie sowie deren historische Entwicklung seit den 1970er Jahren vgl. die Übersicht von Hartig/Klieme (2007). Die Autoren arbeiten vor allem detailliert die in der Berufspädagogik sowie der zweiten Phase der Lehrerausbildung einflussreiche Unterscheidung von Sach-, Sozial- und Selbstkompetenz auf.

Abbildung 1: Modell professioneller Lehrerkompetenz

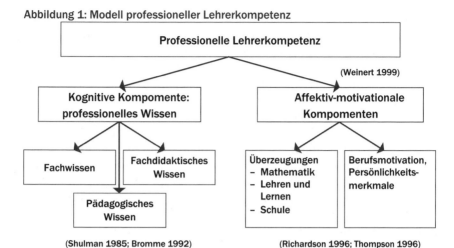

Das fachbezogene Professionswissen (*subject matter content knowledge*) meint nicht nur – wie in traditioneller Manier – das Verfügen über Theorien und Fakten, sondern umfasst nach Shulman (1991, S. 150) auch das „Verstehen der Strukturen eines Faches", also warum bestimmte Forschungsansätze, -methoden und -ergebnisse wichtig sind und welchen Stellenwert sie in der Gesamtstruktur des Fachs einnehmen. Fachdidaktisches Professionswissen (*paedagogical content knowledge*) umfasst das fachliche Wissen für den Unterricht, inkludiert also die Fachinhalte unter der Perspektive der ‚Lehrbarkeit'. Hier wird die Perspektive der Lehrkraft eingenommen, die „die sinnvollsten Formen der Repräsentation dieser Themen, [...] Illustrationen" (ebd., S. 151), typische Lernvoraussetzung von Schülerinnen und Schülern etc. kennen muss. Das curriculare Wissen schließlich (*curricular knowledge*), in deutschen Konzeptionen in der Regel als Bestandteil des fachdidaktischen Professionswissens gesehen, umfasst die auf das Fachwissen bezogenen Unterrichtsmaterialien und Richtlinien.

Blickt man nun auf die jeweils mögliche weitere Differenzierung nach Wissensarten, umfasst propositionales Wissen (*knowledge in teaching*) dekontextualisiert die Prinzipien wissenschaftlicher Forschung, die Maximen praktischer Erfahrung und die Normen moral-ethischen Raisonnements (ebd., S. 153). Fallbezogenes Wissen ist auf das propositionale Wissen bezogen und kontextualisiert dieses als ‚Fall von Etwas'. Es umfasst Prototypen, die theoretische Prinzipien verdeutlichen, Präzedenzfälle, die Maximen vermitteln, und Parabeln, die Normen vermitteln. Diesem Wissenstyp kommt also eine Art Scharnierfunktion zu. Strategisches Wissen schließlich ist praktisches Handlungswissen und kommt in Dilemma-Situationen zur Geltung. Shulman (ebd., S. 158) beschreibt es auch als „Urteilskraft" (*practical wisdom*). Praktisches Handlungswissen entsteht durch Vergleichen und Kontrastieren von Prinzipien und Fällen; sich ergebende Handlungs-konsequenzen werden als neue Propositionen oder Fälle abgespeichert.

Dieser ausdifferenzierte theoretische Rahmen bildet den Ausgangspunkt für die Entwicklung von Erhebungsinstrumenten. Mit dem Postulat der Er-lernbarkeit ist in der empirischen Bildungsforschung zudem die Annahme verbunden, dass der Kompetenzerwerb durch ein Bündel an Einflussfakto-ren zustande gekommen ist. Der internationalen Vergleichsstudie TEDS-M (*Teacher Education and Development: Learning to Teach Mathematics*; Details siehe unten) zur empirischen Erfassung der professionellen Kompe-tenz von Mathematiklehrkräften liegt entsprechend ein Modell zugrunde, das zwischen nationalen Kontextmerkmalen, institutionellen Lerngelegen-heiten und individuellen Lernvoraussetzungen unterscheidet (siehe Abb. 2). Die am Ende der Ausbildung erreichte Kompetenz wird also in Abhängig-keit von demographischen Merkmalen, individuell unterschiedlichen Ver-haltensweisen bei der Nutzung von Lerngelegenheiten während der Ausbil-dung und den jeweils vor Ort gebotenen Kontexten gesehen.

1.3 Zum Verhältnis von Kompetenz und Performanz

Eine wichtige Rolle spielt in Pädagogik und Psychologie die Unterschei-dung von Kompetenz und Performanz. Performanz kann im Sinne von de Saussure, Chomsky oder Habermas als die empirisch wahrnehmbare Ober-flächenstruktur des menschlichen Handelns, also als der Gebrauch allge-meiner Fähigkeiten unter spezifischen Rahmenbedingungen gesehen wer-den (de Saussure (1916/1967): „parole"). In der Lehrerforschung wurde sich besonders intensiv mit der Umsetzung von Kompetenz in Performanz unter Entwicklungsgesichtspunkten auseinandergesetzt. Dabei werden ‚Ex-perten' und ‚Novizen' gegenübergestellt. Für Expertenhandeln spielen vor allem die „mentale Repräsentation, hierarchische Organisation und flexible Zugänglichkeit" (Weinert/Schrader/Helmke 1990, S. 176) von professionel-lem Wissen eine Rolle. Expertinnen und Experten zeichnen sich gegenüber Novizen durch eine schnellere Wahrnehmung von Informationen und eine fehlerfreiere Erinnerung aufgrund höheren Vorwissens, eine bessere Orga-nisationsleistungen bei der Speicherung und dem Abrufen der Informatio-nen sowie den Besitz von Schemata mit fallbasierten *Scripts* aus (Gruber 1998). Das professionelle Wissen besitzt für den einzelnen Expertenlehrer zudem eine kohärente Struktur, die nicht mit der wissenschaftlichen Struk-tur übereinstimmen muss, und es ist mit Bezug auf Unterrichtssituationen organisiert, nicht im Hinblick auf einen einzelnen Schüler (Bromme 1992).

Abbildung 2: Modell professioneller Lehrerkompetenz

Nationale Ebene

Level III	Gesellschaftssystem		
	Entwicklungsstand	Status Lehrerberuf	Status Mathematik

Level II	Bildungssystem		
	Steuerung und Kontrolle	Ziele der Schule	Arbeitsbedingungen im Lehrerberuf

Level I	Lehrerausbildungssystem				
	Ziele/ Standards	Struktur der Ausbildung	Kosten pro Absolvent/in	Institutiona-lisierung	Eingangs-selektivität

Institutionelle Ebene

Level II	Institutionell intendiertes Curriculum				
	Ziele und Inhalte	Lehrmethoden	Kontrolle und Steuerung	Beratung und Unterstützung	Selektivität

Level I	Lehrerausbildner/innen			Implementiertes Curriculum		
	Wissen	Beliefs	Demografie	Ziele/ Inhalte	Lehr-methoden	Selektivität
	Ziele und Inhalte	Lehrmethoden		Kontrolle, Steuerung	Beratung	Studierende

Individuelle Ebene

Level II	Lernvoraussetzungen		Nutzung des Lehrangebots		
	Wissen	Beliefs	Inhalte	Lehr-Lernmethoden	
	Persönlichkeits-merkmale	Demografisches	Investierte Lernzeit	Lern-strategien	Affektive Komponenten

Level I	Erworbene professionelle Kompetenz			
	Professionelles Wissen	Professionelle *beliefs*	Persönlichkeits-merkmal	Demografisches

Der Aufbau von Expertenwissen muss als langwieriger Lernprozess angesehen werden (vgl. Abb. 3). Zu Beginn der Lehrerbildung sind Studierende
Novizen, die nur wenig systematisches Wissen in Bezug auf das Arrangie-
ren von Lernsituationen haben und auch nicht über systematische Hand-
lungserfahrungen in der Rolle von Lehrpersonen verfügen. Im Laufe des
Lehramtsstudiums kann durch den Erwerb von kognitiven Fähigkeiten und
Fertigkeiten sowie durch vereinzelte Erfahrungen mit Handeln als Lehrpersonen das Stadium von Fortgeschrittenen durchlaufen werden. In der zweiten Phase der Lehrerbildung wird auf der nun vorhandenen breiten Wissensbasis der Fokus auf systematische Erfahrungen mit dem Handeln als
Lehrperson gelegt. Ziel ist es, professionelle Kompetenz auszubilden. In
den ersten Berufsjahren befindet sich die Lehrperson im Übergang vom
,Kompetenzstadium' zum Stadium des ,Könners'. Nun geht es darum,
durch Routinisierung das erworbene Handlungsrepertoire so zu erweitern,
dass unterrichtliche Situationen als Ganze wahrgenommen werden, dass

auch ohne lange Analysen sofort klar ist, was in einer Situation wesentlich ist, und dass zur Vorbereitung nicht mehr jedes Detail einer Unterrichtsstunde geplant werden muss.

Vor allem wegen seiner sozialisatorischen Effekte (Herrmann/Hertramph 2000) gilt der Berufseinstieg von Lehrkräften als Schlüsselphase für die Entwicklung professioneller Kompetenz. Der Unterricht wird hier von Junglehrkräften häufig als survival stage (Fuller/Brown 1975) bzw. als „Handeln unter Druck" (Wahl 1991) erlebt, in deren Folge sich die Berufsanfänger häufig von theorieorientierten und empirisch fundierten Unterrichtsansätzen distanzieren.

Abbildung 3: Entwicklung vom Novizen zum Experten (Neuweg 1999, S. 313)

	Novize	Fort-geschrittener	Kompetenz-stadium	Könner	Experte
berücksichtigte Elemente	kontextfrei	kontextfrei und *situational*	kontextfrei und situational	kontextfrei und situational	kontextfrei und situational
Sinn für das Wesentliche	nein	nein	*erarbeitet*	*unmittelbar*	unmittelbar
Wahrnehmung der Gesamt-situation	analytisch	analytisch	analytisch	*holistisch*	holistisch
Bestimmung des Verhaltens	durch Regeln	durch Regeln und Richtlinien	durch extensi-ve *Planung*	durch begrenz-te Planung	*intuitiv*

2. Empirische Umsetzung: Kompetenzerfassung am Beispiel der Studie TEDS-M

2.1 Untersuchungsdesign

Die bereits angesprochene internationale Vergleichsstudie TEDS-M hat mit der Lehrerausbildung zum ersten Mal den tertiären Bildungsbereich mit standardisierten Kompetenztests in den Blick genommen.[4] An dieser Vergleichsstudie der ‚International Association for the Evaluation of Educational Achievement (IEA)', die auch TIMSS und PIRLS durchführt, haben rund 24.000 Primar- und Sekundarstufen-I-Lehrkräfte aus 16 Ländern teilgenommen (siehe Abb. 4), die sich im letzten Jahr ihrer Ausbildung befanden.

4 TEDS-M wurde von der IEA, der US National Science Foundation (REC 0514431) und den TEDS-M-Teilnahmeländern gefördert. In Deutschland erfolgte eine Förderung durch die Deutsche Forschungsgemeinschaft (BL 548/3-1). Das Copyright für die Messinstrumente liegt beim International Study Center der Michigan State University, USA (ISC). Alle Darlegungen in diesem Beitrag stammen von der Autorin und spiegeln nicht notwendigerweise die Ansichten der IEA, des ISC oder der Förderorganisationen wider.

Abbildung 4: Teilnahmeländer der Primarstufenstudie von TEDS-M

Botswana	Chile	Deutschland	Georgien
Malaysia	Norwegen	Oman	Philippinen
Polen**	Russland	Schweiz*	Singapur
Spanien	Taiwan	Thailand	USA***

*   Pädagogische Hochschulen in den deutschsprachigen Kantonen
** grundständige Ausbildungsgänge
*** Hochschulen in staatlicher Trägerschaft

Untersucht wurden angehende Lehrkräfte, die eine Lehrberechtigung für den Mathematikunterricht in einer der Klassen 1 bis 4 (Primarstufen-Studie) bzw. 8 (Sekundarstufen-I-Studie) erwerben würden. Da mit Ausnahme von Thailand und Malaysia für die Primarstufe in allen übrigen Teilnahmeländern Klassenlehrkräfte ausgebildet wurden, war jeweils die gesamte Grundschullehrerausbildung in TEDS-M einbezogen. Mathematik zu unterrichten stellt für diese Lehrkräfte eine kleine, aber gesellschaftlich und schulisch bedeutsame Aufgabe dar. In der Sekundarstufe I dominiert das Fachlehrerprinzip, so dass angehende Lehrkräfte mit dem Unterrichtsfach Mathematik untersucht wurden. Mit Mathematiklehrern nahm TEDS-M eine Personengruppe in den Blick, der für die Vorbereitung der nachwachsenden Generationen eine zentrale Rolle zukommt. Mathematik gehört nicht nur weltweit zu den schulischen Kernfächern (Mullis et al. 2004); über mathematische Kompetenz zu verfügen, ist auch eine zentrale Voraussetzung, alltägliche und berufliche Anforderungen bewältigen zu können (Freudenthal 1983).

Die TEDS-M-Tests enthielten etwa 75 Mathematik-, 30 Mathematikdidaktik- und 100 Pädagogik-Items. Die Abbildungen 5 bis 9 zeigen beispielhaft Items aus den TEDS-M-Tests für die Primarstufe und die Sekundarstufe I. Die Testzeit betrug insgesamt 90 Minuten. Zur besseren Nutzung der Erhebungszeit wurde ein rotiertes Untersuchungsdesign mit fünf bzw. drei Testheften verwendet, das heißt jeder Testperson wurde eine Auswahl der Items zur Bearbeitung vorgelegt, wobei die Testhefte über Anker-Items miteinander verknüpft waren. Es wurden Multiple-Choice-Aufgaben und offene Antwortformate genutzt. Die Rohdaten wurden in separaten eindimensionalen Modellen raschskaliert und jeweils auf Mittelwerte von 500 Testpunkten und eine Standardabweichung von 100 transformiert.[5]

---

5 Für weitere Item-Beispiele und methodische Details siehe die ausführlichen Dokumentationen in Blömeke, Kaiser und Lehmann (2010). Ein ausführlicher Item-Satz, der rund 25 Prozent der eingesetzten Items und die Kodiermanuale enthält, ist erhältlich unter tedsm@staff.hu-berlin.de.

Abbildung 5: Beispiel-Item aus der TEDS-M-Primarstufen-Studie zur Erfassung mathematischen Professionswissens

Zwei sechsseitige Laplace-Würfel werden für ein Glücksspiel geworfen und die beiden oben liegenden Zahlen werden protokolliert.

Anne gewinnt, wenn die Differenz der zwei Zahlen 0, 1 oder 2 ist.
Nils gewinnt, wenn die Differenz der beiden Zahlen 3, 4 oder 5 ist.

Die Schüler diskutieren, ob das Spiel fair ist.
Welche der folgenden Aussagen ist korrekt?

Kreuzen Sie ein Kästchen an.

A. Beide haben die gleiche Chance zu gewinnen. ☐

B. Anne hat die größere Chance zu gewinnen. ☐

C. Nils hat die größere Chance zu gewinnen. ☐

D. Da das Spiel durch einen Würfel entschieden wird, ist es nicht ☐
   möglich zu sagen, wer eine größere Gewinnchance hat.

Abbildung 6: Beispiel-Item aus der TEDS-M-Primarstufen-Studie zur Erfassung mathematikdidaktischen Professionswissens

Bei der Einführung der Messung von Längen lässt Frau Heine üblicherweise ihre Schüler/-innen zunächst die Breite ihrer Bücher mit Hilfe von Büroklammern und danach noch einmal Stiften messen.

Nennen Sie ZWEI Gründe für die Wahl dieser Einführungsart, anstatt die Kinder einfach im Gebrauch eines Lineals zu unterrichten.

Abbildung 7: Beispiel-Item aus der TEDS-M-Sekundarstufen-I-Studie zur Erfassung mathematischen Professionswissens

Welche der folgenden Sachverhalte können durch eine Exponentialfunktion beschrieben werden?

*Kreuzen Sie ein Kästchen
pro Zeile an.*

A. Die Höhe h eines Balls t Sekunden nachdem er in die Luft ☐   ☐
   geworfen wurde.

B. Der Geldbetrag G auf einem Bankkonto nach w Wochen, ☐   ☐
   wenn jede Woche d Euro auf das Konto eingezahlt werden.

C. Der Wert W eines Autos nach t Jahren, wenn die Wert- ☐   ☐
   minderung d % pro Jahr beträgt.

Abbildung 8: Beispiel-Item aus der TEDS-M-Sekundarstufen-I-Studie zur Erfassung mathematikdidaktischen Professionswissens (b)

Die folgenden Aufgaben stammen aus einem Mathematikbuch für die Sekundarstufe I.

1. Peter, David und Jonathan spielen mit Murmeln. Zusammen haben sie 198 Murmeln. Peter hat 6-mal so viele Murmeln wie David und Jonathan hat 2-mal so viele Murmeln wie David. Wie viele Murmeln hat jeder der Jungen?
2. Die drei Kinder Anna, Philipp und Lukas besitzen zusammen 198 Euro. Anna hat 6-mal so viel Geld wie Philipp und 3-mal so viel wie Lukas. Wie viele Euro hat jedes Kind?

(a) Lösen Sie beide Aufgaben.
(b) Üblicherweise bereitet die zweite Aufgabe Schülerinnen und Schülern der Sekundarstufe I größere Probleme als die erste. Nennen Sie einen Grund, der für den unterschiedlichen Schwierigkeitsgrad verantwortlich sein könnte.

Abbildung 9: Beispiel-Item aus TEDS-M zur Erfassung pädagogischen Professionswissens (mit Original-Musterlösung)

Phasenmodelle von Unterricht stellen ein Grundgerüst dar, nach dem Unterricht strukturiert werden kann.
a) Nennen Sie die zentralen Phasen des üblichen Unterrichtsverlaufs.
b) Nennen Sie die Funktion der jeweiligen Phase.

a) Name der Phase	b) Funktion der Phase
Einstieg	Motivation, Themenpräsentation
Problemstellung	SuS verdeutlichen sich das Problem, sodass jeder es versteht.
Erarbeitungsphase	SuS gehen dem Problem „auf die Spur". Hier kann ganz differenziert gearbeitet werden.
Sicherungsphase	Die Lösung wird präsentiert. Jeder kann die Lösung übernehmen – mögliche Diskussion nötig.
Anwendung/Transfer	Die Lösung wird bei weiteren Aufgaben benötigt, Relevanz der Lösung transparent.

2.2 Zentrale Ergebnisse[6]

Von den angehenden Grundschullehrkräften zeigten jene aus Taiwan am Ende der Ausbildung das höchste mathematische Professionswissen (siehe Abb. 10 und 11). Starke Leistungen zeigten auch die Lehrkräfte aus Singa-

---

6 Aus Platzgründen können hier nur die Basisergebnisse präsentiert werden. Für weiterführende Analysen und Zusammenhänge der Ergebnisse zu konkreten Merkmalen der Lehrerausbildung und Lernvoraussetzungen der Studierenden siehe insbesondere Blömeke im Druck; Blömeke/Suhl/Kaiser 2011; Blömeke/Kaiser/Döhrmann 2011; Blömeke/Suhl/Kaiser/Döhrmann 2012; König et al. 2011.

pur, der Schweiz, Russland, Thailand und Norwegen. Auch im Bereich der Mathematikdidaktik wurde die Leistungsspitze von den Lehrkräften aus Singapur und Taiwan gebildet. Über dem internationalen Mittelwert lagen erneut die mathematikdidaktischen Leistungen angehender Grundschullehrkräfte aus Norwegen und der Schweiz sowie aus den USA.

Abbildungen 10 und 11: Fachbezogenes Professionswissen angehender Grundschullehrkräfte

Mathematische Kompetenz angehender Grundschullehrkräfte		Mathematikdidaktische Kompetenz angehender Grundschullehrkräfte	
Land	Mittelwert (SE)	Land	Mittelwert (SE)
Taiwan	623 (4,2)	Singapur	593 (3,4)
Singapur	590 (3,1)	Taiwan	592 (2,3)
Schweiz[*]	543 (1,9)	Norwegen[1,n]	545 (2,4)
Russland	535 (9,9)	USA[**,1,3]	544 (2,5)
Thailand	528 (2,3)	Schweiz	537 (1,6)
Norwegen[1,n]	519 (2,6)	Russland	512 (8,1)
USA[**,1,3]	518 (4,1)	Thailand	506 (2,3)
Deutschland	**510 (2,7)**	Malaysia	503 (3,1)
International	500 (1,2)	**Deutschland**	**502 (4,0)**
Polen[***,1]	490 (2,2)	International	500 (1,3)
Malaysia	488 (1,8)	Spanien	492 (2,2)
Spanien	481 (2,6)	Polen[***,1]	478 (1,8)
Botswana	441 (5,9)	Philippinen	457 (9,7)
Philippinen	440 (7,7)	Botswana	448 (8,8)
Chile[1]	413 (2,1)	Chile[1]	425 (3,7)
Georgien	345 (3,9)	Georgien	345 (4,9)
IEA: Teacher Education and Development Study © TEDS-M Germany		IEA: Teacher Education and Development Study © TEDS-M Germany	

*   Pädagogische Hochschulen in den deutschsprachigen Kantonen
**   Hochschulen in staatlicher Trägerschaft
*** grundständige Ausbildungsgänge
1   kombinierte Rücklaufquote < 75%
2   kombinierte Rücklaufquote < 60%
3   substanzieller Anteil fehlender Werte
n   Stichprobe entspricht nur teilweise der TEDS-M-Definition

Abbildung 12: Pädagogisches Professionswissen angehender Grundschullehrkräfte

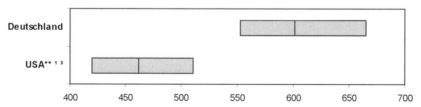

Deutschland erreichte in beiden fachbezogenen Kompetenzfacetten nur ein Ergebnis um bzw. knapp über dem internationalen Mittelwert. Der Leistungsabstand war mit rund einer Standardabweichung nicht nur zu den beiden ostasiatischen Ländern beträchtlich, sondern mit einer Drittel Standardabweichung beispielsweise auch zur Schweiz. Das pädagogische Professionswissen wurde in Deutschland und den USA getestet. Angehende Grundschullehrkräfte in Deutschland zeigten signifikant bessere Leistungen als jene in den USA (siehe Abb. 12).

Abbildungen 13 und 14: Fachbezogenes Professionswissen angehender Sekundarstufen-I-Lehrkräfte

Mathematische Kompetenz angehender Sekundarstufen-I-Lehrkräfte	
Land	**Mittelwert (SE)**
Taiwan	667 (3,9)
Russland	594 (12,8)
Singapur	570 (2,8)
Polen[***, 1]	540 (3,1)
Schweiz[*]	531 (3,7)
Deutschland	**519 (3,6)**
USA[**, 1, 3]	505 (9,7)
International	500 (1,5)
Malaysia	493 (2,4)
Thailand	479 (1,6)
Oman	472 (2,4)
Norwegen[2, n]	444 (2,3)
Philippinen	442 (4,6)
Botswana	441 (5,3)
Georgien[1]	424 (8,9)
Chile[1]	354 (2,5)
IEA: Teacher Education and Development Study	© TEDS-M Germany

Mathematikdidaktische Kompetenz angehender Sekundarstufen-I-Lehrkräfte	
Land	**Mittelwert (SE)**
Taiwan	649 (5,2)
Russland	566 (10,1)
Singapur	553 (4,7)
Schweiz[*]	549 (5,9)
Deutschland	**540 (5,1)**
Polen[***, 1]	524 (4,2)
USA[**, 1, 3]	502 (8,7)
International	500 (1,6)
Thailand	476 (2,5)
Oman	474 (3,8)
Malaysia	472 (3,3)
Norwegen[2, n]	463 (3,4)
Philippinen	450 (4,7)
Georgien[1]	443 (9,6)
Botswana	425 (8,2)
Chile[1]	394 (3,8)
IEA: Teacher Education and Development Study	© TEDS-M Germany

* Pädagogische Hochschulen in den deutschsprachigen Kantonen
** Hochschulen in staatlicher Trägerschaft
*** grundständige Ausbildungsgänge
1 kombinierte Rücklaufquote < 75%
2 kombinierte Rücklaufquote < 60%
3 substanzieller Anteil fehlender Werte
n Stichprobe entspricht nur teilweise der TEDS-M-Definition

In der Sekundarstufe I liegen die Fachkompetenzen angehender Mathematiklehrkräfte aus Taiwan im internationalen Vergleich an der Spitze (siehe Abb. 13). Sie verfügen von allen Teilnahmeländern über die höchste mathematische und mathematikdidaktische Kompetenz (siehe Abb. 14). Eine Gruppe von fünf Ländern zeichnet sich dadurch aus, dass ihre angehenden Lehrkräfte sowohl in Mathematik als auch in Mathematikdidaktik über dem internationalen Mittelwert liegen. Zu dieser Gruppe gehört Deutschland. Daneben handelt es sich um Russland, Polen, Singapur und die Schweiz. In Mathematik weisen die Lehrkräfte aus diesen vier Ländern gegenüber jenen aus Deutschland allerdings noch einmal einen Leistungsvorsprung auf.

Pädagogisches Professionswissen wurde in drei Ländern, nämlich Deutschland, Taiwan und den USA, erhoben. Mathematiklehrkräfte für die

Sekundarstufe I in Deutschland und Taiwan verfügen am Ende ihrer Ausbildung über deutlich umfangreicheres Wissen als jene in den USA (siehe Abb. 15). Dabei zeichnen sich Lehrkräfte aus Deutschland gegenüber jenen aus Taiwan noch einmal durch eine besonders starke Leistungsspitze aus.

Abbildung 15: Pädagogisches Professionswissen angehender Mathematiklehrkräfte für die Sekundarstufe I

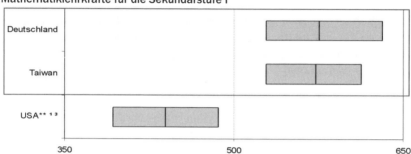

3. Chancen und Grenzen der Kompetenzerfassung

3.1 Kompetenz und Professionalität

An der aktuellen Dominanz von Kompetenzmodellen im Diskurs über Schule und Lehrerausbildung ist innerhalb der Pädagogik viel Kritik geübt worden. Diese rankt sich vor allem um das Ansinnen der „Vermessung der Welt" (Daniel Kehlmann). Ähnlich kritisch wird die Wendung zum Kompetenzbegriff in der Soziologie als Indikator einer Verschiebung „from an education system that emphasizes self-formation (*Bildung*) to one that stresses outcomes" (Pfadenhauer, im Druck) interpretiert. Aus Sicht der Schulpädagogik ist diese Kritik insofern überraschend, als genau eine solche ‚Vermessung' in Form der Leistungsbeurteilung eine zentrale Aufgabe der Schule ist. Schultheoretisch dient sie der Selektion und damit neben der Sozialisation der demokratisch wichtigen Funktion einer Verteilung gesellschaftlicher Positionen anhand anerkannter Maßstäbe auf einer kognitiven Grundlage (Parsons 1959/1977; Fend 1980).[7]

Während im Mittelalter die Geburt in einen Stand für die gesellschaftliche Teilhabe entscheidend war, stellt in der Moderne die schulische Leistung des Individuums das zentrale Verteilungsprinzip dar. Fend (1980, S. 29) bezeichnet die Schule daher auch als „Rüttelsieb", das zwischen den Generationen eingebaut sei. Dass entsprechende Leistungsmessungen ange-

---

7 Für eine detailliertere Auseinandersetzung vgl. Blömeke/Herzig/Tulodziecki 2007.

sichts ihrer hohen Bedeutung dann auch objektiv, reliabel und valide sein sollten, versteht sich von selbst. Bekannt ist allerdings, dass praktizierende Lehrpersonen die Selektionsfunktion nicht wahrnehmen wollen, sie häufig sogar ablehnen (Fried 2002). Empirische Studien haben zugleich Schwächen der Lehrkräfte gerade in diesem Bereich aufgezeigt, deren Ausbildung die Leistungsbeurteilung nur marginal abdeckt.

Die Kompetenzdiskussion ist in dieser Hinsicht als Teil der Bemühungen um die Professionalisierung des Lehrerberufs zu sehen. Dieser galt in soziologischen Theorien lange nur als ‚semi-profession‘, da die Fachkompetenz auf der „uncertain ‚science of pedagogy‘“ (Larson 1977, S. 184) beruhe. Larson (ebd., S. 180) führte zu den Folgen für Lehrerinnen und Lehrer aus: „Their professional advancement [...] appears less as a function of negotiated cognitive exclusiveness than as a function of their hierarchical position in a bureaucracy.“ Genau eine solche Perspektive auf eine vermeintliche ‚Zuständigkeit‘ ohne reale Gegenleistung wird in der pädagogisch-psychologischen Konzeptualisierung von Kompetenz als ‚Fähigkeit‘ abgelöst. Brunkhorst (1996, S. 347) geht zwanzig Jahre nach Larson dann auch so weit zu formulieren, dass es sich bei der Lehrerrolle mittlerweile um ein „gutes Beispiel“ für eine Profession handele: „Sie ist im Vergleich zur Elternrolle in der Familie universalistisch an der spezifischen, von der konkreten Person ablösbaren Unterrichtsaufgabe orientiert, auf affektiv neutralisierte Gleichbehandlung festgelegt und erfüllt ihre Selektionsfunktion durch Leistungsorientierung und nicht durch biologische oder sonstwie askriptiv festgelegte Kriterien.“

3.2 Zum Problem der Normativität

Unbestreitbar bleibt aber, dass bei einer Kompetenzmessung wie in jeder empirischen Studie zahlreiche normative Entscheidungen zu fällen sind.[8] Es ist ein Unterschied, ob man beispielsweise in einer Schulstudie Faktoren zum Klassenklima oder zur moralischen Entwicklung der Schülerinnen und Schüler als Indikatoren wirksamen Unterrichts berücksichtigt, weil man sie aus sozialen Gründen für bedeutsam hält, oder ob man sie unberücksichtigt lässt, weil kognitive Schülerleistungen als alleiniges Unterrichtsziel betrachtet werden. Entsprechend ist es auf der Ebene der Lehrerausbildung ein Unterschied, ob man das pädagogische Wissen der zukünftigen Lehrpersonen mit erfasst oder sich nur auf die Erhebung ihres Fachwissens konzentriert und ob man den Lehr-Lernprozess in der Ausbildung einbezieht oder sich auf das Produkt konzentriert, ob man dieses Produkt über die Kognitionen der Lehrpersonen, ihr Handeln im Unterricht oder über die

---

8 Vgl. hierzu ausführlich Blömeke 2005.

Leistungen ihrer Schülerinnen und Schüler definiert. Dahinter stehen unterschiedliche bildungstheoretische Ansprüche an Schule und Lehrerausbildung.

Einheitliche Positionen sind hierzu nicht feststellbar, obwohl insbesondere im Schulbereich mit den Ergebnissen der verschiedenen Messungen gravierende Konsequenzen verbunden sind. Zudem wird für die Entwicklung von Kompetenzmessungen und die Datenanalyse viel Spezialwissen benötigt, über das nur kleine Gruppen an Wissenschaftlern verfügen. Insofern bleibt kaum etwas anderes übrig, als die internationalen Vergleichsstudien in deren Hände zu legen. Nun werden aber auch bei vermeintlich technischen Entscheidungen Normen wirksam, während die Aufgabe der Kontrolle des Bildungssystems bei Öffentlichkeit und Politik liegt. Für die Legitimation von Sprachstandserhebungen und Vergleichsarbeiten, zentrale Prüfungen und internationale Vergleichsstudien ist es daher wichtig, eine angemessene Balance zwischen wissenschaftlicher Fundierung und öffentlicher Diskussion der zugrunde liegenden Konzepte zu finden.

In diesem Zusammenhang stellt sich das Problem der Uneinheitlichkeit von ‚Wissenschaft'. In einer pluralistischen Demokratie ist es nicht nur legitim, sondern wünschenswert, dass unterschiedliche Auffassungen von Bildungszielen existieren und sich gegenseitig herausfordern. Von großer Bedeutung wird es daher sein, dass sich auch im Diskurs über Großstudien wie TEDS-M oder PISA weiterhin Pluralität widerspiegelt. Auch in der Wissenschaft sind Monopole nicht unbedingt der beste Weg zur Erkenntnis.

Für die empirische Bildungsforschung ist eine Herausforderung dieses Diskurses, dass sich nicht alle Ansprüche in Messinstrumente umsetzen lassen. Selbst bei komplexer Untersuchungsanlage ist ‚Bildung' – je nach Begriffsverständnis – nicht, mindestens aber nur schwer messbar. Der Technologisierbarkeit von Bildungsprozessen sind Grenzen gesetzt. Insofern stehen die beteiligten Wissenschaftler in der Pflicht, die Beschränkungen dieser Studien deutlich zu betonen. So wichtig es ist sicherzustellen, dass alle Kinder und Jugendlichen sowie Studierende und Referendare einen Kernkanon an Kenntnissen, Fertigkeiten und Fähigkeiten erwerben, so sehr würde eine ausschließliche Fokussierung von Schule und Lehrerausbildung darauf eine Reduzierung bisheriger Bildungsansprüche bedeuten.

Die begrenzte Reichweite empirischer Bildungsforschung gilt es auch in anderer Hinsicht zu beachten. Folgt man dem Habermas'schen (1968) Verständnis von empirischer Forschung als „Orientierungsforschung" im Interesse von Information und Aufklärung, können solche Studien nur Hinweise liefern. Ihre Ergebnisse können zwar Ausgangspunkt von Verbesserungen der Praxis sein, eine unmittelbare Anwendung bedeutet dies aber ebenso wenig wie Politikberatung. Abgesehen von dem generellen Problem der Vermischung von Wertfreiheit im Begründungszusammenhang und legitimatorischen Interessen sind die durch empirische Forschung gewonnenen Daten interpretationsbedürftig. Cochran-Smith (2001, S. 532): „No matter what conclusions are ultimately drawn about the evidence, they will depend to a great extent on complex and prior decisions about what counts and how it counts as evidence, decisions that are based on values, goals, and priorities. In that sense, the debate will never be settled solely through empirical means." Politik ist notwendigerweise normativ orientiert und interessengeleitet. Wissenschaftliche Erkenntnisse sollten von ihr zwar berücksichtigt werden, müssen aber nicht unbedingt handlungsleitend sein.

3.3 Leistungen der Kompetenzerfassung

Die Orientierungsleistung der Kompetenzerfassung kann man dennoch nicht hoch genug einschätzen. Seit rund 250 Jahren wird in Deutschland eine Diskussion über die Lehrerausbildung geführt, ohne dass jemals empirisch nachgewiesen wurde, ob die verschiedenen Modelle tragen. Von Prondczynski (2001, S. 98) spricht zu Recht von einem „Teufelskreis von Reform, Kritik, erneuter Reform und Kritik". Diesen Teufelskreis wenigstens ansatzweise zu durchbrechen, indem zumindest die von Larcher und Oelkers so bezeichnete „Krise der Daten" (2004, S. 129) beendet wird, ist eine der Hauptchancen von Studien wie TEDS-M. Die Ansprüche an die Lehrerausbildung lassen sich ja durchaus benennen – und damit zumindest teilweise in Variablen umsetzen.

Zudem macht erst ein Modell mit seiner systematischen Definition von gesellschaftlichen Ebenen, Stadien von Bildungsprozessen sowie Einflussfaktoren und Wirkungen abstrakte Bildungsfragen diskutierbar. Das Problem der bisher eher wenig empirisch orientierten Pädagogik war, dass ihre Reflexionen zwar bedeutsam waren, dass aber häufig Operationalisierungen ausblieben, die es ermöglichten, einen plausiblen Lösungsweg tatsächlich daraufhin zu überprüfen, ob er das leistet, was seine Verfechter anstreben. Benner formuliert in diesem Sinne: „Zwar lassen sich Bildungstheorie und Empirie nicht in ein Kontinuum aufheben. Die Spannungen zwischen bildungstheoretischen und empirischen Fragen wechselseitig fruchtbar zu machen, ist dagegen ein Unternehmen, das für beide Seiten lohnend sein könnte" (2002, S. 80) Am Ende zu Indikatoren für Qualität in der Lehrerausbildung zu kommen, die theoretisch *und* empirisch fundiert sind, würde einen wichtigen Fortschritt darstellen.

Festzuhalten ist schließlich, dass erst in der Folge internationaler Vergleichsstudien in Deutschland wieder intensiv über das Bildungssystem diskutiert wird. Internationalität öffnet den Blick dafür, dass Systemstrukturen und Lehr-Lernprozesse auch anders organisiert werden können, als es vor Ort der Fall ist. Im globalen Maßstab kann man die unterschiedlichen Institutionalisierungen der Lehrerausbildung mit einer quasi-experimentellen Situation vergleichen. Die Variation zwischen Staaten ermöglicht einen Vergleich ihrer relativen Wirksamkeit. Es ist also nicht nötig, normativ ein Kriterium für eine ‚gute' Lehrerausbildung zu setzen. In einer ersten

Annäherung genügt es festzustellen, dass in einem Land verglichen mit einem anderen unter diesen und jenen Umständen mehr oder weniger erreicht wird. Dann kann evidenzbasiert ein Diskurs über mögliche Schlussfolgerungen beginnen.

Literatur

Baumert, J./Kunter, M. (2006): Stichwort: Professionelle Kompetenz von Lehrkräften. In: Zeitschrift für Erziehungswissenschaft 9, S. 469-520.

Benner, D. (2002): Die Struktur der Allgemeinbildung im Kerncurriculum moderner Bildungssysteme. Ein Vorschlag zur bildungstheoretischen Rahmung von PISA. In: Zeitschrift für Pädagogik 48, S. 68–90.

Blömeke, S. (2002): Universität und Lehrerausbildung. Bad Heilbrunn/Obb.: Klinkhardt.

Blömeke, S. (2005): Lehrerausbildung – Lehrerhandeln – Schülerleistungen: Perspektiven nationaler und internationaler empirischer Bildungsforschung. Antrittsvorlesung vom 10.12.2003. Berlin: Humboldt-Universität (= Öffentliche Vorlesungen 139).

Blömeke, S. (im Druck): Content, professional preparation and teaching methods: How diverse is teacher education across countries? Im Druck in: Comparative Education Review.

Blömeke, S./Herzig, B./Tulodziecki, G. (2007): Gestaltung von Schule. Eine Einführung in Schultheorie und Schulentwicklung. Bad Heilbrunn/Obb.: Klinkhardt.

Blömeke, S./Kaiser, G./Lehmann, R. (Hrsg.) (2010): TEDS-M 2008 – Professionelle Kompetenz und Lerngelegenheiten angehender Mathematiklehrkräfte für die Sekundarstufe I im internationalen Vergleich. Münster: Waxmann.

Blömeke, S./Kaiser, G./Döhrmann, M. (2011): Bedingungsfaktoren des fachbezogenen Kompetenzerwerbs von Lehrkräften. Zum Einfluss von Ausbildungs-, Persönlichkeits- und Kompositionsmerkmalen in der Mathematiklehrerausbildung für die Sekundarstufe I. In: Zeitschrift für Pädagogik, Beiheft 57, S. 77–103.

Blömeke, S./Suhl, U./Kaiser, G. (2011): Teacher education effectiveness: Quality and equity of future primary teachers' mathematics and mathematics pedagogical content knowledge. In: Journal of Teacher Education 62, S. 154–171.

Blömeke, S./Zlatkin-Troitschanskaia, O. (2011): Kompetenzmodellierung und Kompetenzerfassung im Hochschulsektor. Aufgaben und Herausforderungen des BMBF-Forschungsprogramms KoKoHs. In: Das Hochschulwesen 6/2011, S. 192–196.

Blömeke, S./Kaiser, G. (2012): "Homogeneity or heterogeneity? Profiles of opportunities to learn in primary teacher education and their relationship to cultural context and outcomes". In: ZDM – The International Journal on Mathematics Education. DOI 10.1007/s11858-011-0378-6.

Blömeke, S./Suhl, U./Kaiser, G./Döhrmann, M. (2012): Family background, entry selectivity and opportunities to learn: What matters in primary teacher education? An international comparison of fifteen countries. In: Teaching and Teacher Education 28, S. 44–55.

Bromme, R. (1992): Der Lehrer als Experte. Zur Psychologie des professionellen Wissens. Bern: Hans Huber.

Bromme, R. (1997): Kompetenzen, Funktionen und unterrichtliches Handeln des Lehrers. In: Weinert, F.E. (Hrsg.): Psychologie des Unterrichts und der Schule. Göttingen: Hogrefe.

Brunkhorst, H. (1996): Solidarität unter Fremden. In: Combe, A./Helsper, W. (Hrsg.): Pädagogische Professionalität. Untersuchungen zum Typus pädagogischen Handelns. Frankfurt am Main: Suhrkamp, S. 340–367.

Chomsky, N. (1968): Language and Mind. New York: Harcourt Brace&World.

Cochran-Smith, M. (2001): The outcomes question in teacher education. In: Teaching and teacher education 17, S. 527–546.

Dröse, P.W. (1982): Kommunikative Kompetenz und Persönlichkeit. Theoretische Analysen und empirische Untersuchungen. Köln: Hayit.

Fend, H. (1980): Theorie der Schule. München: Urban&Schwarzenberg.

Freudenthal, H. (1983): Didactical phenomenology of mathematical structures. Dordrecht: Reidel.

Fried, L. (2002): Pädagogisches Professionswissen und Schulentwicklung. Eine systemtheoretische Einführung in die Grundkategorien der Schultheorie. Weinheim und München: Juventa.

Fuller, F./Brown, O. (1975): Becoming a teacher. In: Ryan, K. (Hrsg.): Teacher Education (74th Yearbook of the National Society for the Study of Education, Part 2). Chicago: University of Chicago Press, S. 25–52.

Gruber, H. (1998): Expertise. In: Rost, D.H. (Hrsg.): Handwörterbuch Pädagogische Psychologie. Weinheim: Psychologie Verlags Union, S. 25–52.

Habermas, J. (1968): Erkenntnis und Interesse. Frankfurt/M.: Suhrkamp.

Habermas, J. (1971): Vorbereitende Bemerkungen zu einer Theorie der kommunikativen Kompetenz. Vorlage für Zwecke einer Seminardiskussion. In: Habermas, J./Luhmann, N. (Hrsg.): Theorie der Gesellschaft oder Sozialtechnologie – Was leistet die Systemforschung? Frankfurt am Main: Suhrkamp, S. 101–141.

Heming, R. (1996): Individuum, Soziogenese und kommunikative Kompetenz. Zur Bestimmung und Kritik sozialisationstheoretischer Implikationen im Habermas'schen Theorieentwurf. Sinzheim: Pro Universitate.

Herrmann, U./Hertramph, H. (2000): Der Berufsanfang des Lehrers – der Anfang von welchem Ende? In: Die Deutsche Schule. Zeitschrift für Erziehungswissenschaft, Bildungspolitik und pädagogische Praxis 92, S. 54–65.

Heydrich, W. (1995): Nachträgliches zur Kompetenz. In: Lauffer, J./Volkmer, I. (Hrsg.): Kommunikative Kompetenz in einer sich verändernden Medienwelt. Opladen: Leske+Budrich (Schriftenreihe der Gesellschaft für Medien und Kommunikationskultur in der Bundesrepublik 9), S. 223–234.

Hoppe, O. (1974): Operation und Kompetenz. Das Problem der Lernzielbeschreibung im Fach Deutsch. In: Kochan, D.C./Wallrabenstein, W. (Hrsg.): Ansichten eines kommunikationsbezogenen Deutschunterrichts. Kronberg/Ts.: Scriptor, S. 159–174.

Klieme, E./Hartig, J. (2007): Kompetenzkonzepte in den Sozialwissenschaften und im empirischen Diskurs. In: Prenzel, M./Gogolin, I./Krüger, H.-H. (Hrsg.): Kompetenzdiagnostik. Sonderheft 8 der Zeitschrift für Erziehungswissenschaft, S. 11–29 .

Klieme, E./Leutner, D. (2006): Kompetenzmodelle zur Erfassung individueller Lernergebnisse und zur Bilanzierung von Bildungsprozessen. In: Zeitschrift für Pädagogik 6, S. 876–903.

König, J./Blömeke, S./Paine, L./Schmidt, W.H./Hsieh, F.-J. (2011): General Pedagogical Knowledge of Future Middle School Teachers: On the Complex Ecology of Teacher Education in the United States, Germany, and Taiwan. In: Journal of Teacher Education 62, S, 188–201.

Krüger, H.-H./Lersch, R. (1993): Lernen und Erfahrung. Perspektiven einer Theorie schulischen Handelns. Opladen: Leske+Budrich.

Kunter, M./Baumert, J./Blum, W./Klusmann, U./Krauss, S./Neubrand, M. (Hrsg.) (2011): Professionelle Kompetenz von Lehrkräften – Ergebnisse des Forschungsprogramms COACTIV. Münster: Waxmann.

Larcher, S./Oelkers, J. (2004): Deutsche Lehrerbildung im internationalen Vergleich. In: Blömeke, S./Reinhold, P./Tulodziecki, G./Wildt, J. (Hrsg.): Handbuch Lehrerausbildung. Bad Heilbrunn und Braunschweig: Klinkhardt/Westermann, S. 128–150.

Larson, M.S. (1977): The Rise of Professionalism. A Sociological Analysis. Berkeley und Los Angeles: University of California Press.

Lepenies, W. (1971): Soziologische Anthropologie. Materialien. München: Hanser.

Mullis, I.V.S./Martin, M.O./Gonzalez, E.J./Chrostowski, S.J. (2004): TIMSS 2003. International Mathematics Report: Findings from IEA's Trends in International Mathematics and Science Study at the Fourth and Eighth Grades. Chestnut Hill, MA: Boston College, Center for the Study of Testing, Evaluation, and Educational Policy.

Neuweg, G.H. (1999): Könnerschaft und implizites Wissen. Zur lehr-lerntheoretischen Bedeutung der Erkenntnis- und Wissenstheorie Michael Polanyis. Münster: Waxmann (Internationale Hochschulschriften 311).

Parsons, T. (1959/1977): Die Schulklasse als soziales System. Einige ihrer Funktionen in der amerikanischen Gesellschaft. In: Parsons, T.: Sozialstruktur und Persönlichkeit. Reprints Psychologie 7. 2. Auflage. Frankfurt am Main: Fachbuchhandlung für Psychologie, S. 161–193.

Pfadenhauer, M. (im Druck): Competence – more than just a buzzword and a provocative term? Toward an internal perspective on situated problem-solving capacity. In: Blömeke, S./Zlatkin-Troitschanskaia, O./Kuhn, C./Fege, J. (Hrsg.): Modeling and Measuring Competencies in Higher Education. Rotterdam: Sense Publishers.

Richardson, V. (1996): The role of attitudes and beliefs in learning to teach. In: Sikula, J. (Hrsg.): *Handbook of research on teacher education*. 2. Auflage. New York: Macmillan, S. 102–119.

Saussaure, F. de (1916/1967): Grundfragen der allgemeinen Sprachwissenschaft. Berlin: De Gruyter.

Shulman, L.S. (1985): Paradigms and research programs in the study of teaching: A contemporary perspective. In: Wittrock, M.C. (Hrsg.): Handbook of Research on Teaching. 3. Auflage. New York: Macmillan, S. 3–36.

Shulman, L.S. (1991): Von einer Sache etwas verstehen. Wissensentwicklung bei Lehrern. In: Terhart, E. (Hrsg.): Unterrichten als Beruf. Neuere amerikanische und englische Arbeiten zur Berufskultur und Berufsbiographie von Lehrern und Lehrerinnen. Köln und Wien: Böhlau (Studien und Dokumentationen zur vergleichenden Bildungsforschung 50), S. 145–160.

Thompson, A. G. (1996): Teachers' beliefs and conceptions: A synthesis of the research. In: Grouws, D.A. (Hrsg.): Handbook of research on mathematics teaching and learning: A project of the National Council of Teachers of Mathematics. New York: Macmillan, S. 127–146.

von Prondczynski, A. (2001): Evaluation der Lehrerausbildung in den USA. Geschichte, Methoden, Befunde. In: Keiner, E. (Hrsg.): Evaluation (in) der Erziehungswissenschaft. Weinheim und Basel: Beltz (Beiträge zur Theorie und Geschichte der Erziehungswissenschaft 23), S. 91–140.

Wahl, D. (1991): Handeln unter Druck. Der weite Weg vom Wissen zum Handeln bei Lehrern, Hochschullehrern und Erwachsenenbildnern. Weinheim: Deutscher Studien Verlag.

Weber, M. (1922/1980): Wirtschaft und Gesellschaft. Grundriss der verstehenden Soziologie. 5. Auflage. Tübingen: Mohr.

Weinert, F.E. (1999): Konzepte der Kompetenz. Gutachten zum OECD-Projekt "Definition and Selection of Competencies: Theoretical and Conceptual Foundations (DeSeCo)". Neuchatel: Bundesamt für Statistik.

Weinert, F.E. (2001): Concept of Competence: A Conceptual Clarification. In: Rychen, D.S./Salganik, L.H. (Hrsg.): Defining and Selecting Key Competencies. Göttingen: Hogrefe, S. 45–66.

Weinert, F.E./Schrader, F.-W./Helmke, A. (1990): Unterrichtsexpertise – Ein Konzept zur Verringerung der Kluft zwischen zwei theoretischen Paradigmen. In: Alisch, L.-M./Baumert, J./Beck, K. (Hrsg.): Professionswissen und Professionalisierung. Sonderband in Zusammenarbeit mit der Zeitschrift Empirische Pädagogik. Braunschweig: Copy-Center Colmsee (Braunschweiger Studien zur Erziehungs- und Sozialarbeit 28), S. 173–206.

Matthias Heiner und Johannes Wildt

Professionalisierung von Lehrkompetenz
Theoretische und methodische Befunde aus einem Projekt empirischer Hochschulforschung[1]

1. Vorbemerkung zum Argumentationsgang

In der aktuellen Debatte über die Umsetzung der Kompetenzorientierung in Studium und Lehre dominiert die Konzeptualisierung des Kompetenzkonstrukts durch die empirische Bildungsforschung in ihrer Prägung durch die pädagogische Psychologie (Jude/Hartig/Klieme 2008). Die Berufs- und Berufsbildungsforschung (Franke 2005), sowie die Berufs- bzw. Wissenssoziologie (Kurtz/Pfadenhauer 2009) treten demgegenüber in den Hintergrund.

Alle genannten wissenschaftlichen Zugänge befassen sich mit einem je eigenen Kompetenzkonstrukt und strukturieren es in ihren jeweiligen Kategoriensystemen. Allen drei Ansätzen ist außerdem gemein, dass sie eine kategoriale Struktur des Kompetenzkonstrukts zu entfalten suchen, nicht jedoch die Entwicklungs- bzw. Lernprozesse, die Kompetenzen hervorbringen.

Mit diesem Beitrag soll ein analytisches Modellieren von Kompetenz vorgestellt werden, das Kompetenz nicht über ein vorgängiges Kompetenzmodell rekonstruiert, sondern an den Argumentationen und subjektiven Argumentationsmustern der untersuchten Zielgruppe schichtend, verdichtend und strukturierend, Referenzen für die Konstruktion eines Modells erarbeitet. Es fokussiert die Entwicklung von Lehrkompetenz, den Professionalisierungsprozess von wissenschaftlichem Personal, das für Lehren, Lernen und Prüfen zuständig ist oder dessen Zuständigkeit in Aussicht steht (Heiner/Wildt 2009). Für dieses Vorgehen wird auf Möglichkeitsbedingungen Bezug genommen, wie sie durch das diskurstheoretische Forschungsdesign und den analytischen Zugang von Wrana (2008) und Forneck und Wrana (2006) begründet sind.

---

1 ProfiLE (Professionalisierung in der Lehre – Qualitätssteuerung und hochschuldidaktische Kompetenzentwicklung) ist ein BMBF-gefördertes Forschungsprojekt (2008-2011) im Kooperationsverbund der Technischen Universität Dortmund, Universität Hamburg und Albert-Ludwigs-Universität Freiburg.

Dieser Ansatz modelliert Kompetenz aus biografischen Selbstbeschreibungen, der Mischung von narrativen und problemzentrierten Interviews, beobachtet also Selbstbeobachtungen. Diese Selbstbeschreibungen sind wie andere Dokumente der qualitativen Sozialforschung Gegenstand üblicher, kanonisierter Verfahren der Inhaltsanalyse. Auf der Basis von ‚biografischen Erzählungen' werden Lesarten von Kompetenz analysiert und befragt, inwiefern und worin sie Kompetenz erkennen lassen. Der Ansatz geht also nicht von einer modellierten Struktur, einer skalierten Erfassung von Leistungen in definierten Wissensdomänen – wie die pädagogische Psychologie – aus, noch von einer Anforderungsanalyse beruflicher Handlungserfordernisse bzw. der Bewältigung von daraus und hergeleiteter Aufgabenstellungen – wie die Organisationspsychologie – oder einer Beobachtung von Rollenerwartungen, Akteurskonstellationen oder Interaktionsverhältnissen – wie die Soziologie.

Erkennbar wird dabei ein nichtlinearer Prozess der Entwicklung und Aushandlung von Kompetenzen, ein Konstruktionsprozess, der sich in einem Arrangement nach der Art eines Rhizoms darstellt und im Durchlaufen von individuellen, mäandrierenden Pfaden und Lesarten einen facettenreichen Professionalisierungsprozess sichtbar macht.

In der Darstellung der Ergebnisse gerinnt dies zu einem Durchgang durch das Rhizom von Lehrkompetenzentwicklung und wird beispielhaft zusammengefasst in einer vertikalen Verdichtung biographischer Kompetenzmuster einerseits und einer horizontalen Verdichtung unterschiedlicher Typen von Lehrkonzeptentwicklung von Professionals der Lehre andererseits.

2. Zur Dimensionierung des Kompetenzkonstrukts

Einen ersten Zugang zur Komplexität des Bedeutungszusammenhangs im Verständnis von Kompetenz gibt der Sprachgebrauch, der sich mit Verweis auf den lateinischen Ursprung im Duden (1996) mit den Begriffen ‚Sachverstand', ‚Fähigkeit' und ‚Zuständigkeit' charakterisieren lässt. Folgenreich für eine wissenschaftliche Thematisierung von ‚Lehrkompetenz' als Ergebnis und Prozess von ‚Professionalisierung' sind die Aspekte dieses Bedeutungszusammenhangs, die theoretisch und methodisch zum Gegenstand der Untersuchung werden. Bereits in einem ersten Zugriff lassen sich in den drei im Duden genannten Bedeutungskomponenten auch drei Perspektiven unterscheiden, denen – wie im weiteren Verlauf der Argumentation gezeigt werden kann – auch drei wissenschaftliche Zugänge zugeordnet werden können:

- Zunächst die in der ursprünglichen Wortbedeutung des lateinischen Lehnworts angesprochene ‚Zuständigkeit': Zuständigkeiten lassen sich als soziale Zuweisung von Befugnissen interpretieren, die mit bestimmten Rechten und Rollenerwartungen verbunden sind. In der Berufsforschung werden sie insbesondere im Hinblick auf die Besonderheiten der Kategorie der Professionen diskutiert. Seit den Ursprüngen der Professionsforschung führt diese Perspektive auf Profession als Beruf in ein genuin soziologisches Forschungsfeld.

• Des Weiteren der Bezug des Kompetenzbegriffs auf ‚Fähigkeiten': Während Zuständigkeit eine soziale Zuschreibung betrifft, zielt der Begriff der Fähigkeit auf individuelle Dispositionen. Die Perspektive auf individuelle Dispositionen, psychologische Modelle der Kompetenzmodellierung und Kompetenzerfassung richten sich in diesem Sinne auch bevorzugt auf kognitive, pragmatische und affektive Dispositive. Bereits an dieser Stelle stellt sich unter dem Gesichtspunkt der Komplexitätsrekonstruktion die Frage nach dem Zusammenhang von ‚Zuständigkeit' und ‚Fähigkeit'. Die Professionsforschung hat mehr etwa als die Pädagogische Psychologie diesen Zusammenhang im Auge, wenn sie die Zuschreibung von Zuständigkeiten mit dem Nachweis des Erwerbs von dafür erforderlichen Fähigkeiten thematisiert.

• Schließlich nimmt der Duden als dritte Bedeutungskomponente Bezug auf ‚Sachverstand': Man könnte geneigt sein, auch diese Komponente auf das individuelle Dispositiv zu reduzieren. Der Bedeutungsgehalt von Sachverstand lässt sich aber auch breiter interpretieren. Mit dem Bezug des ‚Verstandes' auf eine ‚Sache' wird das Kompetenzverständnis an ‚Sachverhalte', das heißt Aufgaben, Probleme, Situationsanforderungen, gebunden, mit denen Kompetenz zum Zuge kommt. Mit einer solchen Bezugnahme auf ‚Sachverhalte', die in der Berufsbildungsforschung thematisiert wird, lässt sich dann auch das ‚missing link' in der Verknüpfung von Zuständigkeit und Fähigkeiten finden.

Kompetenz stellt demnach eine spezielle Verknüpfung von Zuständigkeit, Fähigkeiten und Sachzusammenhängen dar. Auch hier lohnt sich ein Rekurs auf die Professionsforschung, die die Zugänge und Zuständigkeiten zur Bearbeitung bestimmter gesellschaftlicher Probleme und die Ausbildung der Befähigung dazu als Professionalisierungsprozesse untersucht.

Im hochschuldidaktischen Diskurs geht es nun darum, in der Untersuchung und Reflexion einer Professionalisierung von Lehrkompetenz dieser Komplexität des Kompetenzkonstrukts gerecht zu werden und damit eine gegenstandsangemessene Komplexität der Bearbeitung von Problemen der Hochschulbildung zu sichern.

Der Vorschlag, der hier zur Diskussion steht, schließt an diesen Diskurs an, indem er die einzelwissenschaftlichen Zugänge aufeinander bezieht und damit das Kompetenzkonstrukt in ein Argumentationsmuster auf drei Ebenen schichtet (Schneckenberg/Wildt 2006; Wildt 2007).

Die drei Ebenen betreffen den psychologischen Zugang, der auf die individuellen Fähigkeiten abhebt, den praxeologischen Zugang, vornehmlich aus den Erziehungswissenschaften, aber auch den Disziplinen der Berufs-forschung, der sich mit den Charakteristika der Handlungssituationen in der beruflichen Praxis und den darauf bezogenen Lerngelegenheiten in den Bildungseinrichtungen befasst, und den soziologischen Zugang, von dem aus organisationale und gesellschaftliche Zuschreibungen betrachtet werden. Unschwer lässt sich erkennen, wie sich diese drei skizzierten theoretischen und methodischen Ansätze mit den Namen Weinert aus pädagogisch-psychologischer Perspektive, Franke aus der Perspektive der Berufsbildungsforschung sowie Pfadenhauer aus der soziologischen Perspektive verbinden lassen.

Auf diese Weise lässt sich die Anlage der Untersuchung auch als Triangulierung der theoretischen und methodischen Ansätze von pädagogischer Psychologie, Berufsforschung und soziologischer Professionsforschung verstehen.

Die inzwischen in vielen Texten nahezu zum kanonischen Referenzpunkt fixierte Kategorisierung Weinerts umfasste eine für die empirische Psychologie psychometrisch operationalisierbare Definition von Kompetenz. Weinert definierte Kompetenzen als „die bei Individuen verfügbaren oder durch sie erlernbaren kognitiven Fähigkeiten und Fertigkeiten, um bestimmte Probleme zu lösen, sowie die damit verbundenen motivationalen, volitionalen und sozialen Bereitschaften und Fähigkeiten, um die Problemlösungen in variablen Situationen erfolgreich und verantwortungsvoll nutzen zu können" (Weinert 2001, S. 27f.).

Er setzte nicht nur auf Beobachtbarkeit von Performanz wie in der Kompetenzkonstruktion der Berliner Arbeitsgemeinschaft QUEM (Erpenbeck/von Rosenstiel 2003), sondern auch auf die Innenseite, Motivation und Volition sowie die Spiegelungen von Umwelt im Individuum, seine Kontextvariablen, und Handeln mit Erfolg und in Verantwortung.

Die Berufsbildungsforschung bietet mit ihrem Approach von Anforderungen aus der Berufspraxis noch ein Set von Bezugsgrößen, das Individuen und ihre Umwelt im Arbeitsverhalten in Beziehung sieht.[2]

Diese Konstellation gibt Anlass, noch einmal besonders die Einlassungen aus der Perspektive der Sozialwissenschaft zur Kompetenzdiskussion von Kurtz, Pfadenhauer u.a. (Kurtz/Pfadenhauer 2009) stark zu machen, das in dem Konstrukt von Zuständigkeit kulminiert – ein Konzept in sozial- und kulturwissenschaftlicher Perspektive, das den organisationalen, sozialkulturellen wie gesellschaftlichen Bezug thematisiert, in dem das Individuum sich bewegt. Pfadenhauer erinnert an die ‚verobjektivierte' Zuständigkeit im beruflichen Handeln, auf die Individuen Bezug nehmen oder nehmen müssen. Kurtz apostrophiert im Anschluss an die soziologische Theorie Webers Kompetenz als soziale Formation, mithin als gesellschaft-

---

2 Im Überblick Francke 2005.

liche Größe, und markiert damit die Wirkmacht institutioneller Rahmungen, die Qualifikation außerhalb und unabhängig von Individuen als Zuständigkeit von Individuen sichtbar machen. Und in soziologischen Theorien, institutionsbezogen in der legitimen Herrschaft und in der Bürokratietheorie bei Weber, der kompetenten Entscheidung bei Parsons und Platt, der Interaktionsperspektive des kommunikativen Handelns bei Habermas, in der Strukturierungsperspektive in die Individuen und durch die Individuen hindurch im Habituskonzept bei Bourdieu, sind dann auch in unterschiedlichen Reichweiten mehr oder weniger empiriegestützte, komplexe theoretische Konstrukte von Vermittlung erarbeitet und ausgebaut worden, die gesellschaftliche Strukturierungen aus verschiedenen Perspektiven beobachtbar machen.

Zuständigkeit ist eine Kategorisierung, die nicht zu Regeln oder Regelwerken, Anforderungskatalogen, Ausbildungsordnungen, Curricula oder Erlassen gerinnt, sondern den Kulminationspunkt der Ausdifferenzierung und Strukturierung des Sozialen im Individuellen darstellt. Lehrende erscheinen oder sind kompetent, weil ihnen dies zugeschrieben wird und diese Zuständigkeit von Individuen wahrgenommen und in der Berufspraxis umgesetzt wird.

Die aus der Zuständigkeit für Lehren und Studieren erwachsenden Anforderungen sind in diesem Fall, der Profession Hochschullehrender, institutionell schwach definiert (schwache Normierung) und in der Professionalisierungs- und Professionsentwicklungsperspektive unterstrukturiert (schwach regulierte Kompetenzerwartung). Es gibt weder Erlasse, Richtlinien noch Erwartungsbeschreibungen zur Definition von kompetenten Lehrenden an Universitäten, sieht man von den Beschreibungen von Anforderungen des Nachweises von Lehrkompetenz ab, wie sie in einigen Hochschulgesetzen zu finden sind. Eine auf dem Weg des Wettbewerbs ausgebaute Regulierung ist mangels eines Marktes für Lehrkarrieren oder an der Lehre orientierten Karrieren nicht zu beobachten. Die für wissenschaftliche Karrieren sonst üblichen Referenzen und Mechanismen für Selektionen wie Reputation, fachliche Spezialisierung und Kommunikation verlaufen meist jenseits der Lehre. Das Feld ist gekennzeichnet durch

- hochgradige Heterogenität der Akteure im Feld
- hochgradige Autonomie der Akteure, Institutionen und Individuen
- individualisierte, selbstverantwortete Biografien, Autonomie in der Entwicklung
- disziplinäre Disparatheit in Bezug auf professionelle Habitus, Lehrkonzepte, Lehr-Studierstrategien, Domänentraditionen, Communities
- schwach definierte Kompetenz-Anforderungen und unterregulierte Karrieren.

3. Lesarten der Kompetenzentwicklung – mäandrierende Bewegungsformen im Rhizom

Die oben skizzierten Forschungsansätze zur Kompetenzmodellierung richten sich auf die strukturelle Betrachtung von Kompetenzen, implizieren aber keine Modelle für deren Entwicklung. Es wird – mit Einschränkung – implizit unterstellt, dass die Struktur die Entwicklungspfade vorgibt. Allerdings gilt es empirisch zu erheben, wie Kompetenzentwicklung zu modellieren ist.

In einem ersten Zugriff auf das empirische Material lassen sich verallgemeinernd zwei Kompetenzentwicklungen strukturieren: die durch hochschuldidaktische Weiterbildung formell strukturierte Kompetenzentwicklung und die ohne oder nur zum Teil durch hochschuldidaktische Weiterbildung affizierte informelle Entwicklung.

Lehrkompetenz entfaltet sich in einer Mischung aus informellen und formellen Prozessen. Entwicklung von Lehrkompetenz im Kontext hochschuldidaktischer Weiterbildung ist eine unbekannte Teilmenge der Entwicklung von Lehrkompetenz, sie ist kompetenzorientiert strukturiert, modularisiert und mit einem Zertifikat versehen. Sie präferiert in einer allgemeindidaktischen Perspektive lern- und studierbezogene Lehrkompetenz. Sie bleibt in fachbezogener Hinsicht unterstrukturiert und ist in der Wahrnehmung der Lehrenden als wissenschaftliche Domäne kaum sichtbar. Formelle Kompetenzentwicklung ist durch die Selbststrukturierung der hochschuldidaktischen Community als modularisierte Weiterbildung und mit den aufgezeigten Elementen lesbar (Wildt 2003).

Informelle oder autonome Kompetenz, ohne hochschuldidaktische Weiterbildung oder in nur losen Koppelungen mit ihr, entwickelt sich hochgradig differentiell. Elaborierte Kompetenz in dieser Perspektive gestaltet sich vor allem fachbezogen und in didaktischer Hinsicht unterstrukturiert. Solche Lehrkompetenz entwickelt sich unterhalb ihrer Möglichkeiten einer wissenschaftlichen Reflexion, leidet an einem eklatanten Mangel an verwissenschaftlichter Kommunikation.

Die beobachteten Biografien bewegen sich im Feld zwischen beiden Entwicklungsmodellen und geben Anlass zu der Vermutung, ein hochgradig differenzielles Verknüpfungsangebot könnte die jeweiligen Potentiale steigern und Lehrkompetenz in vielfältigen Konstellationen von informellen, selbstsorgenden und formellen, weiterbildungsgestützten Prozessen mischen.

Lehrkompetenzentwicklungen haben hochgradig individuelle Ausprägungen und folgen nur begrenzt vorgegebenen Strukturierungen, wie sie häufig kommuniziert werden: als Entwicklung von einem Startpunkt zu einem Endpunkt, von der Lehrendenperspektive zur Lernendenperspektive, vom Fachlichen zum Didaktischen, von der Novizenschaft zur Expertise usw. Strukturierung ist eher Differenzierung und Anreicherung als apriorische Struktur und festgefügte Dichte. Bewegung vor und zurück ist weniger im Sinne der Progression oder Regression zu betrachten als im Sinne einer Bewegungsform in Ereignisabhängigkeit.

In allen Perspektiven sind eher mäandrierende Bewegungsformen zu beobachten, die horizontale und vertikale Bewegungen, Vor- und Rück-Bewegungen, Bewegungen in Ebenen und außerhalb zeigen. Sie erzeugen Schichten und Verdichtungen, Knoten und Verflüchtigungen. Struktur lässt sich also am besten als ein Strukturierungsprozess und Strukturierung als Differenzierung und Steigerung von Differenz beschreiben, Entwicklungen von Kompetenz werden darin als mäandrierende Bewegungsformen lesbar.

Das Diskurskonzept von Lernen und Kompetenzentwicklung (Wrana 2008; Forneck/Wrana 2006[3]) eröffnet für das Theorie- und Methodendesign des Projekts ProfiLe eine Anschluss-Perspektive, voraussetzungsarm ein geeignetes Entwicklungs- und Strukturierungskonzept stark zu machen, das sich durch die Vorstellung von differentiellen und fluiden Zeit- und Raumdimensionen, Strukturierungsmodalitäten und Bewegungsformen, Beobachtungs- und Lesarten auszeichnet und vornehmlich durch Aushandlung und Viabilität reguliert.

Formbestimmend für die Modellierung ist die Vorstellung eines Rhizoms, ein Gebilde zu vergleichen mit der Ausdehnung, Strukturierung und Ausbreitung eines Wurzelgeflechts, das sich umgebungsabhängig und situationsbedingt formt. Den vorliegenden Selbstbeobachtungen von Lehrenden wird am ehesten gerecht, Lehrkompetenzentwicklung zu lesen als eine rhizomatische Strukturierung und Differenzierung und floatende Entwicklung – von Ebenen, Schichten, Knoten, Kanten, Referenzen, Pfaden und Lesarten:

- Das Rhizom bietet sich als Modell für dynamische, mehrdimensionale und zeit- und raumunkritische Strukturierung an.
- Struktur wird dynamisch gefasst als Strukturierung, Komplexitätssteigerung, nicht allein in einer Tiefenperspektive, sondern auch in einer Differenzierungsperspektive.
- Das Rhizom ist Raum des Austarierens von Autonomie und Struktur.
- Lernen ist Bewegung in einem rhizomatischen Konstruktionszusammenhang.
- Lern-Bewegungen im Rhizom sind das Anfertigen von Karten oder Lesarten, das diskursive Beziehen auf Referenzpunkte und Konstrukte.
- Bewegung im Raum des Austarierens changiert zwischen Struktur und Autonomie, Modell und Eigensinn, Norm und Anschluss, Didaktik und Diskurs.
- Struktur lässt sich am besten als ein Strukturierungsprozess beschreiben.

---

3 Aufbauend auf Eco/Trabant-Rommel/Trabant 1985.

Auf dem Weg von Struktur- und Differenzbildung, von Aushandlung und Abstimmung entstehen Strukturdichten, Referenzen, Modelle, Normierungen. Sie spannen sich in einem weiten Feld auf und haben den Charakter von situativen Handlungs-Clustern und sozialkulturellen Aushandlungen, auch wenn sie zu normierenden Konfigurationen gerinnen, normativ werden. In den Selbstbeschreibungen sind sie als Schichten, Strukturdichten, Referenzen, Modelle und Normen zu lesen – wie etwa der ‚Sprung ins kalte Wasser‘, ‚Übungsleitung‘, Innehaben eines Lehrstuhls, Veranstaltungsformen in der Lehre (Vorträge, Vorlesungen, Übungen, Tutorien usw.), firme und variable Formate für wissenschaftlich orientiertes Arbeiten von Studierenden (Referate-Seminare, forschendes Lernen), aber eben auch experimentelle Lehr- und Lernformen (Schulpraktika, Labore, Studienprojekte), autonome Entwicklungen und Studien zum Lehren und Lernen (eLearning, fachbezogene Lehr-Lernforschung).

Lehrkompetenzentwicklung ist also als Differenzierungs- und Strukturierungsprozess, Aushandlungs- und Tuningprozess zu beobachten. Bewegungen von Individuen auf Schichtungen, Pfaden, Lesarten pendeln zwischen exemplarisch und normiert, eigensinnig und modelliert, autonom und didaktisch strukturiert. Es empfiehlt sich eine Beobachtungsbeschreibung, die Verdichtungen als fluide, zeitbedingt und skalierbar fasst.

4. Methodenkonzeption

Im Forschungsprojekt werden die Analyse von Konzeption und Programmatik hochschuldidaktischer Weiterbildung, die Entwicklungs- und Reflexionsarbeiten von Teilnehmenden dieser Weiterbildung und die Inhalts-Analyse von biografisch-narrativen Interviews der 21 Lehrenden trianguliert. Die Interviews sind in einem engen Zeitraum zu Jahresbeginn 2010 – in der Mehrheit von zwei Interviewern gemeinsam – geführt worden. Die Auswahl der Gesprächspartner orientiert sich an der Heterogenität des Feldes und versucht ihr durch maximale Streuung gerecht zu werden.

Codierung und Analyse der Interviews erfolgten parallel, unabhängig und wechselseitig kontrollierend durch zwei Analysanden und selektives Überprüfen durch trainierte Beobachter. Segmentierung in Analyseeinheiten, Segmentierung in Sinneinheiten nach Fragenraster und im folgenden Prozess nach Kategorienraster folgten kanonisierten hermeneutisch orientierten Konstruktionsverfahren (Meuser/Nagel 2009; Mayring/Gläser-Zikuda 2008; Gläser/Laudel 2004).

5. Untersuchungsbefunde

5.1 Lehrkompetenzentwicklung – Beobachtungen von Selbstbeobachtungen

In der Wahrnehmung Lehrender beginnt das Lehren als fremde Herausforderung aus Zuständigkeit: eine Lehrveranstaltung ist zu übernehmen. Gleichwohl ist diese Herausforderung aus Zuständigkeit häufig begleitet durch hohe Eigenmotivation, orientiert an positiven wie negativen Vorbildern, es besser machen zu wollen als Altvordere, naiv an Studierenden orientiert, abgegrenzt von negativen Erfahrungen im eigenen Studium, in der Abbildung positiver Vorbilder im eigenen Handeln oder als Herausforderung, Kompetenz zeigen zu können. Zuweilen staut sich in der eigenen wissenschaftlichen Karriere Kompetenzgefühl auf, das sich in der Gelegenheit des ‚Sich-Zeigen-Könnens' Raum verschaffen möchte: Verführung und Zuständigkeit – herausgefordert, als Sprung ins kalte Wasser wahrgenommen, auch wenn er vorbereitet ist.

Fundiert ist der Einstieg vor allem durch Fachkompetenz, strukturell unterfüttert durch fachliche Orientierung, wissenschaftlichen Karrieremustern folgend (Studienabschlussarbeit, Promotion, Habilitation). Deswegen stehen fachliches Kompetenzbewusstsein, curriculare Vorstellungen vom enzyklopädischen Wissenskanon oder das eigene wissenschaftliche Arbeiten als Orientierung im Vordergrund. Neugier, eigenständiges Denken und Affinität zur methodischen und disziplinverwandten Arbeitsweise führen Nachwuchswissenschaftlerinnen und Nachwuchswissenschaftler zum Erfolg. Parallel sind berufliche Erfahrungen und Karrieremuster akademisch professionalisierter Berufstätigkeit Orientierungspunkte für das Kompetenzbewusstsein. Lehrkonzepte folgen diesen Orientierungen häufig vor allem zu Beginn der Lehrtätigkeit. So werden Lehrmuster der Altvorderen oder vorgegebene Lehrkonzepte übernommen, gleich ob als Simulation beruflicher Handlungsmuster von Experten oder in eingeschliffenen Konzepten elaborierten Projektstudiums. Andererseits sind selbst erfahrene, emphatische Bildungserlebnisse motivierend für die Konstruktion von Lehrkonzepten. Lehrende übertragen ihre Erfahrungen auf die Studierenden und ihr Studierverhalten.

Die Bereitschaft zur Reflexion und Veränderung der eigenen Lehrkonzepte ist in der Startphase der Lehrtätigkeit besonders groß. Dann stellt sich eine Konsolidierung ein, die nur noch schwer hintergehbar zu sein scheint. Das Engagement ist ungebrochen, das eigene, individuelle wie musterorientierte Konzept ist ungeschützt. Was an Lehrkonzepten sichtbar wird, ist vielgestaltig, wenig elaboriert und akzentuiert. Befürchtungen, auf Lücken oder Motivationsprobleme zu stoßen, stehen im Vordergrund. Didaktische Kompetenz scheint als naive Studierendenorientierung auf, verbunden mit hoher Aufmerksamkeit für die Rückmeldungen Studierender – vor allem über Performanz und Effektivität des Lehrverhaltens, gemessen an der in Veranstaltungsevaluationen artikulierten Akzeptanz und Zufriedenheit von Studierenden.

Trotz rigider Anforderungen aus der Perspektive der Karriere und trotz Zeitproblemen durch Mehrfachbelastungen (Promotion, Projektarbeit, prekäre Beschäftigung, und eben auch Lehrtätigkeit), tritt die Lehre mit ihrem Zeitregime, ihrer Unmittelbarkeit der personalen Begegnung und ihrer Verführung durch Gefragt-sein häufig in den Vordergrund.

Starke Einstiege in fachlicher und didaktischer Perspektive sind möglich in korporierten Organisationen des Studiums, arbeitsteiligen Organisationen, Projektstudium, Laborlernen, Simulationslernen. Fachliches und Didaktisches scheinen einer Isomorphie zu unterliegen und verleiten zu enharmonischer Verwechslung. Dies zieht sich in den Biografien in solchen Fächern horizontal durch alle Phasen der Lehrkompetenzentwicklung.

Didaktische Kompetenz ist zu Beginn der Lehrtätigkeit verbreitet unterstrukturiert und schwach ausdifferenziert. Dass die Studierenden erreicht werden könnten, versichern häufig vorgelagerte Erfahrungen in Jugendarbeit oder Tutorienarbeit. Als Stärken werden Begeisterungsfähigkeit und das Orientieren an klaren Regeln wahrgenommen. Eine performative Orientierung, freundliche, gewinnende und mitnehmende Ansprache steht im Vordergrund des Einstiegskonzepts, unterlegt durch traditionelle Lehr-Lern-Szenarien. In dieser und der häufig folgenden Phase der Konzeptbearbeitung ist die Bereitschaft groß, über Konzept und Konzeptrevision nachzudenken. Das Erproben von neuen Lehr-Lern-Szenarien und Lehrprojekten, zum Beispiel im eLearning, zeigen gesteigerte Experimentierbereitschaft. Lehren erscheint vergnüglich.

Positive und negative Vorbilder der Altvorderen bestimmen die Orientierung, vereinzelt werden Revisionen in der Lehrerfahrung nötig, die durch hochschuldidaktische Weiterbildung angeregt oder durch singuläre Ereignisse angezeigt sind. Starke Selbst- und Strukturbilder von Performanz, Charisma, Authentizität oder Singularität können ins Wanken geraten. Die Last der Bearbeitung von Rollendystonie und Anpassung an anders als erwartet erfahrene Anforderungen bleibt bei den Individuen, auch häufig im Kontext hochschuldidaktischer Weiterbildung, die unter Umständen neue Muster zeigt, ohne in den Alltag und den Erfahrungshorizont integriert werden zu können.

Lehrkompetenz entfaltet sich in einer Mischung von informellen, selbstsorgenden und formellen, weiterbildungsgestützten Prozessen. Zuweilen sind Affekte von Abwehr gegen hochschuldidaktische Rezeptempfehlungen zu beobachten, besonders wenn sie der Fachkultur fremd oder unangepasst erscheinen. Hochschuldidaktische Weiterbildung – als Angebot – wird zuweilen, aber nicht unbedingt wahrgenommen, Zeitprobleme, Passungsunsicherheit, Unkenntnis über das hochschuldidaktische Angebot sind häufig genannte Gründe. Zugleich wird darauf verwiesen, eine geeignete Einführung in die Lehre könnte hilfreich sein. Einsamkeit wird beklagt. Aber auch lernbiografisch gesteigerte Selbstwertschätzung hält davon ab, sich auf Work-Lifespan angelegte oder weiterbildungsgestützte Konzepte einzulassen. Andererseits ist häufig ein Angebot an hochschuldidaktischer Weiterbildung bekannt – und wird sowohl vereinzelt als auch kompakt in Anspruch genommen. Auch Angebote kohärent modularisierter hochschuldidaktischer Ausbildung mit Zertifikat werden wahrgenommen, der Verweis auf ihre Notwendigkeit für Hochschullehrende auf der Startbahn und ihre Karriereförderlichkeit stoßen den Aussagen zufolge jedoch häufig auf Zeitprobleme und Unsicherheit über Passung.

Positive Erfahrungen im Zusammenhang der Teilnahme an Weiterbildungsveranstaltungen haben einen Verstärkungs- oder Aufschaukelungs-Effekt.

Die Last der Anverwandlung hochschuldidaktischer Konzepte an die eigene Lehrtätigkeit, insbesondere an die jeweils gegebenen disziplinären Bedingungen, sehen Lehrende jedoch bei sich selbst. Dies wird als kritisch eingestuft. Häufig werden deshalb personale Konzepte der Beratung, des Coaching, der Intervision oder Hospitation gelobt (auch wenn kollegiale Konkurrenz diese Formate als prekär erscheinen lässt). Gelegenheiten zu interdisziplinärem Austausch werden geschätzt, man verspricht sich eine lehrkulturelle Bereicherung und sieht darin ein Mittel zur Abwendung von Isolation gleichermaßen.

Hochschuldidaktik wird häufig als ein eigenes didaktisches Bezugssystem wahrgenommen. Hochschuldidaktische Weiterbildung wird von den Interviewten besonders dann als förderlich wahrgenommen, wenn sie sich auf fachbezogene didaktische Bedarfe einlässt und an fachbezogenen Inhalten orientiert, sich auf differentielle Strukturen und Entwicklungen von Kompetenz einstellt.

Gelingt die Anverwandlung von Weiterbildungserfahrungen an das eigene Konzept, findet dies auch Niederschlag in der Bereitschaft zu hochschuldidaktischen Weiterbildungs- und Entwicklungskarrieren. Die Kompetenzentwicklung wird auf eine Work-Lifespan-Perspektive projiziert, sie erfolgt in geeigneten Schritten und unterschiedlichen Phasen der Arbeitsbiografien. Thematisiert werden dabei differenziert-entwickeltes Urteilsvermögen in schwierigen Situationen, erweitertes Repertoire von didaktischen Handlungsoptionen, differenzierteres und strukturierteres Lehrhandeln und die Verstärkung von Zukunftsphantasien und Zukunftswünschen.

Matchings, das heißt ein gelingendes Zusammenspiel zwischen Hochschuldidaktik und selbstverantworteten Konzepten gibt es vor allem in der Anfangsphase der Lehrtätigkeit (‚Start in die Lehre'-Veranstaltungen und Fortbildungs- und Beratungsbedarf) – solche Gelegenheiten gibt es auch später, aber in weitaus geringerem Maße.

Es ist an den verschiedenen Lehrbiografien zu beobachten, dass es unterschiedliche Anlässe für die Entwicklung von Kompetenz gibt ebenso wie *besondere Zeitpunkte* in der Lehrbiografie, die Lehrkompetenzentwicklung anstoßen. Als bedeutend einzustufen sind Rückmeldungen aus der Veranstaltungsevaluation, Beobachtung kritischer Lernerfolge bei den Studierenden bei Prüfungen und Klausuren, kritische Beobachtung der Lehrveranstaltungen, einer Differenz zwischen (Selbst-) Wirksamkeitserwartung und (Selbst-) Wirksamkeitswahrnehmung und der unmittelbaren Rückmeldung von Studierenden – eigentümlicher Weise auch die Beobachtung, an der Rezipierbarkeit der Material-Mächtigkeit oder Stoff-Fülle zu scheitern, also ein besonders herausragendes Merkmal in Bezug auf die fachliche Kompetenz, insbesondere in der Einstiegsphase der Lehrtätigkeit.

Bedeutsam erscheint die Beobachtung einer Stratifizierung in der Mitte von Karrieren, die Mitteilungsbereitschaft an Kolleginnen und Kollegen wächst, wie auch die Beteiligung an Reformunternehmungen, Tagungsbeteiligungen und wissenschaftsorientierter Kommunikation von Lehrerfahrungen oder Lehrexperimenten. Nicht selten ist auch eine geringere Entwicklung von Verdichtungs- und Abstraktionsfähigkeit zu beobachten – in der Beschreibung von Lehrkonzepten, Konzepten für die didaktische Gestaltung oder den Umgang mit kritischen Situationen. Idiosynkratisches Verhalten – auf die eigenen Empfindungen referierend, statt kommunikativ, lernbezogen und sozial kultiviert – ist in hohem Maße sichtbar und gewinnt an Bedeutung.

Die Selbstbeobachtungen der Interviewten zeigen dabei mehrheitlich hochgradig individualisierte, statt fachkollegial bezogener oder vergemeinschafteter Verarbeitungsmodi und Verarbeitungsstrategien. Die Herstellung von Kohärenz, der große Bogen ist eher ein Problem   zeitbedingt und inhaltlich – und gelingt nicht immer. Die Abbildung von Anfragen an die Hochschuldidaktik und ihre Antworten in Form von Veranstaltungsangeboten wird als problematisch wahrgenommen.

Bei informell und autonom gesteuerten Entwicklungsbiografien bleiben didaktische Aspekte des Lehrens unterdifferenziert und unterstrukturiert. Autonome, selbstgesteuerte und selbstverantwortete Entwicklungsstrategien sind häufig zu beobachten. In Einzelfällen zeigen sich eigensinnige Karrieren mit Lehrexperimenten und der Entwicklung selbstständiger, Hochschuldidaktik-affiner Lehr-Lernforschung.

Die Lehrkompetenz steigert sich strukturierend an Lehrexperimenten, mehr oder weniger systematischer Selbstreflexion und der Bearbeitung von – verwissenschaftlichter – Beobachtung des Lehr-Studier-Geschehens. Gleichwohl lassen autonome, selbstgesteuerte und selbstverantwortete Entwicklungsstrategien weniger Strukturierungsdichte und Ausdifferenzierung erkennen als formelle, weiterbildungsnahe. Kollegial kommuniziertes Lernen ist selten und wird zum Teil über Ersatzkommunikationen über Studierende oder Hören-Sagen-Wahrnehmungen substituiert. Die Bereitschaft zu kollegialer Kommunikation über das Lehr-Studier-Geschehen wächst. Es zeigt sich ein hoher Kommunikationsbedarf, der sonst eher den Bedingungen von Koopetition – Kooperation unter Konkurrenzbedingungen – zum Opfer zu fallen scheint.

Förderlich für diese Entwicklung erscheint zum einen die Perspektive auf Gewinn an lehr- und studierstrategischen Erweiterungen und Erfolgen in der Lehre und im Studium, zum anderen und nicht unerheblich aber auch die Beförderung der eigenen wissenschaftlichen Karriere, sofern die hier üblichen Reputationen zu erwarten sind. Die Möglichkeit, wissenschaftlich unterfütterte Reflexion von Lehrtätigkeit in Publikationen, Tagungsbeiträgen oder Tagungsaktivitäten in der Community sichtbar zu machen, motiviert die Verbindung von verwissenschaftlichtem, didaktischem Reflektieren und Gestalten von Lehren und Lernen, von Lehr-Lern-Forschung und Lehr-Lern-Entwicklung.

Mit erfahrungsgesättigten Beispielen, Lösungen für unterschiedliche didaktische Fragen und differenten Reflexionshintergründen stößt man auch auf fachöffentliches Interesse. Trotz Zeitproblemen reizen die Sichtbarkeit und der Widerhall in der wissenschaftlichen Community mit einem eigenen Thema und steigt über diesen Weg die Kommunikation mit Kolleginnen und Kollegen. Es ist insbesondere zu beobachten, dass die Steigerung gestaltend basierter Lehr-Lern-Forschung und Stratifizierung in die Community ebenso zu einer Verbreiterung, Diversifizierung und Struktursteigerung des Lehrens führen.

Lehrkompetenzentwicklungen haben hochgradig individuelle Ausprägungen und folgen nur begrenzt vorgegebenen Strukturierungen. Die interviewten Lehrenden markieren ein Defizit an Kontinuität und Kohärenz der Selbstreflexion, der Weiterbildung oder vergleichbarer Entwicklungsstrategien, die den großen Bogen, den Zusammenhang oder ein Folgen, ein ‚aufeinander-Aufbauen‘ erkennen ließen. Die Bewegungsformen sind in selbstsorgender wie weiterbildungsunterstützter Perspektive nicht immer zusammenhängend, reflektiert oder organisch, sondern eher zufällig, bedarfsgesteuert und angebotsorientiert. Hier werden Desiderate nach unterschiedlichen Formaten der Begleitung reklamiert: Mit jemandem über Erfahrungen sprechen, Rat holen, sich neu erproben zu können, eine vertraute und didaktisch versiertere Person ansprechen zu können, auf ‚good-practice‘-Beispiele zur Übernahme zugreifen zu können, Themen für den Anschluss an eigenständige Arbeit mit wissenschaftlicher Literatur identifizieren zu können, werden thematisiert. Und es wird als Defizit wahrgenommen, darüber nicht – wie in der fachlichen Perspektive üblich – selbstverständlich und professionell internalisiert verfügen zu können.

Sind Promotion und Habilitation erfolgreich abgeschlossen und die Arbeit mit Lehrexperimenten in einem Karriereweg zur Professur zu Ende gebracht, steht man mit einer Professur in einer anderen Verantwortung: für ein Lehrgebiet, mit Verantwortung für einen Studiengang, Verantwortung für wissenschaftliche Mitarbeitende, für Tutorinnen und Tutoren, nicht zuletzt für den Erfolg der Studierenden. Die neue Zuständigkeit in der Professur erfordert ein arbeitsteiliges Denken und Organisieren von Lehre. Hochschuldidaktische Weiterbildungsveranstaltungen werden inhaltlich und arbeitsteilig differenziert gedacht als ein probates Instrument der Kompetenzentwicklung und der Personal- und Organisationsentwicklung. Neben der Verfeinerung der eigenen Entwicklung werden Personalentwicklung und Organisationsentwicklung zum Problem von Lehrtätigkeit, nunmehr für die nachfolgenden Mitarbeitenden, vielleicht sogar als Inhouse-Veranstaltungen, damit sie zielgerichteter sein können. Man selbst präferiert eher diskrete Interventionen, vertrauliche Hinweise auf Performanz-Probleme, den Umgang mit fachlichen Ansprüchen oder der Eleganz des Vortrags, um einige zu nennen. Wie sind die verschiedenen Veranstaltungstypen aufeinander zu beziehen, wie können sie ineinandergreifen, wie die Mitarbeitenden einbezogen werden? Welche Modelle gibt es: hierarchisch in der Form einer Pyramide, sich nach unten verbreiternd in der Form von Kaskaden oder Kooptationsmodelle, beteiligungsintensiv in hochgradig symmetrischer Form. Forschungsprojekte sollen integrieren und differenzieren, Karrieren ermöglichen, Studierende an der Forschungsarbeit am Institut Anschauung und Beteiligung für forschendes Lernen, Lernen und Forschen erhalten. Es sollen wissenschaftliche Karrieren möglich werden, und dies soll horizontal im Studienverlauf und der Mitarbeit am Institut angelegt sein und vertikal in der Mitarbeiterstruktur. Es sollen Promotionen und Habilitationen entstehen. So folgt hieraus eine ganz andere Kompetenzkonzeption – Kompetenz als Betreuungsaufgabe: Kompetenz entwickelnd, Zuständigkeit differenzierend und Arbeit teilend.

Die Nachfrage nach hochschuldidaktischen Weiterbildungsangeboten wird vor allem reklamiert in personalisierten Formaten wie Beratung, Coaching und Supervision. Es wird ein zusammenhängendes Programm von Personalentwicklung, Organisationsentwicklung, Weiterbildung, Training und Coaching als notwendig erachtet. Lehr-Lern-Forschung im eigenen Gebiet oder ein gemeinsam und kollegial reflektiertes Lehrexperimentieren und Selbstbeobachten erscheinen als probate Lösungen, wenn sie sich in einen größeren wissenschaftlich orientierten Kommunikationskontext einbetten.

Lehrende beobachten an sich eine zeitlich und inhaltlich hochgradig friktionierte und nur marginal durch wissenschaftliche Evidenz unterfütterte Reflexion ihrer Lehrtätigkeit. Dies wird als Defizit aus Mangel an Gelegenheiten, Unkenntnis über Referenzen und Vorbehalten gegenüber kooperativer Kollegialität wahrgenommen. Hochschuldidaktische Weiterbildung böte eine große Chance, Kohärenz in diesen Perspektiven zu erzeugen und theoretische, empirische und soziale Anschlüsse zu ermöglichen. Selbstreflexive Äußerungen selbstsorgender Kompetenzentwicklung wie Hinweise von Teilnehmenden hochschuldidaktischer Weiterbildungsveranstaltungen im Sample verweisen auf diesen Effekt.

Aus den oben verdichteten Beobachtungen am Material sollen hier exemplarisch reduzierend nur zwei systematisierend-strukturierende Aspekte herausgenommen werden.

Man findet Hinweise für eine Typisierung von Lehrkonzeptentwicklung (horizontale Typisierung) als eine eher durchlässige Strukturierung und Hinweise für eine Typisierung von Kompetenztypen (vertikale Typisierung), ebenfalls eher durchlässig strukturiert.

5.2 Typenbildung von Lehrkonzeptentwicklung (horizontale Typisierung)

In horizontaler Perspektive sind aus den Interviews fünf Strukturdichten von Lehrkonzeptentwicklung zu lesen. Sie sind nicht als biografisch oder historisch aufeinander aufbauend oder zwingend aufeinander folgend zu sehen. Verschiedene Biografien haben verschiedene Bewegungen, die so oder anders durch diese Dichten hindurchgehen.

Es macht also Sinn, sie gesondert zu betrachten und für Kompetenzentwicklungsstrategien lesbar und alltagsgerecht nutzbar zu machen. Lehrkonzepte bilden sich mehrheitlich früh in der Hochschullehre aus und wurzeln häufig in vorgängigen Erfahrungen (Berufstätigkeit, eigene Lernerfahrungen auch in außerhochschulischen Einrichtungen, Vorbilder) und Konzeptualisierungen dieser Erfahrungen.

- **Konzeptmotivation:** Sie ist in vielen Biografien am Anfang der Karriere zu beobachten. Sie ist ein besonderes Thema und vor allem auch als Möglichkeit für einen ‚Conceptual Change' zu nutzen. In anderen oder späteren Phasen der Konzeptentwicklung bestehen weniger Ankerpunkte oder Gelegenheiten.
- **Konzeptbildung:** Diese Phase ist in der frühen Karriere von Lehrkompetenz-Konzepten angesiedelt und befasst sich mit einem explorativen und systematisierenden Ausbau von Konzepten. Handlungserprobung, Lehrexperimente, Konzeptrevisionen an Erfahrungen sind typisch für diese Phase.
- **Konzeptbestätigung:** In dieser Phase verdichten sich Lehrkonzept und Lehrhandeln zu einem durchgestalteten, angereicherten, reflektierten und beständigen Ganzen.
- **Konzeptübertrag:** Dies ist die Phase mit hohem Stratifizierungspotential nach der Konzeptbestätigung von Lehrerfahrungen. Die Bereitschaft zur Kommunikation, kollegialem Austausch und der Mitarbeit an Studienreformen oder didaktischen Entwicklungen wächst und bestimmt die didaktischen Orientierungen.
- **Konzeptentwicklung:** Diese Phase geht oft einher mit einer in einer Professur oder auf einem Lehrstuhl angekommenen Karriere, die sich arbeitsteilig zu organisieren hat. Für diesen Typ ist ein differenziertes

Lehrkompetenzentwicklungskonzept maßgebend, das sich auf allen Ebenen reflektiert und eine umfassende Lehrkompetenzentwicklung im Auge hat, die sich an der Entwicklung von Forschen und Studieren orientiert. Dies gilt gleichermaßen für pyramidale Modelle ('top-down' organisiert), Kaskaden-Modelle der Lehre-Delegation (organisiert vom Lehrstuhl über die wissenschaftlichen Mitarbeitenden, Tutoren und studentischen Hilfskräfte) oder Modelle symmetrischer Kommunikation (organisiert in arbeitsteiligen Konstruktionen auf einer Ebene).

Die beschriebene Typisierung ist als durchlässig und durchgängig zu beobachten. Sie reflektiert in sich Lehrkonzepte und Lehrhandeln und ist über personale Aspekte hinaus auch auf die jeweilige organisationale Umwelt ausdifferenziert. Sie schließt in die individuellen Kompetenzen ihre Professionalisierung ein und somit in die Personalentwicklungsperspektive explizit auch eine Professions- und Organisationsentwicklungsperspektive.

5.3 Typenbildung von Lehrkompetenzentwicklung (vertikale Typisierung)

Eine zweite Typisierungsoption, statt in horizontaler jetzt in vertikaler Perspektive, legt die Verdichtung in Typen von Lehrkompetenz und ihren jeweiligen Entwicklungen nahe. Auch diese Typisierung ist als durchlässig und durchgängig zu betrachten, abhängig von Pfaden und biografischen, habituellen oder situativen Besonderheiten. Die folgenden Kompetenztypen sind nicht als statische Typen, sondern als Typisierungen zu verstehen, die pfad-, umwelt- oder situationsabhängig, parallel, einander abwechselnd oder verschränkt auftreten können.

Sie sind – bezogen auf die horizontale Perspektive – auch in verschiedenen Konzepttypen zu finden.

- **Charismatische, performanz-orientierte Fachwissenschaftler und Fachwissenschaftlerinnen:** Diese Typisierung ist in allen biografischen Phasen zu finden. Ihr Lehrkonzept ist das von Meisterkursen, sie definieren sich vom Fachlichen her und sind ausgeprägt an einem charismatischen Habitus und dessen Weitergabe oder „Vererbung" orientiert.
- **Akademische Professionals:** Diese Typisierung ist vor allem mit beruflichen Vorerfahrungen oder Konzepten aus akademischen Professionen verbunden, die in die Universität getragen werden. Ihre Konzepte sind Simulationslernen in Projekten, das heißt simulierten oder situierten Kontexten, mit hoher Eigenbeteiligung der Studierenden. Lehr-Lernszenarien unterliegen einer enharmonischen Verwechselung mit professionellen Szenarien, die Didaktik auf selbsttätige Einübung oder Simulation einschmelzen lässt. Auch diese Typisierung ist in allen biografischen Phasen zu finden.

- **Reflexive Akademiker und Akademikerinnen:** Diese Typisierung von Lehrkompetenz geht eher mit der fortgeschrittenen Karriere einher. Sie beschreibt einen reflexiven Umgang mit Fachlichem, Didaktischem und Lehr- und Studierstrategien.
- **Habitualisierte Lerncoaches:** Diese Typisierung steht für ausgeprägte Lehrkarrieren mit einem reflexiven, ausdifferenzierten und strukturierten Korpus von Strategien auf didaktischer und wissenschaftlicher Ebene. Wissenschaftliche Expertinnen und Experten nehmen sich in der Lehre als Coaches in den Formaten von Lern-Beratung und Lern-Begleitung zurück.
- **Entwickelnde Lerncoaches:** Hier wird eine Typisierung lesbar, die parallel zur Typisierung von Konzeptentwicklung den habitualisierten Lerncoach in der arbeitsteiligen Organisation der Universität und auf kollegialer Ebene angeht. Wie beim habitualisierten Lerncoach nehmen sich wissenschaftliche Expertinnen und Experten in der Lehre als Coaches in den Formaten von Lern-Beratung und Lern-Begleitung zurück, aber sie teilen überdies Lehre, Beratung und Lernbegleitung mit Kolleginnen, Kollegen und Mitarbeitenden und in diversifizierten, sozialdifferenziert zugeordneten Formaten.

Der Forschungsgegenstand ‚Lehrkompetenz' ist mit dieser empirisch ausdifferenzierten Typisierung beobachtbar zwischen individueller Kompetenz, Professionalisierung und Professionsentwicklung, exemplarisch für ein multiperspektivisches Kompetenzkonstrukt.

Der Ertrag der anfangs reklamierten multiperspektivischen und entwicklungsoffenen Theorieanlage und des darin begründeten Methodendesigns ist als Verdichtung des empirischen Materials noch einmal in den folgenden Topoi zusammen zu fassen:
- Lehrkompetenz entfaltet sich in einer Mischung von informellen, selbstsorgenden und formellen, weiterbildungsgestützten Prozessen.
- Lehrkompetenz ist zu lesen als floatende Differenzierung und rhizomatische Strukturierung von Ebenen, Schichten, Knoten und Kanten, Pfaden und Referenzen.
- Lehrkompetenzentwicklungen sind als Bewegungen im Rhizom in Schichten, Pfaden oder Lesarten zu beobachten.
- Schichtungen, Pfade oder Lesarten können Strukturdichten, Referenzen, Modelle und Normen erzeugen.
- Bewegungen von Individuen auf Schichtungen, Pfaden, Lesarten pendeln zwischen normiert und exemplarisch, modelliert und eigensinnig, didaktisch und autonom.
- Strukturdichten, Referenzen, Modelle und Normierungen entstehen auf dem Weg von Differenzbildung, Tuning und Aushandlung.

Literatur

Duden, Rechtschreibung der deutschen Sprache (1996). Red. Bearb.: Werner Scholze-Stubenrecht und Matthias Wermke in Zusammenarbeit mit Günther Drosdowski und unter Mitw. weiterer Mitarb. der Dudenredaktion, 21. Auflage, Mannheim et al.: Dudenverlag.

Eco, U./Trabant-Rommel, C./Trabant, J. (1985): Semiotik und Philosophie der Sprache. München: Fink.

Erpenbeck, J./von Rosenstiel, L. (2003): Handbuch Kompetenzmessung: Erkennen, verstehen und bewerten von Kompetenzen in der betrieblichen, pädagogischen und psychologischen Praxis. Stuttgart: Schäffer-Poeschel.

Forneck, H./Wrana, D. (2006): Professionelles Handeln und die Autonomie des Feldes der Weiterbildung. In: Friebertshäuser, B./Rieger-Ladich, M./Wigger, L. (Hrsg.): Reflexive Erziehungswissenschaft. Forschungsperspektiven im Anschluss an Pierre Bourdieu. Wiesbaden: VS, S. 175–189.

Franke, G. (2005): Facetten der Kompetenzentwicklung. Bielefeld: Bertelsmann.

Gläser, J./Laudel, G. (2004): Experteninterviews und qualitative Inhaltsanalyse. Als Instrumente rekonstruierender Untersuchungen. 4. Auflage. Wiesbaden: VS.

Heiner, M./Wildt, J. (2009): Professionalisierung von Lehrkompetenz an Universitäten – vom Schattendasein zur Referenz für Exzellenz? In: Journal Hochschuldidaktik 20, H. 1, S. 17–20.

Jude, N./Hartig, J./Klieme, E. (Hrsg.) (2008): Kompetenzerfassung in pädagogischen Handlungsfeldern. Theorien, Konzepte und Methoden. Berlin und Bonn: BMBF.

Kurtz, T./Pfadenhauer, M. (Hrsg.) (2009): Soziologie der Kompetenz. Wissen, Kommunikation und Gesellschaft. 1. Auflage. Wiesbaden: VS.

Mayring, P./Gläser-Zikuda, M. (Hrsg.) (2008): Die Praxis der qualitativen Inhaltsanalyse. 2. Auflage. Weinheim: Beltz.

Meuser, M./Nagel, U. (2009): Experteninterview und der Wandel der Wissensproduktion. In: Experteninterviews. Wiesbaden: VS, S. 35–60.

Schneckenberg, D./Wildt, J. (2006): Towards a Conceptualization of eCompetence in Higher Education. In: Mac Labhrainn, I. (Hrsg.): The Challenge of eCompetence in Academic Staff Development. Galway: Centre for Excellence in Learning and Teaching, S. 29–35.

Weinert, F.E. (2001): Vergleichende Leistungsmessung in Schulen – Eine umstrittene Selbstverständlichkeit. In: Ders. (Hrsg.): Leistungsmessung in Schulen. Weinheim: Beltz, S. 17–31.

Wildt, J. (2003): Überlegungen zu einem gestuften System hochschuldidaktischer Weiterbildungsstudien. In: Welbers, U. (Hrsg.): Hochschuldidaktische Aus- und Weiterbildung. Grundlagen – Handlungsformen – Kooperationen. Bielefeld: Bertelsmann.

Wildt, J. (2007): Vom Lehren zum Lernen. In: Bretschneider, F./Wildt, J. (Hrsg.): Handbuch Akkreditierung von Studiengängen. Eine Einführung für Hochschule, Politik und Berufspraxis. 2., vollständig überarbeitete Auflage. Bielefeld: Bertelsmann, S. 44–54.

Wrana, D. (2008): Autonomie und Struktur in Selbstlernprozessen. Gesellschaftliche, lerntheoretische und empirische Relationierungen. In: Maier Reinhard, C./Wrana, D. (Hrsg.): Autonomie und Struktur in Selbstlernarchitekturen. Opladen: Budrich, S. 31–102.

Ulrich W. Ebner-Priemer, Philip Santangelo und
Susanne Koudela

Ambulatory Assessment als innovatives Instrument zur Kompetenzerfassung

Eine erste Erprobung an Studierenden am
House of Competence (HoC)

Der Kompetenzbegriff wird in unterschiedlichen Disziplinen benutzt und entsprechend vielfältig sind seine Definitionen (Klieme/Leutner/Kenk 2010; Kurtz/Pfadenhauer 2010). Am einflussreichsten in der Psychologie war sicherlich die Kompetenzdefinition von Franz E. Weinert. Nach seiner Auffassung wird Kompetenz definiert als „die bei Individuen verfügbaren oder durch sie erlernbaren kognitiven Fähigkeiten und Fertigkeiten, um bestimmte Probleme zu lösen, sowie die damit verbundenen motivationalen, volitionalen und sozialen Bereitschaften und Fähigkeiten, um die Problemlösungen in variablen Situationen erfolgreich und verantwortungsvoll nutzen zu können" (Weinert 2001, S. 27f.). Kompetenz kann als *Leistungsvoraussetzung* verstanden werden. In dieser Definition ist die Unterscheidung zwischen Disposition (das heißt Kompetenz als eine überdauernde Persönlichkeitseigenschaft) und Situationsbezug angelegt, da sowohl das Erlernen als auch die Anwendung von Kompetenzen in bestimmten Situationen oder Kontexten erfolgt. Obwohl Kompetenz als Disposition selbst der direkten Beobachtung unzugänglich ist, so ist die Anwendung der Kompetenz wiederum beobachtbar bzw. möglicherweise auch messbar. Vergleichbare Auffassungen des Kompetenzbegriffs finden sich beispielsweise auch bei Klieme und Leutner, die Kompetenzen als „kontextspezifische kognitive Leistungsdispositionen, die sich funktional auf Situationen und Anforderungen in bestimmten Domänen beziehen" definieren (Klieme/Leutner 2006, S. 879).

Die Unterscheidung zwischen Konstrukt und Anwendung bzw. die Betonung der Bedeutung des Kontextes existiert nicht nur in psychologischen Definitionsversuchen zur Kompetenz, sondern auch in anderen Disziplinen. Rainer Schützeichel beispielsweise erläutert: „Kompetenz und Expertise zeigt sich in einem praktischen Tun" (Schützeichel 2010, S. 173). Ähnlich argumentiert Michaela Pfadenhauer, die zu den Komponenten von Kompetenz nicht nur Fähigkeit, sondern auch Bereitschaft und Befugnis zählt

(Pfadenhauer 2010). Die beiden letzteren Komponenten weisen wiederum auf den Kontext, die Umsetzung im Alltag, das praktische Tun hin.

Im vorliegenden Beitrag stellen wir einen Ansatz vor, der versucht, gerade den Situationsaspekt der Kompetenz in größtem Maße zu berücksichtigen. Fokus unserer Arbeitsgruppe am *House of Competence* des Karlsruher Instituts für Technologie (KIT) ist die Kompetenzerfassung und - entwicklung bei Studierenden. Als Vertreter einer technischen Hochschule mit einer überwiegenden Mehrheit ingenieurswissenschaftlicher Studierender haben wir zur Untersuchung von Kompetenzen bei Studierenden einen technikgestützten Ansatz gewählt: das *Ambulante Assessment*. Dieses ist definiert als die kontinuierliche Erfassung von behavioralen, physiologischen, kognitiven und emotionalen Aspekten im Alltag über zumeist elektronische Verfahren (Fahrenberg et al. 2007; Mehl/Connor 2012). Synonyme Begriffe sind *Ecological Momentary Assessment* (Stone/Shiffman 1994), *Real Time Data Capture* (Stone et al. 2007) oder auch *Experience Sampling Method* (Csikszentmihalyi/Larson 1987).

Im folgenden Beitrag werden zuerst die vier Hauptmerkmale des Ambulanten Assessments vorgestellt: a) real-life Assessment, b) real-time Assessment, c) repeated Assessment sowie d) multimodal Assessment (Ebner-Priemer/Kubiak 2010). Im Anschluss wird exemplarisch auf eine aktuelle Studie zur Erfassung der Selbstorganisations- und Zeitmanagementkompetenzen bei Studierenden eingegangen. Die bereits eingeführten Hauptmerkmale des Ambulanten Assessments werden anhand dieser Studie praktisch beleuchtet und erste Überlegungen zu Praktikabilität und Gütekriterien werden berichtet.

1. Hauptmerkmale des Ambulanten Assessments

1.1 Real-life Assessment

Seit Kurt Lewins (1951) anregenden Ideen ist, hauptsächlich in den 1970er und 1980er Jahren, eine Diskussion über Feldforschung, Labor-Feld-Vergleiche, Umweltpsychologie, ökologische Validität, Alltagsbezug und praktische Relevanz in der Psychologie geführt worden. Die Feldforschung betont dabei, dass die im Labor ausgelösten Symptomkomplexe häufig von geringerer Intensität sind als in der natürlichen Lebensumwelt (Wilhelm/Roth 1996) und dass Personen auf die Untersuchungssituation im Labor als solche qualitativ unterschiedlich reagieren (Margraf/Ehlers/Roth 1986). Darüber hinaus werden häufig rein quantitative Unterschiede berichtet. So konnten beispielsweise Claessen, Bates, Sherlock, Seeparsand und Wright (2008) zeigen, dass Probanden im Labor mit der Anweisung ‚Putzen Sie Ihre Zähne bitte wie gewöhnlich' tatsächlich eine Minute länger putzen, als in ihrem Alltag. Bekanntestes Beispiel für eine begrenzte Vorhersagevalidität und Generalisierbarkeit von Laborbefunden ist der ‚Weißkitteleffekt‘ (*office hypertension*). Große Untersuchungsreihen zeigen, dass ca. zehn Prozent der Untersuchten zwar beim Arzt, aber nicht im Alltag einen erhöhten Blutdruck aufweisen und aufgrund dessen fälschlicherweise Medikamente erhalten. Umgekehrt haben ca. zehn Prozent der Hypertoniker eine maskierte Hypertonie, das heißt unauffällige Werte beim Arzt, jedoch erhöhten Blutdruck im Alltag (Parati/Mancia 2006). Diese Beispiele illustrieren eindrücklich, dass Resultate von Untersuchungen im Labor oder einem anderen artifiziellen Setting nicht ohne weiteres auf den Alltag zu übertragen sind. Deshalb gilt es für jeden Befund zu klären, ob die im Labor gefundenen Zusammenhänge auch im Alltag Bestand haben bzw. unter welchen Bedingungen (*boundary conditions*) sich Zusammenhänge übertragen lassen. Folglich muss für jede Forschungsfrage geklärt werden, für welchen Kontext Gültigkeit beansprucht wird. Dies ist für das Beispiel des Weißkitteleffekts am einfachsten zu zeigen: Üblicherweise versterben Personen mit kardiovaskulärer Problematik als Todesursache nicht in der ärztlichen Praxis, sondern im Alltag. Dies hängt vor allem damit zusammen, dass der Alltag (wie das Wort schon besagt) eine deutlich größere Häufigkeit als der Praxisbesuch aufweist. Bei einem angenommenen wöchentlichen Arztbesuch von einer halben Stunde hätten wir eine Verteilung von Praxis zu Alltag von 0,5 Stunden zu 167,5 Stunden. Entsprechend scheint eine Optimierung des Blutdrucks für den Alltag – und nicht für die Messsituation in der Praxis des Arztes – angemessen. Analog lässt sich auch bei unserem Fallbeispiel ‚Selbstorganisations- und Zeitmanagementkompetenzen bei Studierenden‘ argumentieren: Nicht das ausgeklügelte Zeitmanagement in einer artifiziellen Computersimulation ist von Interesse, sondern das tatsächliche Zeitmanagement im Alltag der Studierenden. Erst wenn der Nachweis gelänge, dass das Zeitmanagement in der artifiziellen Computersimulation hoch mit dem tatsächlichen Zeitmanagement im Alltag der Studierenden korreliert, wären Aussagen aufgrund der Laboruntersuchung, sozusagen als short-cut zur tatsächlichen Forschung im Alltag, wissenschaftlich gerechtfertigt.

Im Gegensatz zur Feldforschung betont die Laborforschung die Vorteile eines experimentellen Vorgehens mit Isolierung und Kontrolle der Versuchsbedingungen sowie der randomisierten Zuweisung zu den Experimentalbedingungen, die eine präzise Hypothesen- und Kausalitätstestung ermöglicht. Diese Vorteile sind zwar in keiner Weise gering zu schätzen; den Vorteilen der Feldforschung lediglich die Nachteile der Laborforschung gegenüberzustellen und damit ein Reliabilitäts-Validitäts-Dilemma (Campbell/Stanley 1963) zu postulieren, ist jedoch sicherlich simplifizierend (Fahrenberg/Leonhart/Förster 2002). So gibt es wahrscheinlich für alle Methodenprobleme und Bedrohungen der inneren und äußeren Gültigkeit Entsprechungen innerhalb und außerhalb des Labors. Zu betonen sind zudem die neuen Möglichkeiten, die sich mit der erhöhten Rechenleistung von

Kleinstcomputern (beispielsweise mit Smartphones) ergeben. Aufgrund der hardwareseitig integrierten Beschleunigungs- und Lichtsensoren ist mit dieser neuen Generation von technischen Geräten die statistische Kontrolle von unzähligen Störvariablen (wie zum Beispiel Bewegung, Lärm etc.) sowie eine randomisierte Zuweisung zu den Experimentalbedingungen (zumindest teilweise) möglich.

1.2 Real-time Assessment

Als weiteres Hauptmerkmal des Ambulanten Assessments ist die Erfassung in Echtzeit (real-time Assessment) zu bezeichnen. Damit grenzt sich das Ambulante Assessment von den Verfahren ab, die Informationen auf Grundlage von rückblickenden Einschätzungen sammeln. Dies ist beispielsweise der Fall bei retrospektiven Fragebogen, aber auch bei qualitativen oder quantitativen Interviews. Die Zuverlässigkeit retrospektiver Erfassung interessierender Variablen ist in den letzten Jahren immer stärker angezweifelt worden (zum Beispiel Ebner-Priemer et al. 2005; 2009; FDA 2009). Die moderne autobiographische Gedächtnisforschung (Kihlstrom et al. 2000) geht davon aus, dass immer kognitive Heuristiken zum Einsatz kommen, wenn Personen versuchen, Informationen aus dem Gedächtnis abzurufen (Ausnahmen hiervon wären singuläre Informationen, die direkt abgespeichert werden, wie beispielsweise Geburtsdaten, Adressen etc.). Kognitive Heuristiken sind mentale ‚Daumenregeln', die zur Rekonstruktion nicht direkt abgespeicherter Erinnerungen genutzt werden. Obwohl diese Heuristiken eine normale Funktion unseres autobiographischen Gedächtnisses darstellen, sind sie immanent fehlerhaft und stellen einen systematischen Bias dar (Schwarz 2007).

Zu den allgemeinen Urteilsheuristiken, die retrospektive Berichte verzerren können, zählen unter anderem der *affective valence effect*, der *mood congruent memory effect* sowie die *peak-end-rule*. Mit dem *affective valence effect* wird der Befund beschrieben, dass positive Ereignisse generell leichter erinnert werden als negative (Kihlstrom et al. 2000). Das erscheint zwar für unsere Psychohygiene günstig, erschwert aber den Abruf negativer Ereignisse wie zum Beispiel misslungene Problembewältigungsversuche oder Ähnliches im Alltag. Interessanterweise gibt es eine Patientengruppe, die diese positive Verzerrung nicht zeigt: depressive Patienten. Ihnen fehlen die ‚positive illusions' der Gesunden und ihre Urteile sind weniger fehlerbehaftet, was auch als „depressiver Realismus" bezeichnet wird (Taylor/Brown 1988).

Eine weitere bekannte Urteilsheuristik wurde von Daniel Kahneman (Kahneman et al. 1993) entdeckt und beschrieben: die *peak-end-rule*. In einem klassischen Experiment manipulierte er die zeitliche Dauer von Koloskopien (Darmspiegelungen). In der Experimentalgruppe wurde das Koloskop nach der Koloskopie mehrere Minuten zusätzlich im Darm belassen. Damit wurde in der Experimentalgruppe die unangenehme Untersuchung künstlich verlängert, wobei die zusätzlichen Minuten im Vergleich zur gesamten Untersuchung nur etwas unangenehm waren. Die Hypothese, frei nach dem Motto ‚Ende gut, alles gut', konnte bestätigt werden: die Experimentalgruppe mit der künstlich verlängerten Untersuchungszeit bewertete die Untersuchung als weniger unangenehm als die Kontrollgruppe mit kürzerer Untersuchungszeit. Dieses kontraintuitive Ergebnis wurde durch die *peak-end-rule* erklärt. Diese besagt, dass das Ende einer Untersuchung bzw. eines Ereignisses die Bewertung dieses Ereignisses/dieser Untersuchung überproportional bestimmt. Damit führt das weniger aversive (künstlich verlängerte) Ende in der Experimentalgruppe zu einer positiveren Bewertung, obwohl eine objektive Mehrbelastung vorliegt. Daniel Kahneman hat für seine Arbeiten unter anderem zu diesen Urteilsheuristiken und kognitiven Verzerrungen im Jahre 2002 den Nobel-Preis im Bereich der Wirtschaftswissenschaften erhalten.

Dass rückblickende Einschätzungen stark von der aktuellen Situation abhängen, besagt der sogenannte *mood congruent memory effect* (Mayer/ McCormick/Strong 1995). Zeigen Personen aktuell ein gelingendes Zeitmanagement und sind entsprechend positiv gestimmt, so erinnern sie sich an ähnliche Situationen (das heißt gelingendes Zeitmanagement, gute Stimmung) besser als an Situationen, in denen ihr Zeitmanagement versagte und entsprechend die Stimmung nicht so positiv war. Damit hat die Stimmung in der aktuellen Situation direkte Auswirkungen auf die Erinnerungsleistung. Ist der Stimmungsverlauf über den Tag bekannt, können mit dem *mood congruent memory effect* bewusst ‚zu positive' bzw. ‚zu negative' Einschätzungen vergangener Kompetenzleistungen als Ergebnis einer Befragung hervorgerufen werden.

Zusammenfassend lässt sich konstatieren, dass die berichteten Heuristiken zu systematischen Verzerrungen führen, die unabhängig von der Compliance der Studienteilnehmer auftreten (das heißt auch bei hoher Compliance) und nicht über große Fallzahlen auszumitteln sind (da sie systematische Verzerrungen darstellen). Entsprechend fordert die amerikanische Medikamentenzulassungsbehörde FDA, auf rückblickende Erfassungsmethoden zu verzichten (FDA 2009) und stattdessen real-time Verfahren zu verwenden.

1.3 Repeated Assessment

Über die wiederholte Erfassung interessierender Phänomene können mit dem Ambulanten Assessment dynamische Prozesse betrachtet und analysiert werden (Ebner-Priemer et al. 2007; Ebner-Priemer et al. 2009). Denkbar wäre zum Beispiel, dass die Qualität des Zeitmanagements möglicherweise über den Tag schwankt oder dass sich die eigentliche Zeitmanagementkompetenz über die Strukturierung des Tages offenbart. Erst über den Tag verteilte multiple Abfragen in Echtzeit erlauben, zwischen Messzeitpunkten zu unterscheiden und eventuell typische Zeitverläufe bzw. Zeitmanagementtypen zu extrahieren. Beispielhaft zu nennen wären Muster mit Lernaktivität am Tag und sozialen Aktivitäten am Abend oder nichtlernrelevanten Aktivitäten bis kurz vor der Prüfung, die dann in ausschließlich lernrelevante Aktivitäten übergehen. Eine solche zeitliche Differenzierung bzw. Auflösung ist nur über multiple Erhebungszeitpunkte möglich und in Kombination mit Echtzeiterhebung und Alltagsbezug von Relevanz. Eine rückblickende Erhebung der Zeitverwendung, beispielsweise über die letzte Woche, in stündlichen Abständen, erscheint in Bezug auf die dazu notwendige Gedächtnisleistung als geradezu absurd.

1.4 Multimodal Assessment

Kleincomputer erlauben, neben der subjektiven Erfassung von Befindlichkeit, auch die Registrierung von physiologischen, behavioralen und Umweltparametern im Alltag (Ebner-Priemer/Kubiak 2007). Die zunehmende Miniaturisierung von Sensoren und technischen Geräten erlaubt beispielsweise die kontinuierliche Erfassung körperlicher Aktivität über Wochen ohne nennenswerte Einschränkungen (Bussmann/Ebner-Priemer 2011; Bussmann/Ebner-Priemer/Fahrenberg 2009). Dieser Parameter (körperliche Aktivität) kann beispielsweise als Validierung der subjektiven Selbstberichte verwandt werden. So sollte beispielsweise das Besuchen einer Vorlesung mit geringer körperlicher Aktivität einhergehen, ebenso das Arbeiten zuhause am Schreibtisch. Auch können Schlafenszeiten mittels solcher Rekorder erkannt werden. Dies ermöglicht nächtliche Unternehmungen (beispielsweise Studentenpartys) zu identifizieren und hilft, die Compliance der Probanden abzuschätzen.

Das Ambulante Assessment hat, vor allem im letzten Jahrzehnt, eine beeindruckende Entwicklung durchlaufen und mit hochrangigen Publikationen (Kahneman et al. 2006; Killingsworth/Gilbert 2010; Mehl et al. 2007) den Durchbruch im Bereich der Psychologie erzielt. Neue Technologien und Methoden im Bereich Hardware, Software und Statistik erlauben die Erfassung interessierender Phänomene von Personen in ihrer natürlichen Lebensumwelt mit größerer Präzision und geringerem forschungstechnischem Aufwand. Entsprechend ist eine zunehmende Verwendung dieser Methodik im Bereich der Psychologie zu erwarten.

2. Selbstorganisations- und Zeitmanagementkompetenzen bei Studierenden

2.1 Studiendesign und Fragestellung

Anhand einer aktuellen Studie soll im Folgenden beispielhaft erläutert werden, wie das Ambulante Assessment zur Erfassung von Selbstorganisations- und Zeitmanagementkompetenzen genutzt werden kann. Mit der Einführung der Bachelor-Master-Studiengänge in Deutschland und der damit verbundenen Festlegung des Workloads über die ECTS-Punkte geriet die zeitliche Belastung von Studierenden in den Blickpunkt des öffentlichen Interesses. Trotz einer Vielzahl an Medienberichten, die sich mit diesem Thema auseinander setzen, liegen bislang jedoch kaum systematische empirische Untersuchungen zur Einschätzung der tatsächlichen zeitlichen Belastung von Studierenden und deren Selbstorganisations- und Zeitmanagementkompetenz vor.

In der Zeitmanagementkompetenz-Studie wurden bei über 150 Studierenden sowohl die Zeitverwendung als auch körperliche Stress- bzw. Erholungsfähigkeitsparameter erfasst. Um die Schwankungen in der zeitlichen Arbeitsbelastung während des Semesters zu berücksichtigen, wurde als Erhebungszeitraum zum einen der Beginn der Vorlesungszeit und zum anderen die Prüfungsphase am Ende des Semesters gewählt. Die Studierenden mussten zu beiden Zeitpunkten jeweils über eine Woche hinweg stündlich Fragen zu ihren Aktivitäten während der letzten Stunde beantworten. Ein stündlich klingelndes Smartphone (Software: MyExperience movisens Edition; movisens GmbH, Karlsruhe, Germany) erinnerte die Teilnehmer an die Beantwortung der Fragen, welche danach auf dem Display des Gerätes bearbeitet werden sollten. Zusätzlich erfolgte einmal pro Erhebungszeitpunkt die Erfassung von Kontextbedingungen des Studiums, Schlafqualität, sozialer Unterstützung, chronischem Stress, psychischen Beschwerden, Selbstkontrollempfinden, Stimmung, Erholung und Belastung mittels etablierter Fragebogen. Um Forschung und Praxis miteinander zu verbinden, erfolgte am Ende der Studie eine persönliche Rückmeldung anhand der in der Studie gewonnenen jeweils individuellen Ergebnisse in Form eines halbstündigen Beratungsgespräches zur Vermittlung von Methoden, um die zum Studium zur Verfügung stehende Zeit optimal zu nutzen (Zeitmanagement).

2.2 Überlegungen zu psychometrischen Kennwerten

Die statistische Auswertung von mittels Ambulantem Assessment erhobenen Datensätzen mit häufig 50 bis 100 Messzeitpunkten pro Person, wurde mit dem Einzug von hierarchisch linearen Modellen zunehmend einfacher.

Bezüglich der klassischen psychologischen Gütekriterien ergibt sich das Problem, dass intraindividuelle Varianz nicht mit Fehlervarianz gleichgesetzt werden kann, sondern dass die intraindividuelle Varianz beim Ambulanten Assessment häufig gerade den interessierenden Varianzanteil darstellt. Aktuelle Publikationen bieten Erweiterungen der klassischen Gütekriterien und auch Power-Schätzungen für das Ambulante Assessment an (Bolger/Stadler/Laurenceau 2011; Wilhelm/Schoebi 2007).

2.2.1 Interindividuelle Differenzierbarkeit

Die erste Voraussetzung, um Personen unterschiedliche Kompetenzgrade zuordnen zu können ist, dass das Messverfahren interindividuelle Unterschiede hervorbringt. Im Gruppenmittel erbrachten erste vorläufige Analysen unseres Datensatzes im Schnitt keine erhöhte Arbeitsbelastung im Vergleich zu den durch die Bologna-Reform vorgegebenen 40 Stunden pro Woche, aber eine hohe interindividuelle Variabilität zwischen den Studierenden bezüglich der für das Studium aufgewandten Zeit. Vor allem die Breite der Verteilung der Studierzeit (Lehrveranstaltungen, Lernen, weitere Uniaktivitäten etc.) zum zweiten Messzeitpunkt (das heißt in der vorlesungsfreien Zeit) war überraschend. Die Spannbreite reichte von praktisch keinem Arbeitsaufwand (weniger als fünf Stunden) bis zu über 90 Stunden pro Woche. Damit erzielt das Ambulante Assessment mit stündlicher Abfrage der Studienleistung über eine Woche bei den untersuchten Studierenden eine sehr breite Verteilung und eignet sich demnach sehr gut, um Unterschiede zwischen Personen herauszustellen.

2.2.2 Augenscheinsvalidität

Eine zweite methodische Überlegung ist, ob das, was von den Studierenden erfragt wird, von diesen auch als zum Thema Zeitmanagement zugehörig erlebt wird. Dies kann als Augenscheinsvalidität (*face validity*) bezeichnet werden. Über die individuellen Rückmeldungen am Ende der Studie an jeden Teilnehmer zu seinem individuellen Zeitmanagementprofil und der Stundenverwendung ist eine, sicherlich subjektive, Abschätzung möglich. Die Studierenden haben die Rückmeldungen als sehr positiv und hilfreich erlebt. Es gab Nachfragen zu spezifischen Hilfsmöglichkeiten bei individuellen Problematiken wie Prokrastination (chronisches Aufschieben von Lernaktivitäten) oder mangelnder Motivation, aber auch zu Zeitstrukturierung selbst (Tag- und Nachtzeiten; Morgentyp/Abendtyp). Exemplarisch soll hier auf einen Teilnehmer eingegangen werden, der massiv ‚passive Freizeit' angegeben hatte. In der Summe lag er bei über 40 Stunden pro Woche, die er mit passiver Freizeitgestaltung verbrachte – und im persönlichen Gespräch wurde diese vor allem als mit Computerspielen zugebrachte Zeit identifiziert. Entsprechend wurden ihm Strategien zum Zeitmanagement erläutert mit der Aufforderung, im Laufe des nächsten Semesters per E-Mail über mögliche Fortschritte zu berichten. Seine Antwort im nächsten Semester war folgende:

„...im WS09/10 nahm ich am von Ihnen angebotenen Zeitmanagementseminar teil. Nach der Verteilung der Ergebnisse nahmen Sie mir das Versprechen ab, Ihnen am Ende des vergangenen Wintersemesters eine e-mail mit der Rückmeldung, ob ich mein Studium anders angehe, zu senden.

Da man nach dieser langen Zeit nicht mehr realistischerweise davon ausgehen kann, dass Sie sich noch an mich erinnern, sind im Folgenden die Empfehlungen die Sie mir damals gaben, gefolgt von deren Umsetzung.......Bei mir war der Anteil von passiver Freizeit knapp 3x höher als der Mittelwert (vielleicht erinnern Sie sich jetzt ;-)). Ihr Rat war, diese Zeit besser in Aktive Freizeit und Lernen zu investieren.

Es ist möglich, dass dies für mich der hilfreichste Tipp des letzten Semesters war.
Durch
*konsequentes Deinstallieren aller Computerspiele
*Löschen von weit über 50% der Lesezeichen in meinem Browser (Lesezeichen animieren zum sinnlosen Surfen. Immer wenn man alle vermeintlich wichtigen Links durchgeklickt hat, beginnt man wieder von vorne)
*zeitweiliges Ziehen des Internetsteckers
habe ich auf Basis Ihrer Analyse die passive Freizeit stark reduzieren können, indem ich ihr einfach keinen Ansatzpunkt mehr bot.

Zusätzlich kam zum Tragen:
*ein Terminplan, an welchem Tag was gelernt wird, um vor der Klausur fertig zu werden (sehr motivierend!)
*ein täglicher Zeitplan für die genauen Lernzeiten
*geplantes Pausieren, um das Wissen zu verdauen

Hierdurch war es mir möglich, mich in Fortsetzungsfächern (à la Mathe II und Mathe III) von 3,0 auf 2,0; 3,3 auf 1,7 oder von 2,3 auf 1,3 zu verbessern, einfach weil ich diesmal (knapp) genügend Zeit hatte, auf alles genug zu lernen.

Kurz: Ihre Tipps für ein erfolgreiches Lernen bzw. besseres Zeitmanagement im Hinblick auf die enge Klausurenstaffelung gegen Ende des Semesters waren ein durchschlagender Erfolg!
Ich werde diese Taktik in der nächsten Klausurenphase mit Sicherheit wieder anwenden."

Die Rückmeldung des Studierenden darf und soll nicht als Beleg für die Wirksamkeit der gegeben Vorschläge zum Zeitmanagement verstanden werden. Dies wäre eine Übergeneralisierung des subjektiven Berichts dieser einzelnen Person. Was sich aber durchaus erkennen lässt ist, dass für den

Studierenden ein inhaltlicher Zusammenhang zwischen der Erhebung der Zeitmanagementkompetenz, den Vorschlägen zur Verbesserung des Zeitmanagements und seiner erfolgreichen Umsetzung besteht. Somit kann dieser Einzellfall als exemplarischer Validitätshinweis im Sinne einer Augenscheinsvalidität gelten.

2.3 Einzelfalldarstellung

Im Folgenden soll anhand eines Einzelfalls dargestellt werden, welche Möglichkeiten sich aufgrund der stündlichen Erhebung für die intraindividuellen Analysen und Betrachtungen von Zeitverläufen ergeben. In Abbildung 1a ist die Zeitverwendung eines Studierenden über eine Woche dargestellt. Jeder Balken stellt eine stündliche Abfrage dar, zeitlich sortiert über die Woche. Farblich kodiert ist die Art der Zeitverwendung. Die verschiedenen Tätigkeiten wurden dabei in vier Gruppen aggregiert: studiumsrelevante Tätigkeiten, aktive Freizeit (Sport, Freunde treffen etc.), passive Freizeit (Computerspiele, Internet, TV etc.) und Anderes (Wege, Haushalt, Essen etc.). Die Höhe der Balken entspricht dabei jeweils der Anzahl aufgewandter Minuten pro stündlicher Abfrage. Am auffälligsten sind auf den ersten Blick die fehlenden Werte in der Nacht. Die Teilnehmer haben während des Nachtschlafs selbstverständlich keine Eintragungen vorgenommen. Entsprechend sind klare Separierungen der Erhebungstage visuell erkenntlich.

Abbildung 1a: Exemplarisches Zeitverwendungsprofil eines Studierenden über eine Woche

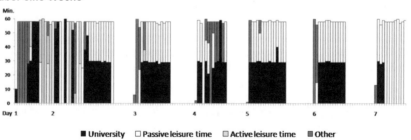

Zur genaueren Betrachtung haben wir in Abbildung 1b die ersten 44 Stunden dieser Woche dieser Person vergrößert dargestellt. Auffallend ist hier die komplett fehlende Nachtruhe zwischen Montag und Dienstag. Der Teilnehmer hat stündlich über zwei Tage Eintragungen vorgenommen. Dabei ist anzumerken, dass bei elektronischen Tagebüchern keine nachträglichen Eintragungen möglich sind. Auch wenn nicht kontrollierbar ist, ob die Ein-

66

tragungen korrekt vorgenommen wurden, das heißt ob beispielsweise Computerspielen nicht als Lernzeit markiert wurde, so ist doch garantiert, dass zu den angegeben Zeitpunkten Eintragungen vorgenommen wurden. Folglich liegt nahe, dass bei dieser Person über die ersten zwei Tage keine normale Nachtruhe vorkam. Interessanterweise wird über die Nacht nicht nur passive Freizeit berichtet (also beispielsweise Fernsehen und Computerspielen), sondern es werden auch studiumsrelevante Tätigkeiten angegeben. D.h. aufgrund der angegebenen Daten würden wir diese Episode nicht als ‚Durchfeiern' bezeichnen können, sondern eher als ‚Durchlernen', aber durchsetzt mit Episoden aktiver und passiver Freizeit. Auch am nächsten Tag werden studiumsrelevante Tätigkeiten angegeben.

Abbildung 1b: Vergrößerter Ausschnitt des Zeitverwendungsprofil eines Studierenden (dargestellt sind die ersten 44 Stunden)

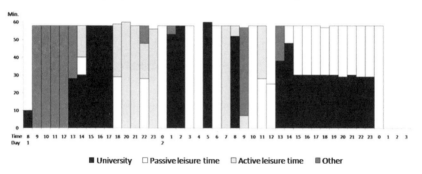

Ebenfalls auffallend ist das schwarz-weiß-Muster in der zweiten Hälfte des Dienstags, das sich so auch an den folgenden Tagen zeigt. Dies markiert aufeinanderfolgend studiumsrelevante Tätigkeiten und passive Freizeit. Trotz der hohen zeitlichen Auflösung von einer Datenerhebung pro Stunde bleibt das tatsächliche zeitliche Muster hier noch weit im Dunkeln. Ein mögliches Extrem wäre, dass der Studierende am Computer sitzend minütlich zwischen Surfen im Internet (passive Freizeit) und Lernen wechselt, woraus sich das erhaltene Muster ergeben würde (30 Minuten Lernen und 30 Minuten passive Freizeit pro Stunde). Ein lerntheoretisch sicherlich günstigeres Extrem wäre, dass die Person jeweils eine Stunde lernt und sich dann eine Stunde mit passiver Freizeit beschäftigt. Wird mit diesem Muster nicht zur vollen Stunde begonnen, sondern zur halben Stunde, würde sich dasselbe Muster (30 Minuten passive Freizeit und 30 Minuten Lernen pro Stunde) ergeben.

Abbildung 1c stellt ungefähr die letzten 31 Stunden der Aufzeichnung dieses Studierenden dar. Ersichtlich ist wiederum die hälftige Trennung in studiumsrelevante Tätigkeiten und passive Freizeit. Der zweite Messzeitpunkt wurde individuell so gelegt, dass am folgenden messfreien Tag eine Klausur stattfand. Der Studierende beendet seine Lerntätigkeit nun am frühen Nachmittag und beschäftigt sich am Nachmittag/Abend vor der Klausur nur noch mit passiver Freizeit. Dies entspricht den pädagogischen Ratschlägen, nicht ‚bis zur letzten Sekunde vor der Prüfung' zu lernen. Aus physiologischer und auch sozialpsychologischer Sicht ist jedoch das vollständige Fehlen aktiver Freizeit (Sport, Freunde treffen etc.) über die letzten fünf Tage vor der Prüfung auffällig.

Abbildung 1c: Vergrößerter Ausschnitt des Zeitverwendungsprofils eines Studierenden (dargestellt sind die letzten 31 Stunden)

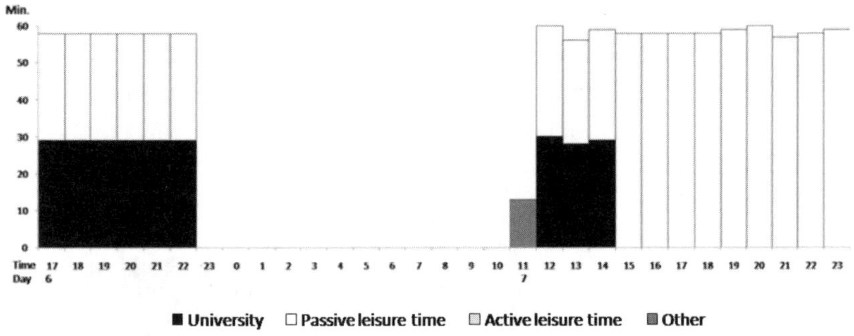

■ University   □ Passive leisure time   ▣ Active leisure time   ▨ Other

3. Ambulantes Assessment zur Erfassungen von Kompetenzen im Alltag

Zu den Eingangs berichteten Hauptmerkmalen des Ambulanten Assessments zählen die Erfassung in Echtzeit (real-time), die Erfassung im Alltag (real-life), sowie die Möglichkeit zu wiederholten Messungen (repeated Assessment) und der Erfassung von subjektiven wie objektiven Parametern (multimodales Assessment).

3.1 Real-life und repeated

Die mit hoher Auflösung (stündliche Abfragen) erfassten Daten erlauben einen tiefen und differenzierten Einblick in das Alltagshandeln der Studierenden. Durchlernte oder durchfeierte Nächte, strukturierte oder chaotisch anmutende Tagesabläufe, tägliches frühes Aufstehen und morgendliches Lernen sind ebenso ersichtlich wie das Aufschieben des Lernens bis 24 Stunden vor der Prüfung. Somit ist durch Ambulantes Assessment ein um ein Vielfaches genauerer Einblick in den Studieralltag möglich als mit bisherigen Verfahren. Auch ist vermutlich die tatsächliche/reale Zeitverwendung aussagekräftiger als Planspiele am Computer, bei denen anhand von Fallbeispielen Tage strukturiert werden sollen. Dies erfordert lediglich kognitive Arbeit im Sinne einer mathematischen Rätselaufgabe (wie platziere ich die verschiedenen Aufgaben am besten), ist jedoch gänzlich unabhängig von den Problemen im Alltag wie Motivationsmangel, Müdigkeit, Prokrastination, Ablenkung durch Freunde, Partys und vieles mehr. Was allerdings offen bleibt, ist die kompetenzspezifische Bewertung der Zeitmuster und die anschließende Quantifizierung. Wer ist denn nun kompetent? Studierender A, der die ganze Woche früh aufsteht, morgens lernt und dann entspannt in die Prüfung geht – oder Studierender B, der zu Beginn der Woche soziale Kontakte pflegt und dann die Nacht vor der Prüfung durchlernt? Ein Außenkriterium, wie beispielsweise die erbrachte Prüfungsleistung, reicht zur Bewertung sicherlich nicht aus. In eine Gesamtbewertung könnte der Wert sozialer Beziehungen, das Stresserleben, eine mögliche Abhärtung fürs spätere Berufsleben (Nächte durchlernen = viel Leistung in wenig Zeit) ebenso eingehen wie erhöhte stressbedingte Cortisolwerte mit ihren negativen Effekten auf gedächtnisrelevante Hirnareale. Trotz der sehr differenzierten Erfassung der Zeitverwendung über die Erhebungstage mittels Ambulanten Assessments steht eine zufriedenstellende Bewertung und somit eine Antwort auf die Frage (Studierender A oder doch Studierender B?) noch aus.

3.2 Real-time und multimodal

Die Erfassung von Zeitmustern in Echtzeit mittels subjektiver Selbstberichte ist kein gänzlich neuer Ansatz. Auch Papier-Bleistift-Tagebuchverfahren können zum Dokumentieren der Zeitverwendung in Echtzeit genutzt werden und somit können auch mit Hilfe dieser Methode retrospektive Verzerrungen vermieden werden. Problematisch bei dem Einsatz von Papier-und-Bleistift-Tagebüchern ist jedoch die systemimmanente Unsicherheit über den *tatsächlichen* Eingabezeitpunkt. Stone, Shiffman, Schwartz, Broderick und Hufford (2002) konnten das gebündelte Nachtragen als gängige Praxis bei Papier-Bleistift-Tagebüchern entlarven. Dazu manipulierten sie ein Papier-und-Bleistift-Tagebuch mit lichtsensitiven elektronischen Sensoren, um erfassen zu können, ob die Teilnehmer tatsächlich zur geforderten Uhrzeit die Eingaben vornahmen. Um die Genauigkeit zu erhöhen, wurde den Teilnehmern zusätzlich eine Armbanduhr mitgegeben, die zu programmierten Zeitpunkten an die Eingabe ins Tagebuch erinnerte. Bei den Teilnehmern in der Studie von Stone, Shiffman, Schwartz, Broderick und Hufford (2002) handelte es sich um Patienten mit Schmerzsymptomatik, bei denen im Rahmen der Behandlung ein Schmerztagebuch geführt wurde. Deshalb mussten die Patienten zu jedem Abfragezeitpunkt jeweils ihre aktuelle Symptomatik sowie die Uhrzeit der Eintragung in dem Tagebuch notieren.

Die Ergebnisse waren erschreckend (siehe Abb. 2). Die Patienten notierten zwar die gewünschten Uhrzeiten und gaben damit an, die Eingaben zur korrekten Zeit vorgenommen zu haben (berichtete Compliance: 90 Prozent) – die tatsächliche Compliance (gemessenen über die elektronischen Sensoren) lag aber bei lediglich elf Prozent. Folglich wurden fast 90 Prozent der Eintragungen nicht zum korrekten Zeitpunkt vorgenommen und vermutlich kurz vor der Rückgabe der Tagebücher nachgetragen. Gleichzeitig behaupteten die Teilnehmer aber, die Eingaben zu den korrekten Zeiten vorgenommen zu haben.

Abbildung 2: Darstellung der Untersuchung von Stone et al. 2002

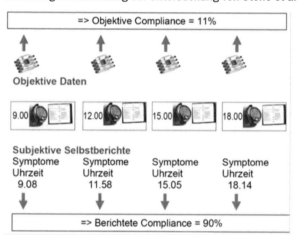

In einer zweiten, randomisierten Untersuchungsgruppe verwendeten Stone, Shiffman, Schwartz, Broderick und Hufford (2002) elektronische Tagebücher und erzielten tatsächliche Compliance-Werte von über 90 Prozent, was nicht überraschend ist, da heimliches Nachtragen bei elektronischen Tagebüchern technisch nicht möglich ist. Elektronische Tagebücher gelten daher als Methode der Wahl, da die Zeit der Eingabe automatisch protokolliert wird.

Auch wenn der Eingabezeitpunkt der subjektiven Selbstberichte mittels elektronischer Tagebücher technisch gut zu kontrollieren ist, so bleiben die Berichte doch *subjektive* Selbstberichte. Schwierig zu überprüfen ist, ob eine Angabe von ‚60 Minuten gelernt' tatsächlich zutreffend ist. Technische Hilfsmittel erlauben jedoch grobe Abschätzungen. Bei der berichteten Studie zur Zeitmanagementkompetenz wurden neben den elektronischen Tagebüchern auch ambulante Blutdruckmessgeräte und Bewegungssensoren eingesetzt (was in diesem Beitrag nicht weiter spezifiziert wird). Diese erlauben, auf physiologischer bzw. behavioraler Ebene, zumindest rudimentäre Rückschlüsse auf die Qualität der subjektiven Selbstberichte. So ist der Besuch einer ‚Lehrveranstaltung' sicherlich mit geringer körperlicher Aktivität verbunden, wohingegen ‚aktive Freizeitgestaltung' (beispielsweise Sport) sehr wohl hohe körperliche Aktivitätswerte (erfassbar über Bewegungssensoren) und auch erhöhte physiologische Kennwerte aufweisen sollte. Damit sind grobe Plausibilitätsabschätzungen möglich. Im individuellen Einzelfall aber bleibt auch mit dieser Methodik (zusätzliche Verwendung von Blutdruckmessgeräten und Bewegungssensoren) unklar, ob das im Datensatz vorgefundene ‚Sitzen' sich nun auf Lernen am PC oder auf ‚Spielen am PC' bezieht.

4. Ausblick

Der Einblick in den Alltag Studierender über Ambulantes Assessment ist sicherlich faszinierend. Offen bleiben jedoch a) die tatsächliche Überprüfung der gemachten subjektiven Angaben auf ihre Richtigkeit, b) fehlende Hintergrundinformationen zu einer Vielzahl in den Daten als interessant erscheinender Situationen/Profile sowie c) die Bewertung der gefundenen Profile/Muster hinsichtlich ihrer Kompetenzdimension.

a) Die Überprüfung berichteter subjektiver Angaben ist generell schwierig, jedoch noch problematischer im Feld bzw. Alltag. Über die Verwendung elektronischer Tagebücher ist zwar immerhin die Zeit der Eintragung eindeutig verifizierbar und über Beschleunigungssensoren ist, wie berichtet, eine grobe Plausibilitätsabschätzung möglich – es bleiben aber weitere Unsicherheiten. In einem Laborsetting ist beispielsweise leicht zu überprüfen, ob die Eingaben in einen Computer von der Person selbst vorgenommen wurden oder von Kommilitonen, Freunden, WG-Mitbewohnern. Beim Ambulanten Assessment ist dies deutlich schwieriger. Ebenso bleibt unklar, ob die Eintragung ‚Sitze in der Vorlesung' richtig ist bzw. ob hier nicht in der Wirklichkeit ‚Sitze in der Cafeteria' auszuwählen wäre. Noch viel schwieriger ist die Beurteilung, ob das ‚Sitzen in der Vorlesung' denn ein aufmerksames Zuhören oder das Tratschen mit den Kommilitonen darstellt. Aktuelle technische Entwicklungen und vor allem die Miniaturisierung im IT-Bereich dürften dazu beitragen, bald schon wenigstens Teile dieser Fragen beantworten zu können. Moderne elektronische Tagebücher besitzen bereits GPS-Module, und damit ist die räumliche Zuordnung zu Audimax bzw. Cafeteria leicht möglich. Mobile eye-tracking Systeme, integriert in Brillen, erlauben weiterhin die Bestimmung des visuellen Fokus von Personen im Alltag. D.h. auch hier wäre klar differenzierbar, ob die Person sich in der Vorlesung mit dem Sitznachbarn unterhält oder den visuellen Fokus auf die Power-Point-Folien richtet.

b) In dem Fallbeispiel wurde bereits deutlich, dass wir es beim Ambulanten Assessment mit einer sehr datenreichen Erhebungsmethodik zu tun haben. In manchen Zeitabschnitten wären jedoch zusätzliche Informationen sehr hilfreich gewesen. Ein häufig wiederkehrendes Muster des oben erwähnten Fallbeispiels war der Bericht, in der letzten Stunde 30 Minuten für ‚Lernen' und 30 Minuten für ‚passive Freizeit' verwandt zu haben. Die exakte chronologische Verteilung dieser 60 Minuten bleibt jedoch unklar. Handelte es sich um zwei 30-minütige Blöcke (erst 30 Minuten Lernen, dann zur Belohnung 30 Minuten Internetsurfen) oder aber um im Minutenabstand wechselnde Episoden von Lernen, Internetsurfen, Lernen, Internetsurfen, Lernen, Internetsurfen etc. Auch für diese Problematik können aktuelle technische Entwicklungen hilfreich sein. Das interaktive Ambulante Assessment ergänzt die Aufzeichnung im Alltag um Analysen in Echtzeit. D.h. die eingegeben Daten werden sofort analysiert und definierte Auffälligkeiten können noch in der Erhebungsphase erkannt werden. Dadurch sind spezifische Nachfragen noch während der laufenden Prozesse im Alltag möglich. Bei dem oben erwähnten Muster könnten sowohl Nachfragen zur genauen Verteilung gestellt werden oder aber Audio- und Videoaufzeichnungen könnten genutzt werden, um eine (noch) genauere zeitliche Strukturierung vorzunehmen.

c) Am wenigsten geklärt ist derzeit die Zuordnung von Zeitverwendungsmustern zu quantitativen Aussagen über Zeitmanagementkompetenz. Welches sind denn nun funktionale oder dysfunktionale Muster, kompetente oder eben weniger kompetente Strategien der Zeitnutzung? Dazu sind Validierungsstudien notwendig, die neben der reinen Zeitverwendung auch eine Vielzahl möglicher Kriteriumsvariablen erfassen, wie beispielsweise bestandene Prüfungen und Resultate von Prüfungsleistungen oder subjektiv erlebter Zeitdruck. Aber auch bei dieser Frage sind technische Entwicklungen vielversprechend. So ist mit Smartphones, die üblicherweise als Hardware für elektronische Tagebücher verwendet werden, auch der Einsatz von Aufmerksamkeitstests im Alltag möglich. Bereits in den 1980er Jahren konnte Kurt Pawlik (Pawlik/Buse 1982) über solche Untersuchungen im Alltag den Tagesverlauf der Konzentrationsfähigkeit aufzeigen. Aus Sicht der Universitäten wäre die zeitliche Anordnung von Lernphasen in Zeiten hoher Konzentrationsfähigkeit sicherlich als kompetent zu bezeichnen.

Zusammenfassend bietet das Ambulante Assessment mit der gegenwärtigen Miniaturisierung von IT-Systemen völlig neue Möglichkeiten für die sozialwissenschaftliche Forschung. Hier sind weitere Studien und Erprobungen sicherlich vielversprechend – und das nicht nur für technische Hochschulen.

Literatur

Bolger, N./Stadler, G./Laurenceau, J.-C. (2012): Power analysis for intensive longitudinal studies. In: Mehl, M./Conner, T. (Hrsg.): Handbook of research methods for studying daily life. New York: Guilford, S. 285–301.

Bussmann, J.B.J./Ebner-Priemer, U.W./Fahrenberg, J. (2009): Ambulatory behavior monitoring: Progress in measurement of activity, posture, and specific motion patterns in daily life. In: European Psychologist 14, S. 142–152.

Bussmann, J.B.J./Ebner-Priemer, U.W. (2011): Ambulatory activity monitoring: Assessing activity, posture, and motion patterns in daily life. In: Mehl, M./Connor, T. (Hrsg.): Handbook of research methods for studying daily life. New York: Guilford, S. 235–250.

Campbell, D.T./Stanley, J.C. (1963): Experimental and quasi-experimental designs for research on teaching. In: Gage, N.L. (Hrsg.): Handbook of research on teaching. Chicago: Rand Mc Nally, S. 171–246.

Claessen, J.-P./Bates, S./Sherlock, K./Seeparsand, F./Wright, R. (2008): Designing interventions to improve tooth brushing. In: International Dental Journal 58, S. 307–320.

Csikszentmihalyi, M./Larson, R. (1987): Validity and reliability of the experience-sampling method. In: Journal of Nervous and Mental Disease 175, S. 526–536.

Ebner-Priemer, U.W./Eid, M./Kleindienst, N./Stabenow, S./Trull, T.J. (2009): Analytic strategies for understanding affective (in)stability and other dynamic processes in psychopathology. In: Journal of Abnormal Psychology 188, S. 195–202.

Ebner-Priemer, U.W./Kubiak, T. (2007): Psychological and psychophysiological ambulatory monitoring – A review on hardware and software solutions. In: European Journal of Psychological Assessment 23, S. 214–226.

Ebner-Priemer, U.W./Kuo, J./Kleindienst, N./Welch, S.S./Reisch, T./Reinhard, I./Lieb, K./Linehan, M.M./Bohus, M. (2007): State affective instability in borderline personality disorder assessed by ambulatory monitoring. In: Psychological Medicine 37, S. 961–970.

Ebner-Priemer, U.W./Kuo, J./Welch, S.S./Thielgen, T./Witte, S./Linehan, M./Bohus, M. (2006): A valence-dependent group-specific recall bias of retrospective self-reports – A study of Borderline Personality Disorder in everyday life. In: Journal of Nervous and Mental Disease 194, S. 774-779.

Ebner-Priemer, U.W./Kubiak, T. (2010): The decade of behavior re-visited: Future prospects for ambulatory assessment. In: European Journal of Psychological Assessment 26, S. 151–153.

Fahrenberg, J./Leonhart, R./Förster, F. (2002): Alltagsnahe Psychologie: Datenerhebung im Feld mit hand-held PC und physiologischem Mess-System. Bern: Huber.

Fahrenberg, J./Myrtek, M./Pawlik, K./Perrez, M. (2007): Ambulantes Assessment – Verhalten im Alltagskontext erfassen. In: Psychologische Rundschau 58, S. 12–23.

FDA: Food and Drug Administration (2009): Guidance for industry – patient-reported outcome measures: Use in medical product development to support labeling claims. www.fda.gov/downloads/Drugs/ (Abruf 9.3.2012).

Kahneman, D./Fredrickson, B.L./Schreiber, C./Redelmeier, D. (1993): When more pain is preferred to less: Adding a better end. In: Psychological Science 4, S. 401–405.

Kahneman, D./Krueger, A.B./Schkade, D./Schwarz, N./Stone, A.A. (2006): Would you be happier if you were richer? A focusing illusion. In: Science 312, S. 1908–1910.

Kihlstrom, J.F./Eich, E./Sandbrand, D./Tobias, B.A. (2000): Emotion and memory: Implications for self-report. In: Stone, A.A./Turkkan, J.S. (Hrsg.): Science of self-report: Implications for research and practice. Mahwah: Lawrence Erlbaum Associates, S. 81–99.

Killingsworth, M.A./Gilbert, D.T. (2010): A wandering mind is an unhappy mind. In: Science 330, S. 932.

Klieme, E./Leutner, D. (2006): Kompetenzmodelle zur Erfassung individueller Lerner-gebnisse und zur Bilanzierung von Bildungsprozessen. Beschreibung eines neu ein-gerichteten Schwerpunktprogramms der DFG. In: Zeitschrift für Pädagogik 52, S. 876–903.

Klieme, E./Leutner, D./Kenk, M. (Hrsg.) (2010): Kompetenzmodellierung. Zwischenbi-lanz des DFG-Schwerpunktprogramms und Perspektiven des Forschungsansatzes. In: Zeitschrift für Pädagogik, Beiheft 56.

Kurtz, T./Pfadenhauer, M. (2010): Soziologie der Kompetenz. Wiesbaden: VS.

Lewin, K. (1951): Field theory in social science. Oxford: Harpers.

Margraf, J./Ehlers, A./Roth, W.T. (1986): Sodium lactate infusions and panic attacks: A review and critique. In: Psychosomatic Medicine 48, S. 23–51.

Mayer, J.D./McCormick, L.J./Strong, S.E. (1995): Mood congruent memory and natural mood: New evidence. In: Personality and Social Psychology Bulletin 21, S. 736–746.

Mehl, M./Vazire, S./Ramirez-Esparza, N./Slatcher, R.B./Pennebaker, J.W. (2007): Are women really more talkative than men? In: Science 317, S. 82.

Mehl, M./Connor, T. (Hrsg.) (2012): Handbook of research methods for studying daily life. New York: Guilford.

Parati, G./Mancia, G. (2006): Assessing the white-coat effect: Which blood pressure measurement should be considered? In: Journal of Hypertension 24, S. 29–31.

Pawlik, K./Buse, L. (1982): Rechnergestützte Verhaltensregistrierung im Feld Beschrei-bung und erste psychometrische Überprüfung einer neuen Erhebungsmethode. In: Zeitschrift für Differentielle und Diagnostische Psychologie 3, S. 101–118.

Pfadenhauer, M. (2010): Kompetenz als Qualität sozialen Handelns. In: Kurtz, T./Pfadenhauer, M. (Hrsg.): Soziologie der Kompetenz. Wiesbaden: VS, S. 149–172.

Schützeichel, R. (2010): Wissen, Handeln, Können. Über Kompetenzen, Expertise und epistemische Regime. In: Kurtz, T./Pfadenhauer, M. (Hrsg.): Soziologie der Kompe-tenz. Wiesbaden: VS, S. 173–189

Schwarz, N. (2007): Retrospective and concurrent self-reports: The rationale for real-time data capture. In: Stone, A.A./Shiffman, S.S./Atienza, A.A./Nebeling, L. (Hrsg.): The science of real-time data capture: Self-reports in health research. New York: Ox-ford University Press, S. 11–26.

Stone, A.A./Shiffman, S.S. (1994): Ecological Momentary Assessment (EMA) in be-havorial medicine. In: Annals of Behavioral Medicine 16, S. 199–202.

Stone, A.A./Shiffman, S.S./Schwartz, J.E./Broderick, J.E./Hufford, M.R. (2002): Patient non-compliance with paper diaries. In: British Medical Journal 324, S. 1193–1194.

Stone, A.A./Shiffman, S.S./Atienza, A.A./Nebeling, L. (Hrsg.) (2007): The science of real-time data capture: Self-reports in health research. New York: Oxford University Press.

Taylor, S.E./Brown, J.D. (1988): Illusion and well-being: A social psychological per-spective on mental health. In: Psychological Bulletin 103, S. 193–210.

Weinert, F.E. (2001): Vergleichende Leistungsmessung in Schulen – eine umstrittene Selbstverständlichkeit. In: Weinert, F.E. (Hrsg.): Leistungsmessungen in Schulen. Weinheim und Basel: Beltz, S. 17–31.

Wilhelm, F.H./Roth, W.T. (1996): Ambulatory assessment of clinical anxiety. In: Fahrenberg, J./Myrtek, M. (Hrsg.): Ambulatory Assessment: Computer-assisted psy-chological and psychophysiological methods in monitoring and field studies. Seattle: Hogrefe&Huber, S. 317–345.

Wilhelm, P./Schoebi, D. (2007): Assessing mood in daily life – structural validity, sensi-tivity to change, and reliability of a short-scale to measure three basic dimensions of mood. In: European Journal of Psychological Assessment 23, S. 258–267.

Albert Albers, Norbert Burkardt und Claudia Becke

KaLeP: Karlsruher Lehrmodell für Produktentwicklung
Ein Ansatz zur Kompetenzerfassung in der Ingenieurausbildung

1. Motivation und Zielsetzung

In der universitären Ingenieursausbildung ist nicht nur das Vermitteln von elementarem technischem Fachwissen von großer Bedeutung; dies kann vielmehr als notwendig, nicht aber als hinreichend angesehen werden. Die Ausbildung soll die Studierenden auf ihr späteres Berufsleben in der Industrie möglichst gut vorbereiten. Die meisten Hochschulabsolventen entscheiden sich für eine Beschäftigung in deutschen mittelständischen Unternehmen. Hier ist besonders eine hohe Ausbildungsqualität der Berufsanfänger gefragt. Außerdem muss dem aktuell und auch künftig aufgrund demographischer Entwicklungen zu erwartenden Ingenieursmangel entgegengewirkt werden. Nur so kann Deutschland seinen Status als Innovationsstandort global sicherstellen und nachhaltig ausbauen. Eine hochwertige universitäre Ingenieursausbildung sowohl in qualitativer als auch in quantitativer Dimension ist hierfür von zentraler Bedeutung.

Die technisch-wissenschaftlichen Studiengänge am Karlsruher Institut für Technologie (KIT) weisen in den letzten Jahren steigende Bewerberzahlen von Studieninteressierten auf. So lagen dem KIT für das Wintersemester 2011/12 für den Studiengang Maschinenbau über 2.400 Bewerbungen vor. 650 Studieninteressierten konnte ein Zulassungsbescheid erteilt werden. Das Ausbildungsziel des KIT besteht nun darin, möglichst vielen dieser Studienanfänger durch entsprechende konsekutive Ausbildungsgänge sowohl einen ‚Bachelor'-Hochschulabschluss als auch einen ‚Master of Engineering'-Hochschulabschluss verleihen zu können.

Für die Fakultät für Maschinenbau am KIT und die einzelnen in die Lehre involvierten Institute besteht nun zum einen die Herausforderung darin, für eine solche Vielzahl an Studierenden eine qualitativ hochwertige Ausbildung anbieten, sicherstellen und weiterentwickeln zu können. Zum anderen muss eine Definition der bedeutsamsten und wichtigsten Inhalte in der Ausbildung erfolgen. Hierzu ist der Blick in das spätere Arbeitsumfeld der Studierenden unverzichtbar. Welche Herausforderungen kommen hier auf die Berufsanfänger und Ingenieure mit Berufserfahrung zu? Welchen Problemen müssen sie sich stellen?

Für den erfolgreichen Ingenieur in der Praxis reicht das Kennen des theoretischen Fachwissens nicht aus. Der Berufsalltag erfordert vielmehr eine umfassende Fachkompetenz. Diese besteht zusätzlich zum theoretischen Fachwissen aus einer Methodenkompetenz verbunden mit einer Umsetzungsstärke. Eine solche Methodenkompetenz erst befähigt den Ingenieur, sein theoretisches Fachwissen in die Praxis umzusetzen, es anzuwenden und individuellen Problemstellungen anzupassen. Erst damit kann der Ingenieur die Fähigkeit erwerben, selbstständig und eigenverantwortlich Problemstellungen der Technik zu analysieren und zu lösen.

Die universitäre Ingenieursausbildung muss den Studierenden und späteren Ingenieur dazu befähigen, nicht nur theoretische Fachkompetenz zu beherrschen, sondern dieses Wissen auch methodisch unterstützt problemspezifisch anzuwenden. So wird aus dem fachlich versierten Ingenieur der Problemlöser der Technik.

2. Das Karlsruher Lehrmodell für Produktentwicklung: KaLeP

Das Institut für Produktentwicklung (IPEK) am KIT gehört zur Fakultät für Maschinenbau und betreut pro Jahr mehr als 2.000 Studierende in der Lehre. Um die beschriebenen Ausbildungsziele unter diesen gegebenen Randbedingungen zu erreichen, wurde am IPEK ein mit KaLeP bezeichnetes Lehrmodell entwickelt.

Zur Erreichung der Lehrziele stützt sich KaLeP auf drei Grundsäulen: (1) die Lehrveranstaltungen, (2) ein realistisches und industrienahes Lernumfeld sowie (3) die Integration der Vermittlung von Schlüsselqualifikationen in Form einer geeigneten Projektarbeit.

Eine wichtige Basis des Karlsruher Lehrmodells für Produktentwicklung ist die persönliche Interaktion der Lehrenden mit den Studierenden. Wie bereits beschrieben reicht es nicht aus, theoretisches Fachwissen lehrbuchhaft zu vermitteln und in Prüfungen abzufragen. Bereits in frühen Phasen der Ingenieursausbildung muss der Studierende Erfahrungswissen aufbauen, um hiervon später im Berufsleben zu profitieren. Von großer Bedeutung hierbei ist die aktuelle Einbindung von Erfahrungswissen von und durch die Lehrenden in den einzelnen Lehrveranstaltungen. Der persönliche Kontakt zwischen Lehrenden und Studierenden ermöglicht eine Anpassung der Lehrinhalte an die aktuellen Interessenslagen und Informationsbedarfe der Studierenden.

In den Lehrveranstaltungen in Form von Vorlesungen, Übungen und Workshops wird nicht nur das theoretische Fachwissen vermittelt; vielmehr liegt auch ein Schwerpunkt auf der Vermittlung von Methodenwissen und

Schlüsselqualifikationen, welche für den Studierenden von elementarer Wichtigkeit sind, um sein theoretisches Fachwissen in die Praxis umzusetzen. KaLeP setzt hier auf die Kombination von drei Arten von Lehrveranstaltungen:

(1) In Vorlesungen wird für ca. 700 Studierende das theoretische Fachwissen vermittelt. Hierbei entsteht bereits eine Verbindung zwischen den fachlichen Inhalten und der Person des Lehrenden, indem individuelles Erfahrungswissen aktuell und nach Bedarf in die Vorlesung eingebunden wird – und zwar unter Nutzung einer aufwändigen Modellsammlung sowie geeigneter Animationen, Videodarstellungen und Visualisierungstechniken zur Darstellung und Erläuterung von Modellen und Anwendungsbeispielen aus der Praxis.

(2) In Übungen werden Fallbeispiele zur situations- und problemangepassten Anwendung von theoretischem Fachwissen bearbeitet. So baut der Studierende bereits früh ein Erfahrungswissen für seinen späteren Beruf auf.

(3) In Workshops findet aktive Teamarbeit über ein ganzes Semester hinweg in Kleingruppen statt: Die Studierenden lösen in Teams zu fünf Personen eine realitätsnahe technische Problemstellung und werden währenddessen von Lehrenden regelmäßig zum methodischen Arbeiten angeleitet. So bekommen die Studierenden nicht nur eine realitätsnahe Umgebung mit Büro- und Rechnerausstattung, sondern auch Teamwork-fordernde und -fördernde Werkzeuge wie beispielsweise ein Wiki oder Werkzeuge zum Projektmanagement wie beispielsweise MS Project zur Dokumentation und Kommunikation im Team zur Verfügung gestellt und werden in deren Nutzung angeleitet.

Der Projektfortschritt und der Einsatz der Team-Werkzeuge werden in regelmäßig stattfindenden Workshops (vier Workshops im Laufe des Semesters) überprüft. Die wirkliche Bearbeitung und Lösung der technischen Problemstellung erfolgt in freier Projektarbeit zwischen den Studierenden. Für die Gestaltung der Projektarbeit und des Projektmanagements ist jedes Projektteam eigenverantwortlich zuständig.

Die Studierenden lernen so bereits früh in ihrer Ausbildung im Team erfolgreich zusammenzuarbeiten. Wechselnde realistische Problemstellungen sorgen für fachliche Herausforderungen, sie fordern und fördern durch die Bearbeitung im Team die Entwicklung von Schlüsselqualifikationen und von Methodenkompetenz.

3. Kompetenzerfassung im Rahmen der Workshops

Der Kompetenzerfassung im Rahmen der Workshops kommt eine besondere Bedeutung zu: Hier wird projektbegleitend die Leistung der Studierenden erfasst, gewürdigt und bewertet. So wird zur Bewertung der Leistung der Studierenden nicht nur am Ende des Semester eine Prüfungsleistung gefordert, sondern über eine kontinuierliche Workshopbewertung kann ein sogenannter Bonus erworben werden, der mit der Prüfungsleistung am Ende des Semesters verrechnet wird. Damit fließt die Leistung des Studierenden während der Workshops mit in die Bewertung ein, was natürlich einen zusätzlichen Leistungsanreiz bedeutet.

Zur Kompetenzerfassung in den Workshops werden fünf Dimensionen der Kompetenz betrachtet: (1) Theoretisches Fachwissen (Fachkompetenz), (2) Methodenkompetenz, (3) Sozialkompetenz, (4) Elaborationspotential (Umsetzungsstärke) und (5) Kreativitätspotential. Diese fünf Dimensionen werden in einer sogenannten Kompetenzspinne dargestellt und sind so auch für die Studierenden transparent. Die Kompetenz eines jeden Studierenden wird in jedem Workshop in allen fünf Dimensionen erfasst und bewertet. Es erfolgt eine Darstellung der Bewertung in der Kompetenzspinne, so dass die Entwicklung der Kompetenzen des Studierenden über den Verlauf des Semesters hinweg in Form eines Kompetenzprofils deutlich und transparent wird. Ein Beispiel für das Kompetenzprofil eines Studierenden ist in Abbildung 1 dargestellt. Hier wird besonders die positive Entwicklung in allen fünf Dimensionen der Kompetenz im Laufe des Semesters deutlich.

In der Auflistung in Abbildung 2 werden die bereits genannten fünf Dimensionen der Kompetenz näher erläutert und charakterisiert. Anhand der Charakterisierungen der fünf Dimensionen der Kompetenz erfolgt auch die Erfassung und Bewertung der Kompetenz der Studierenden in den einzelnen Workshops, sie bilden die Messgrößen einer Kompetenzentwicklung in KaLeP.

Von diesen fünf Dimensionen der Kompetenz kann das theoretische Fachwissen direkt erfasst und bewertet werden; dies kann in Form einer schriftlichen oder mündlichen Prüfung geschehen und ermöglicht eine objektive Bewertung des theoretischen Fachwissens. Die Methodenkompetenz wird in der workshopintegrierten Projektarbeit – zum Beispiel der Entwicklung eines Antriebsstranges für einen Verbrennungsmotor – erkennbar und im Rahmen der KaleP-spezifischen Ansprüche hinsichtlich einer vergleichenden Bewertung auch messbar. Möglich wird dies zum Beispiel in den projektbegleitenden Kolloquien, in denen die Studierenden zu erläutern haben, wie sie zum Beispiel reale Objekte (hier Maschinenelemente und -systeme) auf mechanische Modelle abstrahieren, in Gleichungen überführen und errechnete Lösungen interpretieren und bewerten können.

Abbildung 1: Beispielhaftes Kompetenzprofil eines Studierenden

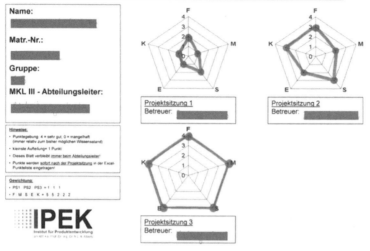

Abbildung 2: Die fünf Dimensionen der Kompetenz und deren Charakterisierungen

(1) Theoretisches Fachwissen	(2) Methodenkompetenz
• Grundlagenwissen relevanter Fachdisziplinen • Auswahl, Auslegung, Gestaltung gelehrter Maschinenelemente • Gestaltungswissen • Fachtermini • Qualität der Zeichnung • Funktionsfähige Konstruktion	• Strukturierte Vorgehensweise • Prozessorientiertes Vorgehen • Abstraktionsvermögen • Verständnis von Zusammenhang zwischen Funktion und Gestalt • Funktionsorientierte Lösungssuche • Strukturierter CAD-Modell-Aufbau

(3) Sozialkompetenz	(4) Elaborationspotential	(5) Kreativitätspotential
• Eigeninitiative • Teamfähigkeit • Frustrationstoleranz • Eigenpräsentation	• Verteidigung der eigenen Berechnungen, Zeichnungen • Berücksichtigung der Randbedingungen vom Gesamtsystem	• Fähigkeit zur Problemerkennung • Intuitiv strukturierte Vorgehensweise • Vorstellung unkonventioneller Lösungen • Erarbeitung einer Ideenvielfalt

Das Kreativitätspotential lässt sich im Rahmen des KaLeP nur relativ unscharf anhand der Originalität, der Vielzahl und der Abweichung von Standards vorgestellter Lösungen bewerten – die Erfahrung mit einer Vielzahl von Studierenden (mehr als 10.000) hat hier zu einer, wenn auch begrenzten, Beurteilungssicherheit geführt.

Die Sozialkompetenz und das Elaborationspotential hingegen können nur indirekt erfasst und bewertet werden. Hierzu existieren keine objektiv unabhängigen Bewertungskriterien, anhand derer die Kompetenz der Studierenden festgestellt werden kann. Ein erster Ansatz hierzu erfolgt über im Rahmen des KaLeP identifizierte und definierte Indikatoren für eine erfolgreiche Teamarbeit: (1) Professionelle Kommunikation in zwischenmenschlichen Beziehungen, (2) Identifikation und Definition von verschiedenen Aufgaben und Rollen eines erfolgreichen Teams, (3) Anwendung von Teamwork-fordernden und -fördernden Methoden wie MS Project und Wikis für koordinierte Handlungen im Team, (4) Identifikation, Definition und Bewertung der Leistung einzelner im Team bzw. von Teamleistungen. Diese vier Indikatoren sind bereits erfolgreich in das Karlsruher Lehrmodells für Produktentwicklung implementiert und erlauben hier erste Ansätze zu einer Bewertung von Sozialkompetenz und Elaborationspotential.

Abbildung 3 zeigt den Auszug einer beispielhaften Aufgabenstellung eines solchen semesterbegleitenden Workshops im Fach Maschinenkonstruktionslehre. Inhalt dieser Aufgabe ist die Entwicklung und Konstruktion eines Renn-Motorrollers. Die Aufgabe umfasst die Konstruktion des Antriebsstrangs sowie dessen Integration in einen geeigneten Fahrzeugrahmen des Renn-Motorrollers. Details zur Aufgabenstellung sind in Abbildung 4 dargestellt. Einen kleinen Einblick in die studentische Lösungsvielfalt zur Aufgabe der Konstruktion des Antriebsstrangs sowie dessen Integration in einen geeigneten Fahrzeugrahmen eines Renn-Motorrollers gibt Abbildung 5.

Abbildung 3: Auszug einer beispielhaften Aufgabenstellung eines semesterbegleitenden Workshops im Fach Maschinenkonstruktionslehre – Entwicklung und Konstruktion eines Renn-Motorrollers

[…] Der Antriebsstrang soll durch einen Verbrennungsmotor angetrieben werden. […] Zur Kraftstoffaufnahme ist ein geeigneter Kraftstoffspeicher vorzusehen, welcher für die geforderte Renndistanz ausreichend groß sein muss, jedoch aus Gewichtsgründen nicht überdimensioniert werden sollte. Zum Schutz der Bauteile des Antriebssystems kann die Anbindung des Antriebsstrangs an den Fahrzeugrahmen nicht starr ausgeführt werden, sondern muss über geeignete Dämpfungselemente (Elastomerlager) ausgeführt werden. Sie werden eine handbetätigte, schaltbare Kupplung zwischen dem Antriebsmotor und dem Getriebe selbständig konstruieren dürfen. Zugekaufte Kupplungen sind nicht erlaubt. Des Weiteren werden Sie ein fußbetätigtes Schaltgetriebe konstruieren. Das Getriebe muss vier Übersetzungsstufen in Vorwärtsrichtung aufweisen. […] Das Getriebe mit der nasslaufenden Kupplung kann über ein gemeinsames System geschmiert werden. Der Kolbentrieb des Motors wird Öl-Luft-geschmiert. […] Konstruieren Sie einen möglichst wartungsfreundlichen und leichten Roller. Achten Sie auf einen möglichst tiefen Fahrzeugschwerpunkt. […] Der Verbrennungsmotor erzeugt die mechanische Leistung, die für den Vortrieb des Rollers benötigt wird. Um den Motor vor Überlast zu schützen und um eine Zugkraftunterbrechung zum Schalten des Getriebes zu realisieren, wird im Roller eine Mehrscheibenkupplung (Lamellenkupplung) verbaut. Die Kupplung soll nasslaufend arbeiten. […]Das Getriebe sorgt für eine Drehzahl-Drehmoment-Wandlung im Antriebsstrang. Somit wird die Drehmoment-Drehzahl Charakteristik des Motors an den Zugkraftbedarf des Rollers angepasst. Stufenlose Getriebe (CVT-Getriebe) dürfen laut Reglement nicht verwendet werden. […]

Abbildung 4: Details zu einer beispielhaften Aufgabenstellung
eines semesterbegleitenden Workshops im Fach Maschinenkonstruktionslehre –
Entwicklung und Konstruktion eines Renn-Motorrollers

Motor:
- 1-Zylinder Hubkolbenmotor (2-Takt, 125 ccm³)
- Max. Leistung 20 KW und max. Motordrehmoment bei 10000 U/min
- Elektr. Begrenzung 10000 U/min. Verbrauch der Maximalleistung: 5 l / h externe Startvorrichtung, kein Anlasser, stehend und liegender Betrieb
- Zwischen dem Motorausgang (Kurbelwelle) und dem Kupplungseingang. Übersetzung von i = 3.316:1
- Motorgehäuse Grauguss, Würfelf Kurbelgehäuse (Kantenlänge 60 mm)
- Max. Motorbreite 150 mm, Motortiefe 150 mm, Motorhöhe 250 mm
- Die Position der Lager zur Befestigung des Motors an den Rahmen kann nach eigenen Vorgaben am Kurbelgehäuse (K) erfolgen. Achten Sie auf bearbeitete Windflächen am Kurbelgehäuse zur Befestigung an den Rahmen als auch an das Getriebegehäuse

Kurbelwelle-Ritzel: (Längspressverband mit Selbsthemmung)
- Werkstoff (Welle/Nabe) 42CrMo4, Streckgrenze 900N/mm²
- Kleiner Kegel-⌀ 15 mm, Kegelwinkel 6°, Kegellänge mindestens 5mm
- Haftbeiwert (mit Öl benetzt) 0.07, Anwendungsfaktor 1.5
- Sicherheit gegen Bruch 2, Sicherheit gegen Fließen 1.3

Getriebe:
- Stufenlose Getriebe (CVT-Getriebe) sind nicht erlaubt
- Ein Ölkreislauf für Getriebe und Kupplungssystem
- Das 4-Gang-Getriebe muss manuell (per Fußkraft) schaltbar sein und folgende Getriebeübersetzungen aufweisen: 1. Gang 3.1, 2. Gang 2.071.1.3 Gang 1.316.1.4 Gang 1.045.1
- Aus- und Einbau des Getriebe für Wartungszwecke und der 4 Übersetzungsstufen für Wartung und Tuning möglichst schnell
- Es ist keine Synchronisation erforderlich. Sehen Sie einen Neutralgang vor
- Übertragung der Fusskraft vom Betätigungssystem auf die Schaltaktuatorik im Getriebe rein mechanisch.

Kupplungssystem:
- Schaltbare (handbetätigte), nasslaufende Lamellenkupplung
- Kupplungen als Zukaufteile sind nicht erlaubt und müssen selbst auskonstruiert werden
- Möglichst einfache Austauschbarkeit (Montage/Demontage) der Kupplung. Dimensionierung der Kupplung hinsichtlich des max. Drehmoments und der max. Wärmebelastung
- Keine Drehzahlanbindung des Verbrennungsmotors während der Anfahrt
- Lastmoment wg. des geringen Gewichts des Rollers zu vernachlässigen

Endantrieb:
- Berücksichtigen Sie zur Ermittlung des Kupplungsmoments die Wirkungsgrade der Zahnradübersetzungen von 99% sowie einen Wirkungsgrad von 96% für das Zugmittelgetriebe
- Vernachlässigung der Kupplungs-Anstiegszeit, konstantes Antriebsmoment (Motormoment)
- Drehmassenfaktor 1.0 (Beschleunigung von rotatorischen Massen im Antriebsstrang)
- Reibkoeffizient für nasslaufende Kupplungssysteme 0.07
- Zul. Flächenpressung der Kupplungsscheiben 4 N/mm², zul. flächenbezogener Wärmeeintrag 1 J/mm², zul. flächenbezogene Wärmeleistung 1.2 W/mm²
- Antrieb auf das Hinterrad (über ein Zugmittelgetriebe. Einfache Änderung der Endübersetzung. Annahme: Kein Schlupf am Hinterrad. Im 4. Gang bei einer Motordrehzahl von 10.000 U/min soll die Höchstgeschwindigkeit max. 100 km/h betragen. Hinterrad (Felge inkl. Reifen) als Zukaufteil werden

Allgemeine Rollerdaten:

Max. Sattelhöhe	800	mm
Gewicht Durchschnittsfahrer (fahrfertig)	80	kg
Max. Leergewicht (fahrfertig, ohne Fahrer)	135	kg
Statische Radlastverteilung vorne-hinten	50:50	
Zulässige Höchstgeschwindigkeit	100	km/h
Reibungskoeffizient Reifen-Asphalt	1.0	-
Maximale Breite am Heck (inkl. Auspuff)	650	mm
Reifendimension hinten: 140/60-13		

Rahmen:
- Rahmenausführung und Hinterradführung als biegesteife Schweißkonstruktion
- Hinterradführung als Ein- oder Zweiarmschwinge
- Spielfreie Verbindung zwischen dem Rahmen und der Schwinge notwendig → Auswahl einer geeigneten Lagerung!
- Integration von Dämpfungselementen zwischen Antriebsstrang und Rahmen sind notwendig. Die Dämpfungselemente können zugekauft werden

Umgebungsbedingungen:
- Kompletter Antriebsstrang muss gegen Staub, Spritz- und Regenwasser geschützt werden.

Weitere Randbedingungen:
- Im Rahmen des MKL-Workshops dürfen Lagersitze nicht geteilt werden.
- Der „Race-Roller" wird als Einzelstück gefertigt.

Abbildung 5: Beispielhafte Lösungen zur Aufgabenstellung eines semester-begleitenden Workshops im Fach Maschinenkonstruktionslehre – Konstruktion des Antriebsstrangs sowie dessen Integration in einen geeigneten Fahrzeugrahmen eines Renn-Motorrollers

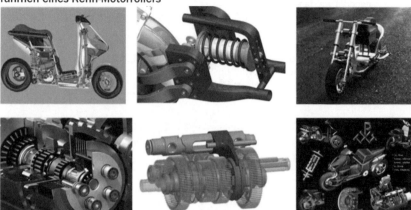

4. Kompetenzerfassung im Rahmen von Abschlussprüfungen

Auch die Abschlussprüfung am Ende des Semesters im Fach Maschinen-konstruktionslehre besitzt einen besonderen und sehr realitätsnahen Charakter: Hier wird nicht nur das in den Vorlesungen vermittelte reine Fachwissen geprüft. Die Studierenden werden hier gefordert, die in allen Lehrveranstaltungen erworbenen Kenntnisse und Fähigkeiten in einen übergeordneten Kontext einzuordnen. In Form einer realen Entwicklungsaufgabe lösen die Studierenden in der derzeit dreistündigen Prüfung eine komplexe technische Problemstellung, in welcher sie situationsangepasst ihr Fachwissen einbringen und ihre Methodenkompetenz anwenden können. Abbildung 6 zeigt eine beispielhafte Aufgabenstellung einer solchen Abschlussprüfung. Inhalt dieser Aufgabe ist die Konstruktion einer Tiefziehpresse.

In Abbildung 7 ist ein Beispiel für eine sehr gute Lösung oben angeführter Aufgabenstellung gezeigt, diese studentische Lösung konnte mit der Note ‚1,0 – Sehr gut' bewertet werden. Abbildung 8 zeigt eine im Vergleich zu Abb. 7 nicht ausreichend gelöste Aufgabenstellung. Hier fehlen wichtige funktionsbestimmende Maschinenelemente und sind, wenn vorhanden, fehlerhaft gestaltet und falsch in das Gesamtsystem eingebaut. Es werden eklatante Wissenslücken sichtbar und es zeigt sich ein erheblicher Mangel an Fachkompetenz, Methodenkompetenz und Kreativitätspotential. Diese Leistung musste mit der Note ‚5,0 – nicht ausreichend' (nicht bestanden) bewertet werden.

Abbildung 6: Auszug aus der Aufgabenstellung einer beispielhaften Abschlussprüfung am Ende des Semesters im Fach Maschinenkonstruktionslehre – Konstruktion einer Tiefziehpresse

Funktionsbeschreibung (Bild 2):

Der Motor M treibt eine einstellbare, drehmomentbegrenzende Kupplung K an, welche auf der Motorwelle montiert ist und das Drehmoment auf die Welle W1 überträgt. Das übertragbare Drehmoment der Kupplung K muss während Stillstands einstellbar sein. Die Welle W1, an welcher das Sonnenrad S montiert ist, ist in den Lagerstellen L1 und L2 gelagert. Das Sonnenrad S ist mit den Planetenrädern P im Eingriff, die Planetenräder P wiederum mit dem Hohlrad H im Eingriff, welches starr mit dem Gehäuse verbunden ist. Die Planetenräder P sind über die Wälzlager L3 und L4 auf dem Steg St gelagert. Der Steg St ist über die Welle W2 in den Lagerstellen L5 und L6 gelagert. Die Welle W2 treibt ein Getriebe im Kreativteil KT an. Im Kreativteil KT soll ein Getriebe entwickelt werden, welches die Welle W3 zyklisch auf und ab bewegt. Die Welle W3 ist über Linearlager in den Lagerstellen L7 und L8 gelagert. An der Welle W3 ist das halbrunde Formwerkzeug F, wie im Anhang dargestellt, angebracht.

Bild 2: Prinzipskizze der Tiefziehpresse

Kreativteil:

Entwickeln Sie im Kreativteil KT ein Getriebe, welches die Welle W3 zyklisch auf und ab bewegt.

Aufgabenstellung:

Konstruieren Sie die Tiefziehpresse gemäß den Anforderungen im **Maßstab 1:1.** Beachten Sie dabei auch die nachfolgenden Hinweise.

Hinweise:

- Der Hub des Werkzeugs (Welle W3) muss 50 mm betragen.
- Es dürfen keine Gleitlager verwendet werden.
- Verwenden Sie geeignete Lager, achten Sie auf eine geeignete Schmierung und Abdichtung aller drehenden Teile.
- Das Planetengetriebe besitzt drei Planeten.
- Das Planetengetriebe muss ins langsamere übersetzten.
- Wählen Sie bei den Verzahnungen einen Modul von 2 mm und eine Mindestzähnezahl von 20.
- Wählen Sie ein geeignetes Schmierkonzept und stellen Sie sicher, dass alle Elemente Ihrer Konstruktion ausreichend mit Schmiermittel versorgt werden.
- Es sollen 10 Pressen pro Jahr produziert werden.
- Es wird besonderen Wert auf die Gestaltung gelegt!
- Achten Sie auf geeignete Teilung(en) des Gehäuses.
- Die Kupplung K soll als einstellbare drehmomentbegrenzende Kupplung ausgeführt werden.
- Sofern Sie Passfederverbindungen, Wellenmuttern und Schrauben verwenden, stellen Sie mindestens eine Normgerecht dar. Alle weiteren können vereinfacht dargestellt werden.
- Achten Sie auf eine einfache Herstellung und Montierbarkeit.
- Der Motorflansch muss wie im Anhang gegeben dargestellt werden.
- Die Motorwelle darf nicht bearbeitet werden.
- Gestalten Sie das Wellenende der Welle W3 so, dass das Formwerkzeug montiert werden kann. Das Formwerkzeug selber muss nicht dargestellt werden.

Abbildung 7: Beispiel für eine sehr gut gelöste Aufgabenstellung in der Abschlussprüfung am Ende des Semesters im Fach Maschinenkonstruktionslehre – Note 1,0

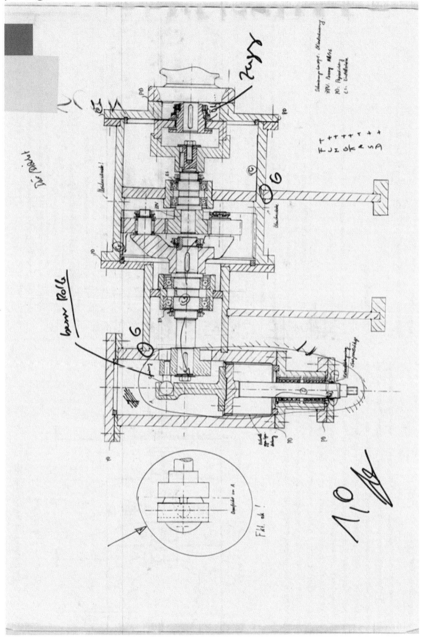

Abbildung 8: Beispiel für eine nicht ausreichend gelöste Aufgabenstellung in der Abschlussprüfung am Ende des Semesters im Fach Maschinenkonstruktionslehre – Note 5,0

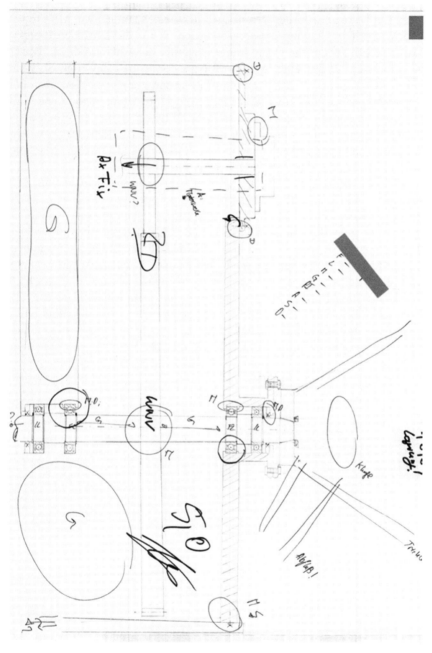

5. Korrelation der Ergebnisse der Kompetenzerfassungen

In den Workshops erfolgt eine direkte Erfassung und Bewertung der Nutzung der Teamwork-fordernden und -fördernden Methoden wie MS Project und Wikis. Die Nutzung dieser Werkzeuge ist für die einzelnen Projektteams verpflichtend, die Qualität und Quantität der Nutzung dieser Werkzeuge werden in den einzelnen Workshops erfasst und bewertet. So kann neben den Fähigkeiten zur Kommunikation und zur Teamarbeit auch die Sozialkompetenz zum einen eines jeden einzelnen Studierenden und zum anderen des ganzen Projektteams erfasst und bewertet werden. Ebenso erfolgt nicht nur in der Abschlussprüfung am Ende des Semesters, sondern ebenfalls schon projektbegleitend in den Workshops eine direkte Erfassung und Bewertung des theoretischen Fachwissens.

Die Auswertung der Ergebnisse der Kompetenzerfassungen aus den Workshops und aus der Abschlussprüfung am Ende des Semesters zeigt eine starke Korrelation. Das heißt, Studierende, welche in den Workshops durch sehr gute Bewertungen ihres theoretischen Fachwissens, ihrer Methodenkompetenz, ihrer Sozialkompetenz, ihres Elaborationspotentials und ihres Kreativitätspotentials auffallen, zeigen auch in der Abschlussprüfung sehr gute Leistungen. Diese Art der Kompetenzerfassung in Form von Workshops und Prüfung stellt so eine sehr adäquate Möglichkeit dar, die Fach- und Methodenkompetenz von Studierenden bereits im Studium realitätsnah zu erfassen und zu bewerten. Auf diesem Wege können die Studierenden bereits sehr früh optimal auf ihr späteres Berufsleben vorbereitet werden.

Martin Fischer

Berufliche Handlungskompetenz im Bereich gewerblich-technischer Facharbeit
Welche Kompetenzen braucht man für deren Messung?

Einleitung

Ein Berufsbildungs-PISA (Baethge et al. 2006) steht uns vermutlich bevor, und einige Kolleginnen und Kollegen aus der Berufsbildungsforschung haben deshalb Ansätze entwickelt, Kompetenzen von angehenden Fachkräften in großem Maßstab zu messen (Achtenhagen/Winther 2009; Nickolaus/Gschwendtner/Abele 2011; Haasler 2011; Rauner et al. 2011). Welche Kompetenzen braucht man für derartige Messungen? Wie immer, wenn die Frage nach erforderlichen Kompetenzen zu beantworten ist, versuche ich zunächst, die Aufgaben zu beschreiben, die dabei gelöst werden müssen:

Will man Kompetenzen messen, ist es ratsam, ein Kompetenzmessmodell zu besitzen, also zu beschreiben, wie man zu einer Diagnose gelangt. Dies ist die erste naheliegende Aufgabe im Bereich der Kompetenzmessung. Mittels solch eines Kompetenzmessmodells wird bei den Probanden einer Kompetenzmessung ein Mehr oder Weniger im Hinblick auf eine oder mehrere Kompetenzen festgestellt. Was aber ist ‚Mehr' und was ist ‚Weniger'? Die Beantwortung dieser Fragestellung unterstellt eine Taxonomie von Aufgaben, die in einem Berufsbereich relevant sind, sowie eine Einstufung der mit diesen Aufgaben zusammenhängenden Kompetenzen: Was zeichnet einen Könner in seinem Metier aus – im Unterschied zu einem Laien oder Anfänger? Sollen die Ergebnisse für die Praxis der Berufsbildung berücksichtigt werden, stellen sich weitere Fragen: Wie kommt es, dass jemand mehr und ein anderer weniger Kompetenz besitzt? Und wie kann man erreichen, dass ein und dieselbe Person, die am Anfang einer Ausbildung wenig, am Ende möglicherweise mehr Kompetenz besitzt?

Nicht nur, aber zumindest, wenn man pädagogisch tätig ist, braucht man also ein Kompetenzentwicklungsmodell.[1] Dies ist die zweite Aufgabe, mit deren Hilfe ermittelt wird, welche Kompetenzen jemand am Anfang einer Ausbildung erwirbt und welche am Ende stehen. Schon hier stellt sich heraus, dass keineswegs alle, die Kompetenzen messen, über solch ein Kompetenzentwicklungsmodell auch tatsächlich verfügen. Nun gut, sie messen eben. Aber was eigentlich? In Fachdatenbanken wie FIS Bildung waren die Treffer zum Stichwort Kompetenz schon im Jahr 2007 auf fast 9.000, in der internationalen Datenbank psycinfo sogar auf über 27.000 angewachsen (Klieme/Hartig 2007, S. 12). Man geht davon aus, dass aktuell etwa zehn wissenschaftliche Artikel pro Tag zum Thema Kompetenz erscheinen. Und selbst, wenn man die Kreativität der beteiligten Forscher eher vorsichtig taxiert, kann man doch erwarten, dass mindestens eine neue Kompetenz pro Tag gefunden wird. Selbst die ehrwürdige Institution der Deutschen Kultusministerkonferenz konnte sich davon nicht ganz freimachen, als sie 2004 in ihrer Beschreibung der Bildungsziele für die berufliche Bildung „Personalkompetenz" zu „Humankompetenz" veränderte (KMK 2004). Die Lösung des Rätsels, was beides voneinander unterscheidet, führt zur dritten Aufgabe für Kompetenzdiagnostiker:

Man braucht auch ein Kompetenzstrukturmodell, muss also wissen, wie Kompetenzen definiert und geschnitten sind, wie sie sich voneinander abgrenzen und möglicherweise überlappen.

Und schließlich braucht man ein Kompetenzerklärungsmodell, die vierte Aufgabe. Egal, ob man es Personal- oder Humankompetenz nennt – diese Kompetenz soll ja dafür verantwortlich sein, dass jemand laut KMK (2007, S. 11) „Lebenspläne fassen und fortentwickeln" kann (vgl. auch Straka/ Macke 2010). Also muss man erklären können, *inwiefern* Humankompetenz zu Lebensplänen führt, was also jemand wissen, wollen, können, fühlen und begriffen haben muss, damit ein Lebensplan dabei herauskommt.

Im Folgenden möchte ich die mit diesen vier Modellen verbundenen Aufgaben klären, wodurch deutlich werden soll, was jemand wissen und können sollte, der diese vier Modelle entwickelt und anwendet. Ich beginne mit dem Kompetenzerklärungsmodell:

---

1 Es ließe sich, wie Georg Spöttl (2011, S. 20 f.) dies tut, noch weiter differenzieren zwischen einem Kompetenzniveaumodell, das Stufen bzw. Niveaus beruflicher Kompetenz beschreibt, und einem Kompetenzentwicklungsmodell, das beschreibt, unter welchen Bedingungen Personen diese Stufen erklimmen. Im Folgenden sind mit dem Begriff ‚Kompetenzentwicklungsmodell' diese beiden Aspekte angesprochen.

1. Kompetenzerklärungsmodell – Probleme und Lösungsanforderungen

Mit der Selbstverständlichkeit, mit der Kompetenzen thematisiert werden, scheint mitunter in Vergessenheit zu geraten, dass es sich beim Kompetenzbegriff um ein hypothetisches Konstrukt handelt, dessen theoretische Grundlagen und dessen Implikationen keineswegs vollständig geklärt sind. Kompetenzen können nicht direkt beobachtet, sie müssen aus beobachtbarem Verhalten erschlossen werden (Beck 2005, S. 70; Erpenbeck/Rosenstiel 2003, S. XI).

Versucht man, die mannigfaltigen Definitionen des Kompetenzbegriffs in der Literatur auf Gemeinsamkeiten zurückzuführen, so sind dies folgende (vgl. auch Sloane/Dilger 2005): Mit dem Kompetenzkonstrukt wird hypostasiert, dass Kompetenz

- eine individuelle Fähigkeit ist,
- ein Potenzial an Handlungsmöglichkeiten bereitstellt,
- generativ ist (Kompetenz kann neue Handlungen regelbasiert erzeugen),
- kognitiv verankert und
- normativ begrenzt ist; man unterscheidet also zwischen mehr oder weniger kompetentem Handeln.

Man nimmt also an: Kompetenz erklärt ein Repertoire von könnerhaftem Handeln. Das Erschließen von Kompetenzen bringt nun folgende Probleme mit sich: Entweder man verdoppelt das beobachtbare Verhalten, in eine dahinterliegende Eigenschaft, genau dieses Verhalten hervorbringen zu können. Dies würde zu einer Unzahl von anzunehmenden Kompetenzen führen (zum Beispiel für jede mathematische Operation eine eigene Kompetenz) und löst nicht die Annahme ein, dass mit Hilfe des Kompetenzkonstrukts ein Spektrum von Handlungen vorhergesagt werden kann. Oder aber man unterstellt eine allgemeinere Disposition, zum Beispiel mathematische Kompetenz. Dann aber müsste man erklären können, worin die mathematische Kompetenz besteht und inwiefern sie die erfolgreiche Bewältigung einer bestimmten mathematischen Operation hervorbringt.

Um das Problem zu illustrieren: Von der OECD wird mathematische Kompetenz definiert als die Fähigkeit, „die Rolle zu erkennen und zu verstehen, die die Mathematik in der Welt spielt, fundierte mathematische Urteile abzugeben und sich auf eine Weise mit der Mathematik zu befassen, die den Anforderungen des gegenwärtigen und künftigen Lebens einer Person als konstruktivem, engagiertem und reflektierendem Bürger entspricht" (Deutsches PISA-Konsortium 2001, S. 23). *Inwiefern* diese Kompetenz dazu führt, dass jemand ,3 × 7' multiplizieren oder irgendeine andere mathematische Operation ausführen kann, bleibt mir zumindest schleierhaft.

Gemessen wird die Fähigkeit, fundierte mathematische Urteile abzugeben, durch die mathematischen Urteile, die in den PISA-Leistungstests abgegeben werden, das heißt, von der Leistung schließt man auf eine dahinterliegende Fähigkeit, die wiederum als ursächlich für die Leistung gilt. Für ein Kompetenzerklärungsmodell ist dies jedoch nicht ausreichend.

Es reicht nicht, die Frage nach der mathematischen Kompetenz allein mit dem Hinweis auf die Leistung zu beantworten, indem man sagt: Die Person ist mathematisch kompetent – sie kann ‚3 × 7' multiplizieren und weitere mathematische Operationen ausführen. Das ist eine tautologische Erklärung, bei der wechselseitig die Leistung aus der Kompetenz und die Kompetenz mit dem Hinweis auf die Leistung erklärt wird. Klaus Breuer (2006, S. 204) hat in seiner Analyse der Kompetenzdiagnostik darauf hingewiesen, dass das allenthalben der Fall ist: Die Leistung gilt als Indikator von Kompetenz! Damit ist eben auch diese zirkuläre Konzeption von Kompetenz gang und gäbe – und das ist, wissenschaftlich gesehen, sehr unbefriedigend.

Das Problem besteht also darin, zum einen Kompetenz und Leistung zu *unterscheiden* (sonst wäre die Anzahl der Kompetenzen mit der Anzahl von Leistungen tendenziell identisch), und zum andern eine *nachvollziehbare* Beziehung zwischen Kompetenz und Leistung herzustellen. Hier ist möglicherweise die begriffliche Differenzierung hilfreich, die Chomsky seinerzeit getroffen hatte. Noam Chomsky (1968) hatte den Begriff „linguistic compentence" als Kennzeichnung eines generativen Regelsystems für das Sprechen eingeführt, und davon Performanz – die tatsächliche sprachliche Leistung – unterschieden. Ein einfaches Modell (vgl. auch Becker 2010, S. 55 ff.) soll das Problem illustrieren.

Abbildung 1: Innere und äußere Welt der Kompetenz

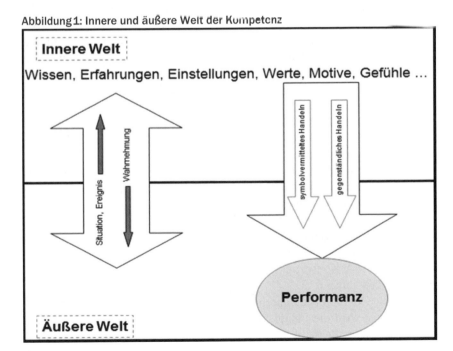

Eine Person nimmt Situationen in der äußeren, der Arbeitswelt wahr, interpretiert sie mit den in der Innenwelt vorhandenen Dispositionen wie Wissen, Erfahrung usw. und beginnt zu handeln, gegenständlich oder symbolvermittelt: Der Bäcker backt ein Brot, der Bankkaufmann berät einen Kunden. Die Performanz ist dann wieder in der äußeren Welt beobachtbar, aber die Frage ist: Welche inneren Dispositionen haben zur Performanz geführt?

Einige Forscher versuchen nun, das Problem dadurch zu lösen, dass sie die Performanz mehr oder weniger identisch mit der Kompetenz setzen. Sie sagen: Kompetenz ist das, was sich als Performanz zeigt. Das erleichtert das Messen von Kompetenz erheblich. Es ist das, was wir auch bislang schon als Prüfung haben. In der Prüfung werden Leistungsanforderungen gesetzt, die Performanz gemessen und hinterher gilt der Prüfling als mehr oder weniger kompetent. Wir wissen nur nicht, ob er nicht bei einer anderen Frage oder Aufgabe aus demselben Fachgebiet völlig versagt hätte. D.h., dieser Ausweg beim Kompetenzerklärungsmodell löst nicht die Anforderung ein, dass Kompetenzen generativ bzw. generisch sein sollen, also quasi ein Spektrum von Leistungen in einer Domäne vorhersagen sollen.

Hält man an der Forderung fest, dass Kompetenzen generativ sein sollen, bestünde eine mögliche Lösung darin, den Transfer ein und derselben Kompetenz in mehrere Anwendungsbereiche zu untersuchen. Geht man zum Beispiel von einer Sprachkompetenz aus und unterstellt dabei die Integration des generativen Regelsystems in die Sprechleistung als maßgeblich, dann wäre Verstehen und Sprechen in verschiedenen Anwendungskontexten zu untersuchen. Auf diese Weise kann man feststellen, welche Regeln der Sprecher wie gut beherrscht.

Zusammengefasst besteht die Anforderung bei der Entwicklung eines Kompetenzerklärungsmodells darin, die Regeln zu ermitteln, die Menschen bei der Lösung berufstypischer Aufgaben explizit oder implizit anwenden. Regeln sind nicht identisch mit Leistungen und sie sind nicht so abstrakt, dass eine Verbindung zu beruflichen Leistungen gar nicht herstellbar wäre. Der Begriff ‚Regel' wird hier allerdings in einem sehr weiten Sinn verwendet, keineswegs bloß in der Bedeutung einer verbalisierbaren Regel. Der Regelbegriff soll ausdrücken, dass die mehr oder minder regelmäßige (sic!) Bewältigung von beruflichen Aufgaben nicht völlig zufällig geschieht, sondern ein Handlungsrepertoire unterstellt, dessen Elemente von explizit verfügbaren Handlungsmaximen bis hin zu impliziten sensorischen Wahrnehmungen einer gelungenen Problemlösung reichen.

2. Kompetenzstrukturmodell – Probleme und Lösungsanforderungen

Der Lösungsraum für berufstypische Aufgaben wird durch ein Kompetenzstrukturmodell abgebildet – sollte man meinen. Ein Kompetenzstrukturmodell beschreibt, wie einzelne Kompetenzen bestimmt sind, wie sie zusammenwirken und wie sie sich unterscheiden. Das Problem beginnt nun damit, dass Kompetenzen meist normativ definiert werden und häufig auch, bevor sie dann die Macht des scheinbar Faktischen erreichen, Resultat politischer Aushandlungsprozesse sind. Der Fallstrick besteht hier darin, dass die normative Definition einer Kompetenz nicht notwendigerweise damit einhergehen muss, dass sich diese Eigenschaft als isolierbares Merkmal auch tatsächlich empirisch wiederfindet. Es stellt sich eben eine neue Anforderung, wenn man Bildungsziele als Kompetenzen, als Eigenschaften von Menschen, definiert und dann anfängt zu messen: Dann muss man eine Kompetenz, zum Beispiel Humankompetenz, als Eigenschaft auch empirisch ermitteln können, und zwar nur Humankompetenz und nichts anderes, denn zum Beispiel Sozialkompetenz ist schon wieder eine andere Kompetenz.

Im aktuellen Kompetenzstrukturmodell der Deutschen Kultusministerkonferenz (2007, S. 11) wird berufliche Handlungskompetenz definiert als Ansammlung voneinander unabhängiger Kompetenzen, nämlich Fach-, Human- und Sozialkompetenz, die aber durch Querschnitts- oder Schlüsselkompetenzen wie Methoden-, Lern- und kommunikative Kompetenz miteinander verbunden werden. Am Karlsruher Institut für Technologie wird das tendenziell anders gesehen. Hier sind so genannte Schlüsselqualifikationen alle die in Abbildung 2 gezeigten außer der Fachkompetenz (vgl. http://www.fsz.kit.edu/SQ.php). Und wer hat nun Recht?

Schwer zu sagen. Untersuchen wir die Sache genauer: Was mich zunächst an Modellen stört, die Sozial- und andere Kompetenzen von Fachkompetenz trennen, ist ein problematisches *Fach*kompetenzverständnis. Mit *Facharbeit* hat das wenig zu tun. In der Facharbeit gibt es Kunden, Kollegen und Vorgesetzte, mit denen umgegangen werden muss und zwar nicht irgendwie, sondern es müssen fachliche Lösungen kommuniziert werden. In der Facharbeit geht es darum, Gebrauchswerte herzustellen und Tauschwerte zu realisieren, das heißt, das Soziale, gesellschaftliche Anforderungen, zu kennen und zu berücksichtigen, ist Bestandteil von Facharbeit und Fachkompetenz und nicht nur Gegenstand einer davon getrennten Sozialkompetenz. Die Facharbeiter in unseren Untersuchungen (Fischer 1995; Fischer/Jungeblut/Römmermann 1995; Fischer 2000; Fischer/Röben 2004; Fischer/Witzel 2008) haben sich immer gefragt: „Wie stehe ich da, wenn ich diese oder jene Lösung abliefere?". D.h., die persönliche Bedeutung von Arbeit ist eng mit fachlichen Lösungen verknüpft und keineswegs bloß Inhalt einer davon getrennten Humankompetenz.

Das durch die KMK vorgeschlagene Kompetenzstrukturmodell grenzt das alles aus der Fachkompetenz aus. Ich habe mich immer gefragt: Beschreibt man so anstelle eines Fachmanns oder einer Fachfrau nicht eher eine Person, für die der unschöne Begriff des Fachidioten geprägt wurde?

Umgekehrt werden auch Sozial- und Humankompetenz zu Karikaturen dessen, was vielleicht einmal intendiert war, wenn man sie losgelöst von Fachkompetenz betrachtet. Ein Beispiel: Ein an prominenter Stelle veröffentlichtes Verfahren zur Messung von Sozialkompetenz, das Kasseler Kompetenzraster (Kauffeld 2002; Kauffeld/Grote/Frieling 2003), analysiert Gruppenarbeit anhand von vorgegebenen Items. Die Anzahl der Kodierungen zählt als Kompetenzausweis. Sagt die Versuchsperson fünfmal zu ihrem Gesprächspartner, Interesse signalisierend: ‚aha!', so ist sie – zumindest von der Logik des Verfahrens her – fünfmal so kompetent als wenn sie einen vernünftigen Satz sagte, der die Gruppe auf den Lösungsweg führt.

Mit anderen Worten: In Anlehnung an normative Kompetenzstrukturmodelle wird die zu analysierende Berufswirklichkeit gehörig daraufhin ‚konstruiert', damit Fach-, Sozial- und Humankompetenz tatsächlich als isolierbare Eigenschaften von Menschen gefunden werden können. Trotzdem könnte es ja wissenschaftlich aufschlussreich sein, über Alternativlösungen nachzudenken, wie die sogenannte Klieme-Expertise zur Entwicklung nationaler Bildungsstandards (2007) dies tut. Eine Alternativlösung könnte darin bestehen, im Bereich der Kompetenzdiagnostik auf den normativen Überbau zu verzichten, der ohnehin im Bereich der Bildungstheorie besser aufgehoben wäre. Man würde schlicht versuchen, die Kompetenzen empirisch zu ermitteln, auf deren Basis Menschen berufliche Aufgaben in ihrem ‚Fach' oder ihrer ‚Domäne' bewältigen. Die Unterstellung der Klieme-Expertise (Klieme et al. 2007, S. 22; 71; 75; 79) – das wüssten die Fachdidaktiker schon, welche Kompetenzen im Bereich der Facharbeit maßgeblich sind – ist jedoch äußerst optimistisch.

Schauen wir uns einige Fragestellungen an, die hier zu beantworten wären: Was befähigt einen Bäcker, gutes Brot zu backen? Was hilft einer Krankenschwester, ihre Patienten angemessen zu pflegen. Welche Kompetenzen benötigt ein KFZ-Mechatroniker zur Reparatur eines modernen Autos? Es fällt gleich auf: Fachdidaktik, im Sinne von wissenschaftlich fundierter Fachdidaktik, gibt es in einigen Bereichen gar nicht und hat es nie gegeben, zum Beispiel bei den Bäckern. Da, wo es sie gegeben hat, zum Beispiel im Bereich der Metall- und Elektrotechnik, ist sie an fast allen Universitäten in den großen Bäuchen der Ingenieurwissenschaften verschwunden. Und selbst wo es sie noch geben sollte, ist ihr Gegenstand die Didaktisierung wissenschaftlichen Wissens und keineswegs die Analyse beruflichen Wissens. Was ein KFZ-Mechatroniker zur Reparatur eines modernen Autos wissen und können muss, kommt in der Ingenieurwissenschaft Maschinenbau als eigene Fragestellung gar nicht vor. Mit anderen Worten: Solche Untersuchungen müssen erst noch angestellt werden. Einige wenige Institute, die sich als berufswissenschaftlich bezeichnen, tun dies bereits, allerdings für wenige ausgewählte Berufsbereiche (zum Beispiel Becker 2011; Haasler 2011).

Solche Untersuchungen müssten also domänenspezifisch erfolgen und die Kompetenzen würden zunächst aufgabenbezogen ermittelt. Dies unterstellt, dass mittels Arbeitsanalyse die wesentlichen Aufgaben in einem Beruf oder Berufsfeld herausgefunden und ihre Bewältigung zum Gegenstand der Untersuchung gemacht werden. Anschließend könnte man versuchen, die Ergebnisse zu verallgemeinern. Das Kompetenzstrukturmodell wäre also Resultat empirischer Untersuchungen und würde nicht als ungeprüfte Annahme die Resultate von vornherein präformieren. Nichts spricht dagegen, die Ergebnisse anschließend einer Bewertung zu unterziehen und Kompetenzziele zu definieren, die sich von den empirisch gefundenen unterscheiden. Man wüsste aber wenigstens, was Wunsch und was Wirklichkeit ist, wodurch sich also Kompetenzansprüche an Fachkräfte von den tatsächlich vorhandenen Kompetenzen unterscheiden. Genau das weiß man bei rein normativen Modellen (wie beim gegenwärtigen Kompetenzstrukturmodell der KMK) nicht.

Zusammengefasst besteht die Aufgabe für Kompetenzdiagnostiker darin, aus der empirischen Analyse beruflicher Arbeit Kompetenzstrukturmodelle zu entwickeln. Solche Modelle sind für die gewerblich-technische Facharbeit nur ganz rudimentär oder spekulativ vorhanden.

3. Kompetenzentwicklungsmodell – Probleme und Lösungsanforderungen

Will man Kompetenzen diagnostizieren, braucht man eine Vorstellung davon, welche Kompetenz einen Meister seines Fachs auszeichnet und mit welcher Kompetenz ein Neuling anfängt. Diese Vorstellung braucht man insbesondere dann, wenn Kompetenzen mit Lehrplänen verbunden werden, also so genannte kompetenzbasierte Curricula entstehen, wie das bei den Lernfeldern in der beruflichen Bildung der Fall sein soll. Wie könnte solch ein Kompetenzentwicklungsmodell aussehen? In einigen Bildungsgängen, zum Beispiel der Krankenpflegeausbildung (Benner 1994), sind Konzepte entwickelt worden, die sich am so genannten Novizen-Experten-Paradigma orientieren (vgl. auch Rauner 2004). Die Grundidee besteht darin, den Weg zu untersuchen, den jemand vom Anfänger bis zum Experten in seinem Fach vollzieht und diesen Weg wiederum einem beruflichen Curriculum zugrunde zu legen. Vielfach basieren die Konzepte auf Überlegungen, die Hubert und Stuart Dreyfus in den 1970er und 1980er Jahren in den USA angestellt hatten. Die Dreyfus-Brüder hatten ein Fünf-Stufen-Modell vom Novizen zum Experten vorgeschlagen.

Abbildung 2: Fünf-Stufen-Modell vom Novizen zum Experten

Know that	Neuling	Handeln nach kontextfreien Regeln, „Informationsverarbeitung"
	Fortgeschrittener Anfänger	Handeln nach kontextfreien Regeln und situativen Elementen unter Einbeziehung praktischer Erfahrung
	Kompetenter Akteur	Hierarchisch sequentiell geordnetes Handeln nach gewähltem Plan
Know how	Gewandter Professioneller	Reflektierte Kombination von intuitivem und rationalem Handeln
	Experte	Engagiertes, intuitives Lösen von Problemen

Nach Dreyfus und Dreyfus (1987, S. 37ff.) ist im Stadium des Anfängers das analytische Denken und regelgeleitete Handeln vorherrschend, auf der höchsten Stufe ist vor allem Intuition gefragt.

Hier ist besonders die Bestimmung der Stufen eins und fünf zu bezweifeln: Anfängerhaftes Handeln auf Stufe eins wird als analytisch, regelgeleitet und kontextfrei beschrieben. Würde, um eines der vielen Beispiele bei Dreyfus und Dreyfus herauszugreifen, ein Anfänger wirklich nur kontextfrei Auto fahren können, so wäre wohl an ein Vorankommen kaum zu denken, weil der Anfänger immer erst mit der entsprechenden Regel instruiert werden müsste. Nein, selbst Neulingen muss nicht erst gesagt werden, dass sie keine Fußgänger überfahren sollen, und sie halten in der Regel auch dann Abstand zum Vordermann, wenn es sich um eine Vorderfrau handelt. Kurzum, die Prämisse, die Dreyfus und Dreyfus dem anfängerhaften Handeln zurechnen – die Verarbeitung eindeutig definierter, kontextfreier Elemente durch präzise Regeln – trifft selbst auf Neulinge nicht zu. Die Analogie zum Computermodell der Informationsverarbeitung trägt nicht, denn schon Novizen verfügen über Welterfahrung, die sie für die Aufgabenbewältigung nutzen.

Auch die Beschreibung des Expertenhandelns auf Stufe fünf darf in Frage gestellt werden. Hier zeigen uns die Ergebnisse der empirischen Expertiseforschung, dass etwa erfahrene Ärzte zwar im Regelfall nicht mehr explizit auf ihr biomedizinisches Fachwissen zurückgreifen, es aber immer wieder auch (bei besonders komplizierten Krankheitsbildern) Situationen gibt, in denen die Befassung mit fachsystematischem Vertiefungswissen gefragt ist (Gruber/Degner, im Erscheinen).

Das Hauptproblem ist aber: Der Expertiseerwerb ist erst in einigen vergleichsweise gut strukturierten Domänen wie dem Schachspiel ausreichend untersucht, und die entwicklungslogische Strukturierung der beruflichen Curricula wirft aus Sicht der Forschung noch viele Fragen auf. Die hier postulierten Stufen der Kompetenzentwicklung sind zwar aus empirischen Untersuchungen extrahiert, aber als solche in einer bestimmten fachlichen Domäne, insbesondere auch in ihrer Abgrenzung und Ausprägung zueinander, nicht empirisch belegt.

Es kommt das Problem der Veränderlichkeit und der Entwertung beruflicher Kompetenzen hinzu: Im Unterschied zu Mathematik-, Physik- oder Schachkompetenzen verändern sich berufliche Anforderungen mit dem Wandel der Arbeitswelt. Das erschwert die Ermittlung von aufeinander aufbauenden Kompetenzniveaus in einem Berufsfeld sehr, denn die Ergebnisse haben womöglich nur kurze Zeit Bestand.

4. Kompetenzmessmodell – Probleme und Lösungsanforderungen

Wie kann man Kompetenzen nun messen, also feststellen, ob jemand in seiner Kompetenzentwicklung weit oder weniger weit vorangeschritten ist? Häufig geschieht das dadurch, dass Probanden aufgefordert werden, eine Lösung für eine vermeintliche berufliche Aufgabe zu skizzieren, zu beschreiben oder schlicht in einem Fragebogen anzukreuzen.

Abbildung 3: Messung der Kompetenz, Kompetenzen zu beschreiben

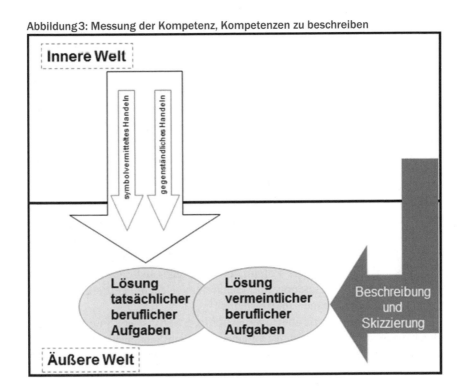

Zwei Probleme tun sich da im Wesentlichen auf. Zum einen handelt es sich um ‚vermeintliche berufliche Aufgaben', denn niemals sind die in Kompetenztests zu bearbeitenden Aufgaben identisch mit tatsächlichen beruflichen Aufgaben. Tatsächliche berufliche Aufgaben werden unter Zeitdruck erledigt, häufig in Kooperation mit anderen Mitarbeitern. Sie präsentieren sich oft nicht als gegeben, sondern müssen aus einer Problemstellung erst noch entwickelt werden (Schön 1983). Nicht immer sind die Erwartungen klar, die an eine Lösung gestellt werden, und sie sind oft widersprüchlich, weil bei betrieblichen Problemsituationen Handlungsanforderungen im Arbeitsprozess austariert werden müssen, wie zum Beispiel ökonomische Überlegungen versus Arbeitssicherheitsaspekte. Trotzdem kann die Erledigung oder Nichterledigung einer Aufgabe ernsthafte persönliche Konsequenzen haben. Kompetenztests können diesen Ernstcharakter nicht erreichen, sondern bestenfalls anstreben. Insbesondere die Zusammenarbeit mit anderen Mitarbeitern wird meistens ausgeklammert.

Das zweite Problem liegt darin, dass häufig die Skizzierung, Beschreibung oder Simulation einer Lösung verlangt wird und nicht die tatsächliche Lösung für eine Aufgabe. Dieses Problem tritt bei einem Test mit großer Teilnehmerzahl wie der geplanten PISA-Studie fast notgedrungen auf. Warum kann das ein Problem sein? Weil wir beim beruflichen Handeln unser Wissen und unsere Kenntnisse implizit in die Handlung integrieren und uns nicht oder nicht mehr bewusst ist, was alles in diese Handlung einfließt.

Man kann diesen Sachverhalt in Anschluss an die Arbeiten von Polanyi (1958; 1966) und Neuweg (1998; 1999; 2004) folgendermaßen erklären:

Neuweg postuliert ein Hintergrundbewusstsein – von Sachverhalten, auf die wir nicht direkt achten, die aber zwingende Einflussgrößen auf unsere Aufmerksamkeit und unser Handeln darstellen – und ein Fokalbewusstsein – das, worauf beim Handeln unsere Aufmerksamkeit gerichtet ist. Beim Handeln bewirkt das Subjekt, dass die Elemente seines Hintergrundbewusstseins auf den Fokus seiner Aufmerksamkeit hinzielen. Dieser Prozess vollzieht sich jedoch implizit. Beim Hämmern beispielsweise achtet der Handelnde darauf, dass er den Nagel trifft. Nur im Hintergrundbewusstsein ist Wissen darüber, mit welcher Stelle des Hammers dies zu geschehen hat, mit welcher Bewegung usw. Dieses Hintergrundwissen wird nur implizit aktiviert. Selbstverständlich könnte der Handelnde auch etwas anderes seinem Fokalbewusstsein zugänglich machen, zum Beispiel seinen Bewegungsablauf, nur würde er vermutlich dann nicht mehr den Nagel treffen. Würde das Subjekt also beim Handeln das Hintergrundbewusstsein in den Fokus seiner Aufmerksamkeit stellen, hätte dies negative Auswirkungen auf die auszuführende Tätigkeit und damit auf das in dieser Situation gezeigte Können – ein Sachverhalt, der auch empirisch belegt ist. So konnte Nicholas Boreham (1994) zeigen, dass sich die Diagnoseleistungen von Ärzten rapide verschlechterten, wenn sie ihre Aufmerksamkeit auf das der Diagnose zugrunde liegende Wissen richten mussten anstatt allein auf den Patienten.

Das Wissen äußert sich im Können, es ist in ihm inkorporiert – das ist die entscheidende These. Wenn handelnde Personen über das ihren Handlungen zugrunde liegende Wissen berichten, dann tun sie das in Form der Zuschreibung oder Rekonstruktion, wie eine dritte Person. Das tatsächliche Zusammenwirken von Hintergrundbewusstsein und Fokalbewusstsein verläuft weitgehend implizit, da der Handelnde nicht gleichzeitig seine Aufmerksamkeit auf das Handlungsziel und auf das für die Handlung erforderliche Wissen richten kann. Bestenfalls kann er zwischen diesen beiden Bewusstseinsmodi hin und her springen. Der Bewegungsablauf beim Aufschlag im Tennis besteht aus sieben ineinandergreifenden Bewegungen, so wurde es mir zumindest vermittelt. Man kann dieses Wissen auch für das Aufschlagstraining nutzen. Wenn die handelnde Person aber im Match, im Prozess des Aufschlagens, überlegt, ob sie jetzt alle sieben Bewegungselemente beieinander habe, wird sie kaum einen Big Point machen.

Man könnte jetzt einwenden: Die implizite Integration von Wissen in das Handeln mag ja beim Tennis bedeutsam sein, aber doch nicht bei intellektuellen Leistungen, die in einer Wissensgesellschaft gefordert werden. In der Tat müsste man diesen Sachverhalt für unterschiedliche Handlungsgegenstände differenzieren, denn möglicherweise unterscheidet sich die Verbalisierbarkeit von Regeln, die motorischen Leistungen zugrunde liegen, gegenüber kognitiven Leistungen, wie zum Beispiel dem Lösen mathematischer Gleichungen. Aber Vorsicht: Wenn man aufgefordert würde, die Regeln zu beschreiben, die man beim Sprechen (und ich unterstelle hier, dass dies häufig auch eine intellektuelle Leistung ist) befolgt, wird man schnell feststellen, dass man Regeln beschreibt, die man gar nicht befolgt und Sprechleistungen vollbringt, deren Regeln man gar nicht beschreiben kann.

Das alles bedeutet: Die Kompetenz, das eigene Wissen zu skizzieren, ist eine andere als die, solches Wissen im Handeln tatsächlich zu nutzen. Dieser Sachverhalt soll im Folgenden anhand der Ergebnisse einer Kompetenzanalyse erläutert werden, die Bernd Haasler (2002) mit 90 Auszubildenden zum Werkzeugmechaniker durchgeführt hatte. Die Aufgabe bestand darin, in vorliegende Würfelrohlinge aus Leichtmetall die ‚Augenzahlen‘ eines Spielwürfels einzuarbeiten. Dabei sollte einem Kunden, der eine Losgröße von 1.000 Stück benötigt, ebenso ein Fertigungsvorschlag unterbreitet werden wie einem anderen Kunden, der 50.000 Spielwürfel verlangt. Eine praktikable und akzeptable Lösung zeigt die Skizze in Abbildung 4.

Derartige Problemlösungskonzepte waren nach zwölf bis 18 Monaten Ausbildung bei der Mehrheit der Auszubildenden jedoch die Ausnahme.

Aus der in Abbildung 5 dargestellten Lösung eines Auszubildenden wurde auf Inkompetenz geschlossen. Dieser Schluss ist jedoch nicht zwingend: Skizziert ist eine funktionierende Lösung – der Automat spuckt die Würfel in gewünschter Anzahl und Qualität aus. Und warum nicht? Wenn's denn funktioniert, hat dieser Auszubildende eine adäquate Lösung gefunden.

Abbildung 4: Ein Werkzeug, welches es in einem Fertigungsschritt ermöglicht, die Augenzahlen aller Würfelseiten einzuprägen.

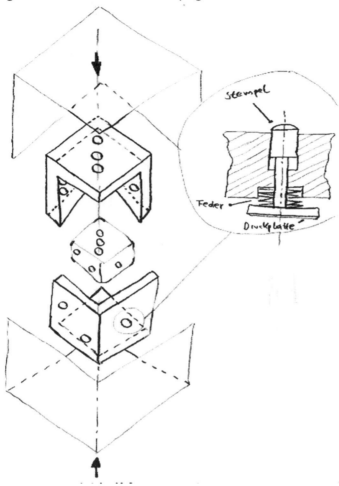

Abbildung 5: Für diesen Auszubildenden ist der eigentliche Fertigungsprozess eine Black Box geblieben.

99

Um keinen Zweifel daran zu lassen: Das ist nicht anzunehmen. Aber wir wissen es nicht! Und betrachten wir das Problem doch einmal von dieser Seite: Hätten wir dem Auszubildenden die Aufgabe gegeben, tatsächlich eine Vorrichtung für die Produktion von Würfeln herzustellen – und nicht bloß eine Zeichnung – dann wäre, auch ihm selbst, ziemlich schnell klar, dass eine genauere Vorstellung vom Innenleben des skizzierten Automaten entwickelt werden muss.

Was ich darlegen möchte: Messmodelle, die an Stelle praktischen Könnens die Beschreibung oder Planung dieses Könnens abfordern, können in die Irre führen. Und zwar dann, wenn Menschen, die etwas tun können, dies nicht beschreiben können. Oder dann, wenn Menschen etwas beschreiben können, dies aber praktisch nicht tun können:

- Es gibt eine Gruppe von Menschen, die verfügt über praktisches Können, aber kann oder will dieses Tun nicht verbal rekonstruieren. Die weiter oben dargelegte Bedeutung impliziten Wissens trägt hierzu maßgeblich bei. Solche Personen werden als inkompetent eingestuft, obwohl sie das nicht sind.

- Schließlich gibt es eine Gruppe von Menschen, die kann Handlungspläne skizzieren und in Worte fassen, sie kann das Tun, vor allen Dingen von anderen Menschen, analysieren, aber mit dem eigenen praktischen Handeln hapert es – jedenfalls im Vergleich zur erstgenannten Gruppe. Der Psychologe Dietrich Dörner (1989, S. 304) spottete, solche Personen besäßen „Eunuchenwissen": Sie wissen, wie es geht, können es aber nicht. Diese Gruppe wird mit der von mir skizzierten Kompetenzdiagnostik als kompetent eingestuft, obwohl sie es in Bezug auf die vorgestellte praktische Aufgabe nicht ist. Man muss gar nicht einmal das Bild von den zwei linken Händen bemühen, die jemand haben kann. Es sind eben zwei unterschiedliche Arten des Könnens: das Planen, Analysieren, Rekonstruieren und Beschreiben von Handlungen auf der einen Seite und andererseits das Handeln selber. Weil das so ist, ist der Germanistik-Professor nicht automatisch der beste Dichter, der anerkannteste Kunsttheoretiker ist kein Picasso und der sprachgewaltigste Restaurantkritiker ist nicht der größte Koch.

Berufspädagogen tendieren insgesamt dazu, das Wissen abzufragen, das für eine Aufgabenstellung als relevant erachtet wird. Wohlgemerkt, ich spreche mich nicht dagegen aus, Wissen abzufragen. Nur, Wissenstests als Kompetenzdiagnostik zu deklarieren, unterstellt, dass derjenige Hochsprungweltmeister wird, der am besten beschreiben kann, wie er optimal die Latte überquert.

Ein Messverfahren, das die skizzierten Probleme berücksichtigt, müsste also erstens die tatsächliche berufliche Leistung einfordern und dokumentieren, zum Beispiel einen Auszubildenden auffordern, eine Vorrichtung für die Würfelproduktion herzustellen, und die Bewältigung dieser Aufgabe

zum Beispiel per Video dokumentieren. An dieser Stelle die Auszubildenden zu lautem Sprechen aufzufordern, ist kontraproduktiv, weil das die au-
thentische Hervorbringung von Können beeinträchtigt. Deshalb müsste
zweitens gemeinsam mit dem Probanden das für die Bewältigung dieser
Aufgabe erforderliche Wissen anhand des Videomaterials rekonstruiert
werden, um zu sehen, ob der Proband über die entsprechende Wissensbasis
verfügt und diese in sein praktisches Können inkorporieren kann. Durch das
Ansprechen verwandter oder alternativer Aufgaben könnte ermittelt werden, ob das vorhandene Wissen für mehr als nur diese eine Aufgabenstellung tragfähig ist. Wenn man den Kompetenzbegriff ernst nimmt, als relativ
überdauernde, kognitiv verankerte Fähigkeit zur Generierung beruflichen
Könnens, ist es eben notwendig, Wissen und Handeln bei der Kompetenzmessung zu erfassen. Analysiert man nur Wissen, weiß man nicht, ob der
Proband dieses Wissen in praktisches Können überführen kann. Analysiert
man nur einen Verhaltensausschnitt, bleibt fraglich, über welche Wissensbasis der Proband und verfügt und ob er bei der nächsten, minimal variier-
ten Situation wie der Ochs vorm Berg steht.

5. Fazit

Was müsste eine berufspädagogische Kompetenzdiagnostik leisten, die diesen Namen verdient?

- Sie müsste erstens über ein Kompetenzerklärungsmodell verfügen, das
  kompetente Handlungen tatsächlich nachvollziehbar erklären kann. Teilt
  man die Forderung, dass Kompetenzen generativ sein sollten, das heißt
  ein Repertoire von kompetenten Handlungen begründen, dann kann
  Kompetenz nicht mit Performanz identisch und auch nicht so allgemein
  sein, dass sie mit einer konkreten Handlung gar nicht in Verbindung gebracht werden kann.
- Sie müsste zweitens über ein domänen- oder berufsfeldspezifisches
  Kompetenzstrukturmodell verfügen, das empirisch fundiert ist. Normative Kompetenzstrukturmodelle kranken daran, dass sie Kompetenzen
  formulieren, die sich als isolierbare Merkmale in der Wirklichkeit
  schwerlich finden lassen.
- Sie müsste drittens über ein Kompetenzentwicklungsmodell verfügen,
  das die Entwicklung vom Anfänger zum Experten in einem Fachgebiet
  nachzeichnet und empirische Belege für Schwellen oder Stufen im Verlauf der Kompetenzentwicklung vorweisen kann.
- Sie müsste viertens über ein Kompetenzmessmodell verfügen, das sowohl die Performanz als auch die Rekonstruktion dieser Performanz
  zum Gegenstand hat. Ansonsten würde man entweder nur Verhalten ohne seine Wissensbasis oder nur Wissen ohne seine Umsetzung in Handeln prüfen.

Letzteres allerdings ist für eine large-scale-Untersuchung, wie sie bei PISA-ähnlichen Studien gefragt ist, zu aufwändig. Deshalb ist es sehr schwer, alle diese Forderungen zusammen einzulösen. Letztlich ist meine hier dargelegte Auffassung jedoch auch in gewisser Weise idealistisch. Sie unterstellt, dass all die Anforderungen an Kompetenzdiagnostik, die ich genannt habe, von einem kompetenten Menschen tatsächlich beherrscht werden. Hier kann man von Soziologen lernen, was man als Berufspädagoge auch schon hätte ahnen können – Kompetenz ist nicht nur die *Be*schreibung von Können, sie ist auch die *Zu*schreibung von Können: „Soziologisch gesehen sind Kompetenzen also eher sozial zugeschriebene Qualitäten, die sich über vielgestaltige Kommunikationen und Interaktionen manifestieren bzw. als sich manifestierend dem Subjekt attestiert werden" (Kurtz 2010, S. 8).

Um also auf meine Eingangsfrage zurück zu kommen: Welche Kompetenzen braucht man zur Messung von beruflicher Handlungskompetenz? – Man muss Professor sein oder eine akademisch ausgewiesene Person, die *als* Pädagogin, Psychologin, Sozialwissenschaftlerin oder Ingenieurin Kompetenzdiagnostik betreibt. Das reicht völlig. Für viele Leserinnen und Leser ist dies vermutlich eine recht erfreuliche Botschaft.

Literatur

Achtenhagen, F./Winther, E. (2009): Konstruktvalidität von Simulationsaufgaben: Computergestützte Messung berufsfachlicher Kompetenz – am Beispiel der Ausbildung von Industriekaufleuten. www.uni-goettingen.de/de/122305.html (Abruf 15.1.2012).

Baethge, M./Achtenhagen, F./Arends, L./Babic, E./Baethge-Kinsky, V./Weber, S. (2006): Berufsbildungs-PISA. Machbarkeitsstudie. Stuttgart: Steiner.

Beck, S. (2005): Skill-Management: Konzeption für die betriebliche Personalentwicklung. Wiesbaden: Gabler.

Becker, M. (2010): Wie lässt sich das in Domänen verborgene „Facharbeiterwissen" erschließen? In: Becker, M./Fischer, M./Spöttl, G. (Hrsg.): Von der Arbeitsanalyse zur Diagnose beruflicher Kompetenzen. Frankfurt am Main: Lang, S. 54–65.

Becker, M. (2011): Der Elchtest für die Qualität von Items zur Erfassung beruflicher Kompetenz. In: Fischer, M./Becker, M./Spöttl, G. (Hrsg.): Kompetenzdiagnostik in der beruflichen Bildung – Probleme und Perspektiven. Frankfurt am Main: Lang, S. 75–92.

Benner, P. (1994): Stufen zur Pflegekompetenz. From Novice to Expert. Bern: Huber.

Boreham, N. (1994): The dangerous practice of thinking. In: Medical Education 28, S. 172–179.

Breuer, K. (2006): Kompetenzdiagnostik in der beruflichen Bildung. Eine Zwischenbilanz. In: ZBW – Zeitschrift für Berufs- und Wirtschaftspädagogik 102, S. 194–210.

Chomsky, N. (1968): Language and Mind. New York: Harcourt, Brace&World.

Deutsches PISA-Konsortium (Hrsg.) (2001): PISA 2000, Basiskompetenzen von Schülerinnen und Schülern im internationalen Vergleich. Opladen: Leske+Budrich.

Dörner, D. (1989): Die Logik des Misslingens. Strategisches Denken in komplexen Situationen. Reinbek: Rowohlt.

Dreyfus, H. L./Dreyfus, S. E. (1987): Künstliche Intelligenz. Von den Grenzen der Denkmaschine und dem Wert der Intuition. Reinbek: Rowohlt.

Erpenbeck, J./von Rosenstiel, L. (Hrsg.) (2003): Handbuch Kompetenzmessung. Erkennen, verstehen und bewerten von Kompetenzen in der betrieblichen, pädagogischen und psychologischen Praxis. Stuttgart: Schäffer-Poeschel.

Fischer, M. (1995): Technikverständnis von Facharbeitern im Spannungsfeld von beruflicher Bildung und Arbeitserfahrung. Bremen: Donat.

Fischer, M./Jungeblut, R./Römmermann, E. (1995): „Jede Maschine hat ihre eigenen Marotten!" Instandhaltungsarbeit in der rechnergestützten Produktion und Möglichkeiten technischer Unterstützung. Bremen: Donat.

Fischer, M. (2000): Von der Arbeitserfahrung zum Arbeitsprozeßwissen. Rechnergestützte Facharbeit im Kontext beruflichen Lernens. Opladen: Leske+Budrich.

Fischer, M./Röben, P. (2004): Arbeitsprozesswissen im Fokus von individuellem und organisationalem Lernen. Ergebnisse aus Großbetrieben in vier europäischen Ländern. In: Zeitschrift für Pädagogik 50, S. 182–201.

Fischer, M./Witzel, A. (2008): Zum Zusammenhang von berufsbiographischer Gestaltung und beruflichem Arbeitsprozesswissen. Eine Analyse auf Basis archivierter Daten einer Längsschnittstudie. In: Fischer, M./Spöttl, G. (Hrsg.): Forschungsperspektiven in Facharbeit und Berufsbildung. Strategien und Methoden der Berufsbildungsforschung. Frankfurt am Main: Lang, S. 24–47.

Gruber, H./Degner, S. (im Erscheinen): Expertise und Kompetenz. In: Dick, M./Korfmacher, S./Marotzki, W./Mieg, H. (Hrsg.): Handbuch Professionsentwicklung.

Haasler, B. (2002): Erfassung beruflicher Kompetenz und beruflicher Identität – Zwischenergebnisse einer Untersuchung von Auszubildenden im Berufsfeld Metalltechnik in der Automobilindustrie. In: Arbeitswissenschaft im Zeichen gesellschaftlicher Vielfalt. Bericht zum 48. Kongress der Gesellschaft für Arbeitswissenschaft vom 20.-22.2.2002 in Linz. Dortmund: GfA Press, S. 299–303.

Haasler, B. (2011): Rating von Lösungen gestaltungsoffener Testaufgaben – Praxisbericht aus zwei Modellprojekten zur Messung berufsfachlicher Kompetenzen. In: Fischer, M./Becker, M./Spöttl, G. (Hrsg.): Kompetenzdiagnostik in der beruflichen Bildung – Probleme und Perspektiven. Frankfurt am Main: Lang, S. 95–110.

Kauffeld, S. (2002): Das Kasseler Kompetenzraster (KKR) – ein Beitrag zur Kompetenzmessung. In: Clement, U./Arnold, R. (Hrsg.): Kompetenzentwicklung in der beruflichen Bildung. Opladen: Leske+Budrich, S. 131–151.

Kauffeld, S./Grote, S./Frieling, E. (2003): Das Kasseler Kompetenzraster (KKR). In: Erpenbeck, J./von Rosenstiel, L. (Hrsg.): Handbuch Kompetenzmessung. Erkennen, verstehen und bewerten von Kompetenzen in der betrieblichen, pädagogischen und psychologischen Praxis. Stuttgart: Schäffer-Poeschel, S. 261–282.

Klieme E./Avenarius, H./Blum, W./Döbrich, P./Gruber, H./Prenzel, M./Reiss, K./Riquarts, K./Rost, J./Tenorth, H.-E./Vollmer, H.J. (2007): Zur Entwicklung nationaler Bildungsstandards. Eine Expertise. Hrsg.: Bundesministerium für Bildung und Forschung (BMBF). www.bmbf.de/pub/zur_entwicklung_nationaler_bildungs standards.pdf (Abruf 15.1.2012).

Klieme, E./Hartig, J. (2007): Kompetenzkonzepte in den Sozialwissenschaften und im erziehungswissenschaftlichen Diskurs. In: Zeitschrift für Erziehungswissenschaft, Sonderheft 8, S. 11–29.

KMK (Sekretariat der Ständigen Konferenz der Kultusminister der Länder in der Bundesrepublik Deutschland) (2004): Handreichungen für die Erarbeitung von Rahmenlehrplänen der Kultusministerkonferenz (KMK) für den berufsbezogenen Unterricht in der Berufsschule und ihre Abstimmung mit Ausbildungsordnungen des Bundes für anerkannte Ausbildungsberufe. Bonn.

KMK (Sekretariat der Ständigen Konferenz der Kultusminister der Länder in der Bundesrepublik Deutschland) (2007): Handreichungen für die Erarbeitung von Rahmenlehrplänen der Kultusministerkonferenz (KMK) für den berufsbezogenen Unterricht in der Berufsschule und ihre Abstimmung mit Ausbildungsordnungen des Bundes für anerkannte Ausbildungsberufe. Bonn. www.kmk.org/fileadmin/veroeffentlichungen_beschluesse/2007/2007_09_01-Handreich-Rlpl-Berufsschule.pdf) (Abruf 15.1.2012).

Kurtz, T. (2010): Der Kompetenzbegriff in der Soziologie. In: Kurtz, T./Pfadenhauer, M. (Hrsg.): Soziologie der Kompetenz. Wiesbaden: VS, S. 7–25.

Neuweg, G.H. (1998): Wissen und Können. In: ZBW – Zeitschrift für Berufs- und Wirtschaftspädagogik 94, S. 1–22.

Neuweg, G.H. (1999): Könnerschaft und implizites Wissen. Münster: Waxmann.

Neuweg, G.H. (2004): Tacit knowing and implicit learning. In: Fischer, M./Boreham, N./Nyhan, B. (Hrsg.): European Perspectives on Learning at Work: The Acquisition of Work Process Knowledge. Cedefop Reference Series. Luxembourg: Office for Official Publications for the European Communities, S. 130–147.

Nickolaus, R./Gschwendtner, T./Abele, S. (2011): Valide Abschätzungen von Kompetenzen als eine notwendige Basis zur Effektbeurteilung pädagogischer Handlungsprogramme – Herausforderungen, Ansätze und Perspektiven. In: Fischer, M./Becker, M./Spöttl, G. (Hrsg.): Kompetenzdiagnostik in der beruflichen Bildung – Probleme und Perspektiven. Frankfurt am Main: Lang, S. 56–74.

Polanyi, M. (1958): Personal Knowledge. Chicago: University of Chicago Press.

Polanyi, M. (1966): The Tacit Dimension. New York: Doubleday. In Deutsch (1985): Implizites Wissen. Frankfurt am Main: Suhrkamp.

Rauner, F. (2004): Praktisches Wissen und berufliche Handlungskompetenz. ITB-Forschungsberichte 14. Bremen: Institut Technik und Bildung, Universität Bremen.

Rauner, F./Heinemann, L./Ji, L./Zhao, Z. (2011): Messen beruflicher Kompetenzen. Band III. Drei Jahre KOMET-Testerfahrung. Berlin et al.: LIT-Verlag.

Schön, D. (1983): The Reflective Practitioner: How professionals think in action. London: Temple Smith.

Sloane, P.F.E./Dilger, B. (2005): The competence clash – Dilemmata bei der Übertragung des Konzepts der nationalen Bildungsstandards auf die berufliche Bildung. In: bwp@ 8, www.bwpat.de/ausgabe8/sloane_dilger_bwpat8.shtml (Abruf 2.4.2012).

Spöttl, G. (2011): Kompetenzmodelle als Grundlage für eine valide Kompetenzdiagnostik. In: Fischer, M./Becker, M./Spöttl, G. (Hrsg.): Kompetenzdiagnostik in der beruflichen Bildung – Probleme und Perspektiven. Frankfurt am Main: Lang, S. 13–39.

Straka, G.A./Macke, G. (2010): Sind das „Dogma vollständige Handlung" und der „Pleonasmus Handlungskompetenz" Sackgassen der deutschen Berufsbildungsforschung? In: Becker, M./Fischer, M./Spöttl, G. (Hrsg.):Von der Arbeitsanalyse zur Diagnose beruflicher Kompetenzen. Methoden und methodologische Beiträge aus der Berufsbildungsforschung. Frankfurt am Main: Lang, S. 215–229.

Bernd Haasler

Was müssen Rating-Experten wissen und können?

Ein Praxisbericht aus zwei Modellprojekten zur Messung berufsfachlicher Kompetenzen

Die Entscheidung, zur Messung berufsfachlicher Kompetenzen gestaltungsoffene Testaufgaben im Paper-and-Pencil-Design einzusetzen, zieht letztendlich die größte Herausforderung, das Bewerten der Lösungen (Rating) nach sich. Um das Rating nach wissenschaftlich haltbaren Anforderungen durchzuführen, sind umfangreiche Raterschulungen und Testratings mit den Bewertern notwendig. In diesem Beitrag wird aus zwei empirischen Modellvorhaben zur Messung berufsfachlicher Kompetenzen von angehenden Elektronikern berichtet. Der Schwerpunkt der Darstellung konzentriert sich auf Praxiserfahrungen der Ratings. Wenn über international vergleichende Untersuchungen beruflicher Kompetenzen nachgedacht wird ('Berufsbildungs-PISA'), muss berücksichtigt werden, dass das Rating das eigentliche Nadelöhr in derart komplexen Vorhaben ist. Die hier berichteten Erfahrungen aus Ratings von domänenspezifischen qualitativen Aufgabenlösungen bieten Hinweise auf zentrale Herausforderungen und Probleme.

1. Gestaltungsoffene Testaufgaben

Wenn man als Bezugspunkt für die Messung beruflicher Kompetenz die konkrete Facharbeit heranzieht, kommt man nicht umhin, gestaltungsoffene Testaufgaben einzusetzen. In zwei Forschungs- und Entwicklungsvorhaben zur Messung beruflicher Kompetenzen[1] wurde dieser Aufgaben-Ansatz verfolgt, aus dem in diesem Beitrag berichtet werden soll. Die Grundlagen zur Entwicklung der Testaufgaben in diesen Projekten gehen vor allem auf die Arbeiten von Andreas Gruschka zurück, der Evaluationsaufgaben als nach-

---

1 Schul-Modellversuch KOMET der Bundesländer Hessen und Bremen (2007–2011) und KOMET/China: Competence assessment for vocational students in Beijing (TVET-PISA) (2008–2009). Die wissenschaftliche Begleitung beider Vorhaben wurde unter der Leitung von Felix Rauner, Universität Bremen, durchgeführt.

gestellte Entwicklungsaufgaben im Kollegschulprojekt in Nordrhein-Westfalen zur Evaluation der (schulischen) Erzieherausbildung entwickelte (Gruschka 1985). Eine Kernarbeitsgruppe der Universität Bremen hat in den letzten zehn Jahren im Rahmen mehrerer Forschungsvorhaben am Beispiel verschiedener gewerblich-technischer Berufe als zentrales Instrument für die Erfassung der beruflichen Kompetenzentwicklung Paper-and-Pencil-Aufgaben entwickelt und erprobt. Zusammenfassend können folgende Leitlinien genannt werden, nach denen gestaltungsoffene Testaufgaben entwickelt wurden:

Abbildung 1: Leitlinien zur Entwicklung gestaltungsoffener Testaufgaben (Rauner et al. 2009a, S. 101)

Die Testaufgabenstellung

- erfasst ein realistisches Problem beruflicher und betrieblicher Arbeitspraxis.
- inkorporiert die charakteristischen beruflichen Arbeitsaufgaben des Berufes und die darauf bezogenen Ausbildungsziele.
- steckt einen berufsspezifischen – eher großen – Gestaltungsspielraum ab und ermöglicht damit eine Vielzahl verschiedener Lösungsvarianten unterschiedlicher Tiefe und Breite.
- ist gestaltungsoffen, d. h., es gibt nicht die eine „richtige" oder die „falsche" Lösung, sondern anforderungsbezogene Varianten.
- erfordert bei ihrer umfassenden Lösung außer fachlich-instrumentellen Kompetenzen die Berücksichtigung von Aspekten wie Wirtschaftlichkeit, Gebrauchswertorientierung und Umweltverträglichkeit.
- erfordert bei ihrer Lösung ein berufstypisches Vorgehen. Die Bewältigung der Aufgabe konzentriert sich auf den planerisch-konzeptionellen Aspekt und wird dokumentiert unter Verwendung einschlägiger Darstellungsformen (Paper-and-pencil-Design).
- muss nicht praktisch gelöst werden, da die Testaufgabe berufliche Kompetenzentwicklung auf der Konzeptebene misst und nicht auf der Ebene konkreten beruflichen Könnens (Performanz).
- ist keine Lernerfolgskontrolle; die Testaufgaben sind nicht Input-related.
- fordert den Probanden dazu heraus, die Aufgabe im Sinne beruflicher Professionalität (auf dem jeweiligen Entwicklungsniveau) zu lösen, zu dokumentieren und zu begründen.
- stellt auch für eine Fachkraft eine ernstzunehmende Herausforderung dar, gleichwohl muss auch einem Berufsanfänger eine Zugangsmöglichkeit zur Aufgabe geboten werden, die ihm die Bearbeitung ermöglicht.

Lösungsvarianten von gestaltungsoffenen Testaufgaben können nur von Ratern bewertet werden, die diese fachlichen Lösungen verstehen, zu deuten wissen und sie in den berufstypischen Kontext professioneller Akteure der Facharbeit einordnen können. In den hier illustrierten Projekten waren als Rater Lehrkräfte aus dem Berufsfeld Elektrotechnik-Informatik beteiligt, die in Berufsschulen und Studienseminaren tätig sind. Nachfolgend ist zur Veranschaulichung exemplarisch eine der Testaufgaben für Elektroniker aus dem Untersuchungs-Set von insgesamt vier Testaufgaben dargestellt.

Abbildung 2: Testaufgabe „Dachfenstersteuerung" für angehende Elektroniker

Aufgabe 1
Dachfenster-Steuerung

Situationsbeschreibung

Die Firma Gut & Pünktlich GmbH produziert im Zwei-Schicht-Betrieb (Mo. bis Fr. von 6:00 Uhr bis 22:00 Uhr, Sa. von 6:00 Uhr bis 14:00 Uhr) Einrichtungen für Flugzeugküchen. Die vier Dachfenster einer beheizten Montagehalle wurden bisher dezentral von vier Stellen manuell per Handkurbel geöffnet bzw. geschlossen (siehe Abbildung 1). Durch diese zeitaufwändige Art der Dachfensterbetätigung kam es u. a. dazu, dass abends vergessen wurde, die Dachfenster zu schließen, bzw. bei Sturm wurden offene Dachfenster beschädigt.
Die Werkleitung wünscht eine neue, komfortablere und sichere Steuerung der Dachfenster.
In einem Mitarbeitergespräch werden weitere Anforderungen formuliert:

- „Die Dachfenster sollen zentral geöffnet und geschlossen werden."
- „Wenn die Temperatur im Arbeitsbereich der Halle zu hoch ist, müssen die Fenster öffnen."
- „Für das kommende Jahr ist eine Vergrößerung der Montagehalle geplant."

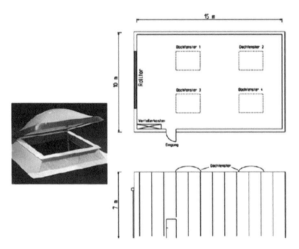

Abbildung 1:   Detailaufnahme Dachfenster und Skizze der Montagehalle

Aufgabenstellung

Erstellen Sie möglichst vollständige Unterlagen für die Änderung der Anlage. Falls Sie noch zusätzliche Fragen, z. B. an den Auftraggeber, die Nutzer oder Fachkräfte anderer Gewerke haben, schreiben Sie diese bitte zur Vorbereitung von Abstimmungsgesprächen auf.

Begründen Sie Ihren Lösungsvorschlag umfassend und detailliert.

Arbeits- und Hilfsmittel

Zur Bearbeitung der Aufgabenstellung sind alle schulüblichen Hilfsmittel, wie z. B. Tabellenbücher, Fachbücher, eigene Mitschriften und Taschenrechner, zulässig.

Das in diesen hier berichteten Forschungsprojekten eingesetzte Kompetenzmodell, als normative Setzung, basiert in seiner Entwicklung auf den Anforderungen, die an berufliche Aufgabenstellungen gestellt werden. Die entwickelten acht Kriterien (siehe Abb. 3), die zum Rating der Aufgabenlösungen herangezogen werden, sollen nachfolgend anhand eines Beispiels illustriert werden. Da ein Beispiel aus der Berufspraxis von Elektrofachkräften in Handwerk und Industrie für Laien außerhalb dieser Praxisgemeinschaft in seiner Tiefe, mit allen Facetten, schwer nachvollziehbar ist, soll hier ein einfacher beschreibbares, aber dennoch komplexes Beispiel aus dem Bereich des Sanitärhandwerks angeführt werden: Die Neugestaltung eines Badezimmers in einem Einfamilienhaus.

Abbildung 3: Kriterien zum Rating der Lösungsvarianten beruflicher Aufgabenstellungen

Funktionalität: Der Nachweis der Funktionalität einer Lösungsvariante beruflicher Aufgaben ist grundlegend und maßgebend für alle weiteren Anforderungen, die an Aufgabenlösungen gestellt werden. Auch die Neugestaltung eines Badezimmers muss zuallererst funktionellen Anforderungen gerecht werden. Wand- und Bodenbeläge, Dusche, Badewanne, WC, Mischbatterien, Duschköpfe und anderes Interieur sowie die Installationen müssen ihre Funktionen grundlegend erfüllen. Nicht nur die nahezu selbstverständliche Funktion einer Armatur, zum Beispiel einer Mischbatterie, die warmes und kaltes Wasser zur Nutzung mischt, muss erfüllt werden,

108

sondern auch Installationstechniken, die zum Beispiel gleichzeitig ein rück-
staufreies Abspülen des WC und die schnelle Entleerung des gefüllten
Wannenbades ermöglichen.

Gebrauchswertorientierung: Letztlich verweisen berufliche Handlungen,
Handlungsabläufe, Arbeitsprozesse und Arbeitsaufträge immer auf einen
Kunden, dessen Interesse der Gebrauchswert des Arbeitsergebnisses ist.

Im hier skizzierten Beispiel der Badezimmer-Neugestaltung ist der
Kunde die Familie, die das Badezimmer nutzt. Ihren heterogenen Bedürf-
nissen muss die Neugestaltung des Bades gerecht werden. Die Bauhöhe der
Waschtische und der Duschhaltestange für den höhenverstellbaren Dusch-
kopf ist beispielsweise sowohl für eine Nutzung durch Kinder als auch
durch Erwachsene zu realisieren. Welche Spiegel und wie viele Steckdosen
über den Waschtischen sind notwendig und welcher Stauraum muss durch
Unterschränke, Regale und Wandschränke erreicht werden? Diese konkreten Fragen, und viele andere, muss eine am Gebrauchswert orientierte Lösung beantworten, die bei ‚Familienbädern‘ natürlich immer ein Kompro-
miss der jeweiligen Nutzerinteressen ist, da ein ‚Kinderbad‘, ‚Frauenbad‘
und ‚Herrenbad‘ selten einzeln realisiert werden. Für einen hohen Gebrauchswert einer Lösungsvariante sind neben der unmittelbaren Nutzung
auch der Gesichtspunkt der Vermeidung der Störanfälligkeit und die Berücksichtigung von Aspekten der Wartungs- und Reparaturfreundlichkeit
wichtig. Wird zum Beispiel die Ablaufgarnitur der Badewanne wartungs-
zugänglich mit einer Revisionsöffnung versehen und wie wird diese gestaltet? Inwieweit eine Badezimmerkonzeption längerfristig Bestand in der
Verwendung hat und welche Erweiterungsoptionen sie künftig bietet, sind
ebenfalls zentrale Gesichtspunkte zum Gebrauchswert.

Wirtschaftlichkeit: Berufliche Arbeit unterliegt prinzipiell dem Aspekt der
Wirtschaftlichkeit. Die kontextbezogene Berücksichtigung wirtschaftlicher
Aspekte bei der Lösung beruflicher Aufgaben zeichnet das kompetente
Handeln von Fachleuten aus. Dabei gilt es im Arbeitshandeln fortlaufend
Beurteilungen der Wirtschaftlichkeit vorzunehmen und die unterschiedlichen Kosten und Wirkfaktoren einzubeziehen. Auch perspektivisch anfal-
lende Kosten (Folgekosten) müssen in die Entscheidungen für die wirt-
schaftliche Gestaltung beruflicher Arbeit einbezogen werden. Zur Entschei-
dungsfindung wird bilanziert, in welchem Verhältnis Aufwand und Nutzen
zueinander stehen. Für Badezimmergestaltungen, auch in kleinen Räumen,
kann problemlos ein fünfstelliger Euro-Betrag verbaut werden. Armaturen,
Wannen, Duschkabinen u.ä. sind in einer enorm breiten Qualitäts- und
Preisspanne am Markt erhältlich. Entschieden werden muss beispielsweise,
ob man alle neuen Armaturen aus einer Design-Linie bezieht, oder ob es
sinnvoller ist, eine hochpreisigere Wannenarmatur zu verbauen und bei den
Waschtischarmaturen preisgünstigere Modelle zu wählen. Auch grundle-

gende bautechnische Konzepte müssen vor Beginn der Arbeiten durchdacht werden: Wenn für das Bad sowieso neue Bodenfliesen und Heizkörper angedacht sind, kann beispielsweise über die Installation einer Fußbodenheizung nachgedacht werden. Ob dies im Kosten- und Nutzungsrahmen liegt, muss eingangs entschieden werden.

Arbeits- und Geschäftsprozessorientierung: Eine gelungene Lösungsvariante berücksichtigt die Verknüpfung der Arbeit und Technik auch an den Schnittstellen zu den vor- und nachgelagerten Prozessen und bezieht dabei auch das Zusammenwirken über die Grenzen der eigenen Berufsarbeit hinaus mit ein. Berücksichtigt werden müssen im hier angeführten Beispiel der Badumgestaltung zum Beispiel die Abläufe der Arbeiten: Wie kann arbeitsablauforganisatorisch gewährleistet werden, dass das Bad während der Arbeiten nicht über Wochen unbenutzbar ist? Wird zuerst der Boden gefliest und dann der Wannenträger darauf gestellt, oder wird der neue Bodenbelag erst am Ende der Neugestaltung abschließend verlegt? Kann die Elektrofacharbeit parallel zum Wanneneinbau durchgeführt werden? Derartige Fragen verdeutlichen, dass die Planungen der Arbeitshandlungen nicht allein auf ein Gewerk fixiert bleiben dürfen.

Sozialverträglichkeit: Hiermit sind vor allem der Aspekt humaner Arbeitsgestaltung und -organisation, der Gesundheitsschutz sowie auch die über die beruflichen Arbeitszusammenhänge hinausreichenden sozialen Aspekte beruflicher Arbeit (zum Beispiel die oftmals unterschiedlichen Interessenlagen von Auftraggeber, Kunden und Gesellschaft) angesprochen. Berücksichtigt werden dabei auch Aspekte der Arbeitssicherheit und des Unfallschutzes sowie mögliche Folgewirkungen, die eine Lösung beruflicher Aufgabenstellungen auf die soziale Umwelt hat. Im Beispiel der Badumgestaltung liegt die Einbeziehung des Aspektes ,barrierefreies Bad' nahe. Um eine ständige grundlegende technische Umrüstung für die verschiedenen Nutzergruppen (Kinder, Eltern und auch alte Menschen) zu vermeiden, kann perspektivisch auf alters- und behindertengerechte Gestaltung geachtet werden. Die großräumigere Positionierung des WC, ,stumpfe Fliesen' oder eine ebenerdig begehbare Dusche sind zum Beispiel Konzepte, die das Bad nachhaltiger nutzbar machen als allein die Beschränkung der Perspektive auf die gegenwärtige Nutzersituation.

Umweltverträglichkeit: Dies ist mittlerweile für nahezu alle Arbeitsprozesse ein relevantes Kriterium. Dabei geht es nicht um den Aspekt allgemeinen Umweltbewusstseins, sondern um die berufs- und fachspezifischen Anforderungen an berufliche Arbeitsprozesse und deren Ergebnisse, die den Kriterien der Umweltverträglichkeit zugeordnet werden können. Inwieweit bei Lösungen umweltverträgliche Materialien verwendet werden, ist ebenso zu berücksichtigen, wie auch die umweltgerechte Arbeitsgestaltung bei der

Bewältigung der Arbeitsaufgabe. Weiterhin sind energieschonende Strategien und Aspekte des Recycling und der Wiederverwendung Gesichtspunkte, die hinsichtlich der Umweltverträglichkeit einer Lösung Berücksichtigung finden müssen. Im Beispiel der Badezimmerumgestaltung sind hier vielfältige Anknüpfungspunkte möglich. Der Einsatz von umweltverträglichen Materialien in den Rohrsystemen (Kupfer- oder Kunststoffrohre) ist ebenso ein Thema, wie zum Beispiel die Wahl von Wasserspar-Armaturen. Auch die Wahl der Wannenform ist hier nicht unerheblich. Es gibt Formen, die ein Vollbad mit 80 Liter Wasserbedarf bei gleichem Nutzungskomfort ermöglichen, wie es andere Modelle mit 150 Liter Wasserbedarf erreichen.

Kreativität: Die Kreativität einer Lösungsvariante ist ein Kriterium, das bei der Lösung beruflicher Aufgaben eine große Rolle spielt. Dies resultiert aus den situativ höchst unterschiedlichen Gestaltungsspielräumen bei der Lösung beruflicher Aufgaben. Dabei muss das Kriterium ‚Kreative Lösung' in besonderer Weise berufsspezifisch interpretiert und operationalisiert werden. In der Ausprägung der Kreativität einer Lösungsvariante zeigt sich auch Sensitivität für die Problemlage. Von kompetenten Fachleuten sind in der beruflichen Arbeit kreative ungewöhnliche Lösungsvarianten gefragt, die zugleich sinnvoll der Zielerreichung dienen. Zum konkreten Beispiel: Badgestaltung steht oftmals vor der Herausforderung, auf wenig Fläche eine hohe Aufenthalts-, Nutzungs- und Wohnqualität zu realisieren. Gelungene Lösungen, zum Beispiel zur ‚optischen Streckung', können durch geschickte Fliesenarbeiten erzielt werden (Lage-Muster, Größe, Kontrast Wand-Boden, Design). Die Auswahl und Positionierung von Waschtischen, Trennwänden und Duschkabine ist ebenfalls ein Bereich, in dem kreative Lösungen überzeugen können. Gerade in Detaillösungen, wie zum Beispiel der Positionierung von Steckdosen und Wechselschaltern und dem Einsatz bedarfsgerechter Lichtquellen zeigt sich, ob Fachleute kreativ handeln.

Anschaulichkeit/Präsentation: Das Ergebnis beruflicher Aufgaben wird im Planungs- und Vorbereitungsprozess vorweg genommen und so dokumentiert und präsentiert, dass der Auftraggeber (Vorgesetzte, Kunde) die Lösungsvorschläge kommunizieren und bewerten kann. Insofern handelt es sich bei der Veranschaulichung und Präsentation einer Aufgabenlösung um eine Grundform beruflichen Arbeitshandelns. Eine zentrale Facette für die Kommunikation im Beruf ist die Fähigkeit, sich durch Beschreibungen, Zeichnungen und Skizzen klar und strukturiert mitteilen zu können. Dabei ist die Angemessenheit der Darstellung bezogen auf den jeweiligen Sachverhalt Ausdruck professionellen Handelns.

Die zuvor illustrierten acht Kriterien werden von den Ratern zur Bewertung der Lösungsvarianten herangezogen. Deutlich wird, dass die Wegnahme oder die Ausblendung/Vernachlässigung auch nur eines Kriteriums bei der

Entwicklung einer Lösungsvariante der beruflichen Aufgabenstellung eine vollständig tragfähige Lösung elementar belastet (Haasler/Rauner 2010).

2. Raterschulungen

Es liegt auf der Hand, dass auch ein qualifiziertes Ratingteam von Fachleuten ohne eingehende Schulungsmaßnahmen nicht ohne Weiteres in der Lage ist, Bewertungen in Kompetenzmessverfahren vorzunehmen, die wissenschaftlichen Kriterien gerecht werden. Die Güte eines Messinstrumentes zur Messung berufsfachlicher Kompetenz wird entscheidend dadurch geprägt, inwieweit die Bewertungen der Aufgabenlösungen der Probanden durch die einzelnen Beurteiler (Rater) übereinstimmen oder voneinander abweichen (Interrater-Reliabilität). Damit die Rater als Grundlage und Bezugslinie ihrer Bewertungen ein gemeinsames Verständnis der Erwartungshaltung an die Aufgabenlösungen erreichen, wurden Raterschulungen durchgeführt. Das Konzept der Auftaktschulung umfasst ein zwölfstündiges Programm, welches zuerst mit Ratern in Bremen und Hessen realisiert wurde (Grollmann/Haasler 2009; Haasler 2010). Dies fokussierte drei Kernpunkte:
1. Bewertungskriterien zum Rating
2. Testaufgaben
3. Ratingpraxis an empirischem Material

Für die Raterschulung wurde eine didaktisch aufbereitete Handreichung für die Teilnehmer erstellt, die im Schulungsseminar als Arbeitsunterlage diente.

Zu 1) Bewertungskriterien zum Rating. Eingangs wird eine Einführung in das Kompetenzmodell mit seinen Bewertungskriterien zur Beschreibung und Messung beruflicher Kompetenz positioniert. Dieser Impulsvortrag dient dazu, das Vorhaben in der aktuellen Diskussion zu verorten und die zentrale Frage zu beantworten, was man grundsätzlich zur Kompetenzmessung benötigt:
• einen Begründungsrahmen
• ein Kompetenzmodell
• das Testverfahren
• das Auswertungsverfahren
Eingehend werden vor allem die Bewertungskriterien vorgestellt, mit deren Hilfe das Rating der Lösungsvarianten erfolgt (Rauner et al. 2009a). Der Bewertungsbogen umfasst 40 Items, die zur Bewertung einer Lösungsvariante eines Probanden herangezogen werden. Da diese Items weder berufs- noch aufgabenspezifisch formuliert sind, kommt es in der Rater-Schulung vor allem darauf an, eine Bindung zum Kontext herzustellen

(Beck 1980). Da das Bewertungsinstrument domänenspezifisch eingesetzt wird, muss verdeutlicht werden, wie jedes einzelne Item im Kontext des zugrunde liegenden Berufsbildes und des Erwartungshorizontes der einzelnen Testaufgaben interpretiert werden kann.

Zu 2) Testaufgaben: Zur Kompetenzmessung wurde ein Set von vier Testaufgaben entwickelt, mit denen die Probanden im Verlauf des Vorhabens konfrontiert werden. Es geht in der Rater-Schulung nicht darum, mit den Ratern einen Konsens über die Anlage und Ausgestaltung der Testaufgaben zu erreichen. Die Rater sind nicht die Experten für die Testaufgabenentwicklung, sie sollen vielmehr befähigt werden, ihre Rolle als Bewerter von Lösungsvarianten professionell und gewandt auszuüben. Die Bewertung von Lösungsvarianten der Testaufgaben erfordert ein tiefes Verständnis vom Berufsbild und den Anforderungen, die Facharbeit an die Fachkräfte im Berufsalltag stellt. Die von den Probanden erarbeiteten Lösungsvarianten müssen vor diesem Hintergrund interpretiert und in den Kontext eingebettet werden. Einzelne Rater werden nicht als Spezialisten für das Rating von Teilaufgaben des Testaufgabensets vorbereitet. Jeder Rater wird als Bewerter für Lösungsvarianten eingesetzt, die aus dem gesamten Aufgabenset stammen; er muss also in der Lage sein, Ratings an allen vier Testaufgaben durchzuführen (Haasler/Rauner 2010).

Zu 3) Ratingpraxis an empirischem Material: Um den Umgang mit dem Bewertungsbogen einzuüben und eine möglichst hohe Übereinstimmung der Beurteilungen der einzelnen Rater zu erreichen, wird methodisch die praktische Arbeit an empirischem Material favorisiert. Aus anderen Untersuchungen stammende Lösungsvarianten von Probanden wurden daher in Einzelarbeit und in Kleingruppen von den Ratern bewertet. Zunächst wurde jeder Rater in Einzelarbeit mit einer Testaufgabe und zugehörigen Lösungsvarianten dreier Probanden konfrontiert, die mit dem Bewertungsbogen einem unabhängigen Ad-hoc-Einzelrating unterzogen werden sollte.

Die Übereinstimmung der Bewerterurteile wies im Vorfeld der Raterschulung erwartungsgemäß vergleichsweise schlechte Reliabilitäten auf. Im Verlauf der Raterschulung wurde begleitend zur Arbeit am empirischen Material fortlaufend die Interrater-Reliabilität berechnet. So zeigt sich zeitnah die Wirkung der Schulung auf die Verbesserung der Übereinstimmung der Ratings.[2]

Im Anschluss an das unabhängige Einzelrating im Ad-hoc-Verfahren wurde die Arbeit in Kleingruppen mit jeweils vier Ratern fortgesetzt. Die Gruppenarbeit thematisierte das zuvor realisierte Einzelrating. Jeder Rater beschrieb seine Herangehensweise an die Bewertung, seine Interpretation

---

2 Näheres dazu siehe Rauner et al. 2009a.

der Items, seinen Erwartungshorizont an die Aufgabenlösung und die Grundlage seiner individuellen Wertung einer Probandenlösung. Diese Reflexion in der Kleingruppe führte im diskursiven Prozess zu einer Nivellierung der Rater-Urteile. So wurde ein gemeinsamer Erwartungshorizont der Kleingruppe als Referenzniveau an die Lösungsvarianten der Testaufgaben entwickelt.

In der nächsten Phase der Raterschulung stellten die Kleingruppen im Plenum aller Rater ihren Diskussionsprozess, die Problemlagen und die gemeinsamen Verabredungen vor. Auch dieser Austausch führte zur weiteren Verfestigung und der Herausbildung eines gemeinsamen Verständnisses als Grundlage des Ratings.

Das dreischrittige Verfahren – Einzelrating, Kleingruppenreflexion, Plenum – wurde fortgesetzt, bis die vier Testaufgaben des Sets vom gesamten Raterteam inhaltlich klar gefestigt verstanden waren und anhand von Probandenlösungen ein praktisches Rating durchgeführt worden war.

Neben der Herausbildung eines gemeinsamen Verständnisses der Rater ist auch der Aspekt der praktischen Rating-Erfahrung ein nicht zu unterschätzendes Ergebnis der Raterschulung. Die Konfrontation mit selbst durchzuführenden praktischen Ratings in der Raterschulung bildet bereits einen Vorgriff auf die später relevanten Ratings der Hauptuntersuchung, die jeder Rater in Einzelarbeit autonom in großer Anzahl vornehmen wird.

2.1 Absicherung der Interrater-Reliabilität als Ergebnis der Raterschulung

Die Rekrutierung von Ratern für ein derartiges Vorhaben ist ein nicht unproblematisches Unterfangen: Fachdidaktiker des Berufsfeldes, die im Rahmen eines methodisch anspruchsvollen Evaluationsdesigns in der Lage sind, als Rater tätig zu werden, sind in ihrer Verfügbarkeit eine rare Zielgruppe. Im Rahmen der hier vorgestellten Pilotprojekte konnten Lehrkräfte Berufsbildender Schulen durch Entlastung von ihrer wöchentlichen Unterrichtsverpflichtung zur Mitwirkung gewonnen werden. Da das Rating einer einzelnen Aufgabenlösung eines Probanden rund 15 Minuten Bearbeitungszeit für den Rater umfasst, werden in der Summe einige Arbeitstage für jeden Rater veranschlagt. Als Richtwert gilt folgende Überschlagsrechnung: Für das KOMET-Setting mit 100 Probanden, die jeweils vier Testaufgaben bearbeiten, ergeben sich 400 Lösungsvarianten, die einem Rating unterzogen werden müssen. Da jede Probanden-Lösung im unabhängigen Doppelrating bewertet wurde, galt es folglich, 800 Ratings durchzuführen. Bei einem Bearbeitungszeitrahmen von 15 Minuten pro Rating ergeben sich summarisch 200 Stunden Arbeitsbelastung für das Raterteam.

Um den Nachweis der Interrater-Reliabilität auf eine solide Basis zu stellen, wurde im Anschluss an die Auftaktschulung der Rater vorab eine Stichprobe aus den Probandenlösungen der Hauptuntersuchung gezogen, die allen Ratern zur Bewertung vorgelegt wurde. Aus dem Set, bestehend aus den vier Testaufgaben, wurden jeweils zwei Probandenlösungen zum Rating herangezogen. Jeder Rater aus dem Team wurde folglich mit acht Lösungsvarianten von Probanden konfrontiert, die zu durchdringen und zu bewerten waren.

Dieses Vorab-Rating bot die Möglichkeit, durch weitere Raterschulungen die Übereinstimmung der Bewerterurteile zu verbessern, falls dies erforderlich gewesen wäre. Erst als eine zufriedenstellende Interrater-Reliabilität durch das Vorab-Rating der Stichprobe nachgewiesen war, konnte die gesamte Datenbasis der Hauptuntersuchung zum Rating freigegeben werden. Die nachfolgende Abbildung zeigt den Interrater-Reliabilitätskoeffizienten, der im Testrating zum Abschluss der Auftaktraterschulung erreicht wurde, bevor das Raterteam die Ratings der Hauptuntersuchung vornahm. Erreicht wurde durch das Ratertraining eine akzeptable Interrater-Reliabilität, die die Ratingfähigkeit des Teams dokumentiert.

Abbildung 4: Interrater-Reliabilität im Anschluss an die Auftakt-Raterschulung (n =18 Rater, Teilprojekt Hessen)

Proband	Aufgabe	Intra-Class-Koeffizient (ICC)
H0124	Dachfenstersteuerung	.852
H0265	Dachfenstersteuerung	.902
H0225	Signalanlage	.930
H0282	Signalanlage	.879
H0176	Trockenraum	.819
H0234	Trockenraum	.851
H0134	Kieselaufbereitungsanlage	.799
H0047	Kieselaufbereitungsanlage	.929

Es zeigte sich, dass die Koeffizienten ausnahmslos im Bereich hoher Reliabilität liegen, das für diese Untersuchung definierte Zielkriterium von 0,7 also erreicht bzw. überstiegen wird. Insgesamt können die Interrater-Reliabilitäten somit als zufriedenstellend bezeichnet werden (Asendorpf/ Wallbott 1979; Shrout/Fleiss 1979; Wirtz/Caspar 2002). Ein Kernziel der Raterschulungen war somit erreicht. Details zur Auswahl des Reliabilitätskoeffizienten und der Berechnungen der Bewerterübereinstimmungen sind in Band I und Band II der KOMET-Publikationsreihe ausführlich dargelegt.

2.2 Nachschulung der Rater

Nach intensiver Ratingpraxis der Rater wurde eine Nachschulung als notwendig erachtet. Dieses von vornherein geplante ‚update' diente der Absicherung der Rating-Qualität (Interrater-Reliabilitäten) für die weiter bevorstehenden Ratings. Das Ratingteam verstand die zweitägige Rater-Nachschulung als Absicherungs-Validierung des Ratings und des erwarteten Lösungsraums/Problemlösungshorizontes. Anlass für die Nachschulung waren prototypische Rating-Fehler, die sich im ‚Einschleichen' einseitiger Rating-Tendenzen zur ‚Strenge' oder ‚Milde' dokumentierten. Vermutliche Ursachen dafür waren:

- zu positives Rating (Rating als ‚Lehrer' mit sehr wohlwollendem didaktischem Verständnis für die Schüler) oder
- zu strenge Beurteilung (Lösungsraum gleichgesetzt/verwechselt mit idealtypischer Musterlösung, oft aus ingenieurwissenschaftlicher Perspektive).

Im Rating der Hauptuntersuchung, in dem jeder Rater des Teams rund 200 Ratings von Lösungsvarianten der Probanden aus allen vier Testaufgaben vornahm, wurde von der wissenschaftlichen Begleitung Datenmaterial eingespeist, welches der Interrater-Reliabilitätskontrolle dient. Im Regelfall der Hauptuntersuchung wurden alle Probandenlösungen im unabhängigen Doppelrating bewertet. Zur Reliabilitätskontrolle der Ratings wurden zusätzlich zwölf Probandenlösungen allen Ratern ins Material gemischt, die folgende Interrater-Reliabilitäten nach der Bewertung ergaben:

Abbildung 5: Interrater-Reliabilitäten im Rating der Hauptuntersuchung 2009 (Teilprojekt Hessen)

Proband	Aufgabe	Intra-Class-Koeffizient (ICC)
H0004	Dachfenstersteuerung	.843
H0006	Signalanlage	.859
H0008	Dachfenstersteuerung	.794
H0105	Signalanlage	.876
H0128	Trockenraum	.790
H0262	Kieselaufbereitungsanlage	.867
H0424	Kieselaufbereitungsanlage	.704
H0523	Trockenraum	.889
H0845	Dachfenstersteuerung	.839
H0850	Trockenraum	.812
H0865	Kieselaufbereitungsanlage	.781
H0866	Signalanlage	.779

Das Ergebnis zeigt, dass die Übereinstimmung der Raterurteile auf eine bedenkliche Tendenz des Interrater-Reliabilitätskoeffizienten hinweist. Werte, die nur noch eng am Zielwert 0,7 liegen, drohen, wenn der Trend sich fortsetzt, keine zufriedenstellenden Ratings in der Vergleichbarkeit der Rater-Urteile mehr zu bieten. Belastbare Ergebnisse der Kompetenzmessung sind damit nicht mehr erreichbar. Dieses erwartbare Ergebnis der Ratingpraxis zeigte, empirisch untermauert, deutlich die Notwendigkeit einer Raternachschulung an. Der Ausweg aus den leicht auseinanderdriftenden Ratingtendenzen des Ratingteams wurde methodisch in der diskursiven Validierung des Erwartungshorizontes der Probandenlösungen in der Rating-Gruppe gesehen. Für die zweitägige Nachschulung des Ratingteams wurde daher ein Programm entwickelt, welches sich eng an die Auftaktveranstaltung der Raterschulung anlehnt.

Gearbeitet wurde wiederum an empirischem Material, welches diesmal aus der Hauptuntersuchung entnommen wurde. Als Hauptergebnis der Rater-Nachschulung bleibt festzuhalten, dass sich die Interrater-Reliabilität durch die diskursive Validierung wieder homogener zeigt als zuvor. Die Ratingfähigkeit des Teams konnte wieder hergestellt werden.

Als eine Erkenntnis der Ratingpraxis bleibt festzuhalten, dass selbst ein sehr erfahrenes Ratingteam mit langer Ratingpraxis nicht dauerhaft uneingeschränkt ratingfähig bleibt (in Bezug auf die Übereinstimmung der Bewerterurteile). Im Verlauf von Längsschnittuntersuchungen ist es daher ratsam, neben gründlichen Eingangstrainings des Ratingteams auch regelmäßige Nachschulungen einzuplanen, um über längere Zeiträume akzeptable Übereinstimmungen der Bewerterurteile sicherzustellen.

3. Rating im Teilprojekt in China

Die Übertragung des KOMET-Settings auf internationaler Ebene in andere Kontexte beruflicher Bildung konnte in einem Teilprojekt in Peking erprobt werden (Rauner 2009; Rauner et al. 2009b; Rauner et al. 2011). Während Kompetenzmodell, Testaufgaben und Auswertungsroutinen von vornherein für einen derartigen Transfer entwickelt wurden, war klar, dass das Rating von einheimischen Experten in China durchgeführt werden muss. Eine Übersetzung der Lösungsvarianten chinesischer Probanden ins Deutsche und das Rating durch deutsche Rater wurde schnell verworfen.

Das Ratertraining am Institut für berufliche Bildung der Akademie für Erziehungswissenschaften in Peking (durchgeführt im April 2009) lehnte sich in der Grundstruktur an das Ratertraining der deutschen Rater (Hessen und Bremen) an. Mitwirkende bei der Schulung waren 35 chinesische Rater, ebenfalls Lehrer für Elektrotechnik aus der Berufsbildungspraxis. Als Arbeitsunterlage wurde das in Deutschland eingesetzte Manual ins Chinesische übersetzt.

Die Übersetzung der Testaufgaben, der Lösungsräume und der beispiel-haft ausgewählten Lösungsvarianten von Probanden erwies sich als unprob-lematisch, da die Testaufgaben von beruflichen Aufgaben abgeleitet sind, die international beruflicher Praxis entsprechen. Beachtet werden mussten Differenzen bei technischen Normen und Vorschriften für den Betrieb und die Einrichtung elektrischer Anlagen. Kulturelle Unterschiede spielen da-gegen in diesem Feld der Technik und der beruflichen Arbeitspraxis keine nennenswerte Rolle.

Das Kompetenzmodell und die davon abgeleiteten Items zum Rating fanden engagierte Zustimmung sowohl bei den chinesischen Lehrern als auch bei den Experten der Bildungsverwaltung und Bildungsforschung. Dieses Ergebnis liegt vermutlich darin begründet, dass die Konzepte zur entwicklungslogischen Systematisierung beruflicher Curricula und berufli-cher Bildungsprozesse sowie die Konzepte zum Arbeitsprozesswissen und zur gestaltungsorientierten Berufsbildung mittlerweile auch in China zum Standardrepertoire der Fortbildung von Berufsschullehrern im Bereich der Curriculumentwicklung gehören.

Als Erkenntnisse zur Raterschulung in Peking und zur Transfereignung des Schulungskonzeptes lassen sich festhalten (Haasler/Maurer 2011):
- Die Konfrontation der Lehrer mit ihren relativ hohen und sehr unter-schiedlichen Ratingwerten sowie der Vergleich mit den Bewertungen der deutschen Rater (im Sinne eines Referenzsystems) trugen erheblich zu der Einsicht bei, dass das Ratingverfahren voraussetzt, sich mit dem Lösungsraum für die offenen Testaufgaben gründlich auseinanderzuset-zen und die Lösungsräume bei der Bewertung der Schülerlösungen kon-sequent zu berücksichtigen. Damit soll der subjektive Problemlösungs-horizont der Lehrer als Bewertungsmaßstab abgelöst werden durch ein standardisiertes Ratingverfahren.
- Beim Rating der Aufgabenlösungen zur zweiten Testaufgabe nahm die Übereinstimmung der Raterergebnisse sprunghaft zu. Zugleich fiel die Bewertung der Rater jetzt insgesamt erkennbar strenger aus als beim ersten Proberating. Beim Rollenwechsel ‚vom Lehrer zum Rater' wurde nun der Lösungsraum in der Tendenz als eine vollständige Beschreibung der Lösung der Testaufgaben interpretiert. Dem liegt das Missverständ-nis zugrunde, dass es sich beim Lösungsraum um eine idealtypische vollständige Lösung handele. Dieses Missverständnis konnte anhand der Bewertungsergebnisse der Arbeitsgruppen und der einzelnen Rater ver-anschaulicht und aufgeklärt werden.
- Beim Rating der Schülerlösungen zur dritten und vierten Testaufgabe stellte sich ein professionelles Rating mit entsprechend hohen Werten für die Interrater-Reliabilität ein. Die Werte liegen sogar über denen der deutschen Rater. Das kann vermutlich auch darauf zurückgeführt wer-den, dass im Ratertraining abschließend noch einmal Lösungsvarianten

bewertet wurden, die im Verlauf der dreitägigen Veranstaltung schon Gegenstand der Arbeit waren. Unterstützend wirkte sich vermutlich auch die statistische Auswertung der Raterergebnisse unmittelbar im Anschluss an das Rating in den Arbeitsgruppen aus, da auf der Grundlage der tabellarischen Übersichten das Raterverhalten detailliert analysiert werden konnte. Die Möglichkeit, die sich für jeden Rater bot, seine Ratings mit denen aller anderen Rater detailliert zu vergleichen, stieß auf großes Interesse und führte – wie erhofft – schrittweise zu einer kontinuierlichen Anhebung der Qualität der Ergebnisse.

- Die Diskussion in den Arbeitsgruppen sowie im Plenum über auffällige Ratingergebnisse und die jeweiligen Ursachen trug erheblich zur Qualifizierung der Rater bei.
- Den drei aufeinanderfolgenden Schritten des Schulungskonzeptes – Einzelarbeit, Gruppenauswertung und Plenumsdiskussion, auf der Grundlage der eigenen sowie externen Raterergebnisse – kommt eine zentrale methodische Bedeutung im Rahmen der Raterqualifizierung zu.

Das in China eingesetzte Konzept der Raterschulung zeigt, dass auch Raterteams, die – im Unterschied zum Pilotprojekt in Deutschland – nicht an der Entwicklung der Testaufgaben oder des Ratingverfahrens beteiligt waren, mit dem Schulungskonzept zu Ratern qualifiziert werden können, deren Bewertungen wissenschaftlichen Anforderungen an Kompetenzmessungen genügen.

4. Zusammenfassung und Ausblick

Professionelle Lösungen beruflicher Aufgabenstellungen zeichnen sich dadurch aus, dass die oftmals gegensätzlichen Interessen an das Produkt oder die Dienstleistung (zum Beispiel von Auftraggebern, gesetzlichen Vorschriften, ökonomischen, gesellschaftlichen und ökologischen Anforderungen) abgewogen und in der Lösungsvariante austariert werden. Die Ausnutzung von Gestaltungsspielräumen ist ein wesentlicher Indikator für entwickelte berufliche Kompetenz von Fachkräften. Für gestaltungsoffene Testaufgaben gibt es folglich nicht die eine ,richtige' oder ,falsche' Lösung, sondern eine Vielzahl anforderungsbezogener Varianten unterschiedlicher Breite und Tiefe. Dies macht die Beurteilung und Bewertung der Lösungen zu einer Aufgabe, die nur Rater mit einem Hintergrund als Könner und Kenner der beruflichen Praxisgemeinschaft seriös vornehmen können. Ein Auszählen der Lösung einer Testaufgabe mit einer Ankreuzschablone, durchgeführt von Hilfskräften, ist hier undenkbar, da die Beurteilung einer komplexen Lösungsvariante eines tiefen Verstehens und Durchdringens des Sachverhalts bedarf. Auch der populäre Einsatz computersimulierter Testaufgaben mit dem Ziel, die mangelnde Verfügbarkeit von vielen Bewertungsexperten zu umgehen, muss sehr kritisch beurteilt werden. Das Setting einer Simulationsumgebung schränkt Lösungsvarianten meist stark ein. Das softwaregestützte automatische Auszählen von ‚Mausklicks' auf sich überlagernde Fenster am Bildschirm als Grundlage zur Kompetenzdiagnostik hat oftmals wenig mit der Bewältigung realer beruflicher Problemlagen zu tun.

Literatur

Asendorpf, J./Wallbott, H.G. (1979): Maße der Beobachterübereinstimmung: Ein systematischer Vergleich. In: Zeitschrift für Sozialpsychologie 10, S. 243–252.

Beck, K. (1980): Die Bedeutungsüberschneidung von Beschreibungskategorien als Problem der Unterrichtsforschung – Eine methodenkritische Untersuchung am Beispiel des Ratingverfahrens. Forschungsbericht Nr. 6. Otto-Selz-Institut für Psychologie und Erziehungswissenschaft. Universität Mannheim.

Grollmann, P./Haasler, B. (2009): Berufliche Kompetenzentwicklung als Maßgabe für die Qualität beruflicher Bildung – Vorstellung eines Instruments. In: Münk, H.-D./ Weiß, R. (Hrsg.): Qualität in der Beruflichen Bildung – Forschungsergebnisse und Desiderata. Bielefeld: Bertelsmann. Bundesinstitut für Berufsbildung (BIBB) in Zusammenarbeit mit der Arbeitsgemeinschaft Berufsbildungsforschungsnetz (AG BFN), S. 69–89.

Gruschka, A. (1985): Wie Schüler Erzieher werden. Wetzlar: Büchse der Pandora.

Haasler, B. (2010): Berufliche Kompetenzen angehender Elektroniker: Zwischenergebnisse zur Kompetenzdiagnostik aus einem Schul-Modellversuch der Bundesländer Bremen und Hessen. In: Becker, M./Fischer, M./Spöttl, G. (Hrsg.): Von der Arbeitsanalyse zur Diagnose beruflicher Kompetenzen. Frankfurt am Main: Lang, S. 177–193.

Haasler, B./Rauner, F. (2010): Messen beruflicher Kompetenz: Konzept einer Large-Scale-Untersuchung und erste empirische Ergebnisse. In: Münk, H.-D./Schelten, A. (Hrsg.): Kompetenzermittlung für die Berufsbildung – Verfahren, Probleme und Perspektiven im nationalen, europäischen und internationalen Raum. Bielefeld: Bertelsmann, S. 77–99.

Haasler, B./Rauner, F. (2010): Messen beruflicher Kompetenzen – eine methodische Herausforderung. In: Lernort Betrieb – Zeitschrift zur Nachqualifizierung von Erwachsenen, H. 4/2010, S. 16–19.

Haasler, B./Maurer, A. (2011): Bewertung von Lösungen gestaltungsoffener Testaufgaben zur Messung berufsfachlicher Kompetenzen: Möglichkeiten und Schwierigkeiten einer internationalen Vergleichbarkeit. In: Schwenger, U./Howe, F./Vollmer, T./Hartman, M./Reichwein, W. (Hrsg.): bwp@ Spezial 5 – Hochschultage Berufliche Bildung 2011 Fachtagung 08 „Elektrotechnik-Informatik & Metalltechnik". www.bwpat.de/ht2011/ft08/haasler_maurer_ft08-ht2011.pdf (Abruf 3.4.2012).

Rauner, F. (2009): 800chinesische Auszubildende nehmen am KOMET-Projekt teil. In: ZBW –Zeitschrift für Berufs- und Wirtschaftspädagogik 105, S. 330–331.

Rauner, F./Haasler, B./Heinemann, L./Grollmann, P. (2009a): Messen beruflicher Kompetenzen – BandI: Grundlagen und Konzeption des KOMET-Projektes. Berlin et al.: LIT.

Rauner, F./Heinemann, L./Piening, D./Haasler, B./Maurer, A./Erdwien, B./Martens, T./ Katzenmeyer, R./Baltes, D./Becker, U./Gille, M./Hubacek, G./Kullmann, B./Landmesser, W. (2009b): Messen beruflicher Kompetenzen – BandII: Ergebnisse KOMET 2008. Berlin et al.: LIT.

Rauner, F./Heinemann, L./Maurer, A./Ji, L./Zhao, Z. (2011): Messen beruflicher Kompetenzen – Band III: Drei Jahre KOMET-Testerfahrung. Berlin et al.: LIT.

Shrout, P.E./Fleiss, J.L. (1979): Intraclass Correlations: Uses in Assessing Rater Reliability. In: Psychological Bulletin 86, S. 420–428.

Wirtz, M./Caspar, F. (2002): Beurteilerübereinstimmung und Beurteilerreliabilität. Göttingen: Hogrefe.

Richard Münch

Mit dem PISA-Express in die globale Wissensgesellschaft[1]

PISA ist ein wesentlicher Bestandteil eines politischen Programms, das darauf setzt, durch bessere Bildung in der Spitze und in der Breite die internationale Wettbewerbsfähigkeit und zugleich die Inklusionskraft eines Landes zu steigern und auf diese Weise die Leistungs- und Inklusionsdefizite des Wohlfahrtsstaates beseitigen zu können. Das ist die Zielsetzung des Wachstums- und Beschäftigungsprogramms der OECD wie auch der Lissabon-Strategie der Europäischen Union und ihrer Fortsetzung im Programm Europa 2020. Die Verwirklichung dieser Programmatik bedeutet die Ablösung des Wohlfahrtsstaates durch den Wettbewerbsstaat. Nach der Zielsetzung dieser Mobilisierung aller Bildungsressourcen soll es auf allen Seiten nur Gewinner geben. Die Voraussetzung dafür soll das Verständnis von Bildung als Humankapital schaffen, nach dem Investitionen in Bildung eine mehr oder weniger hohe Rendite versprechen.

Der Leistungswettbewerb um PISA-Punkte

PISA soll den teilnehmenden Ländern zeigen, wo sie sich auf dem Weg zur Steigerung ihrer Wirtschafts- und Inklusionsleistungen befinden. Das impliziert, dass PISA als ein Instrument der Umstellung des Bildungsprozesses in seiner jeweiligen, von nationalen Traditionen bestimmten Eigenart auf die Produktion von Humankapital nach gleichem Muster zu verstehen ist. Der initiierte Leistungswettbewerb um die bestmögliche Positionierung im Feld erzeugt indessen nicht nur Gewinner, sondern auch Verlierer. In letzter Konsequenz führt die Institutionalisierung des Leistungswettbewerbs um PISA-Punkte und um weitere nationale Leistungspunkte zu einer Stratifikation der Bildungseinrichtungen und der Bildungsabschlüsse nach dem Rang der jeweiligen Schule, wenn keine Gegensteuerung zur Angleichung

---

1 Es handelt es sich um einen Wiederabdruck des gleichnamigen Beitrags im Kongressband des 35. Kongresses der Deutschen Gesellschaft für Soziologie (DGS), der sich derzeit im Erscheinen befindet (Soeffner 2012).

der Bildungschancen erfolgt. Wird auch das Einkommen überwiegend an den Markterfolg und den vorausgehenden Bildungserfolg geknüpft und sind keine Gegenkräfte der Dekommodifizierung am Werk (Esping-Andersen 1990), dann ist der Leistungswettbewerb im Bildungssystem die Grundlage für eine ausgeprägte Stratifikation der Gesellschaft in Einkommensklassen mit einem großen Abstand zwischen den Lebensverhältnissen in den oberen Rängen und denjenigen in den unteren (McNamee/Miller 2004). Eine solche Gesellschaft erzeugt in hohem Maße relative Exklusion (Münch 2009). Die Erfolglosen sehen sich an den Rand einer reichen Gesellschaft gedrängt und quittieren diese relative Deprivation mit Abwendung von der Gesellschaft, die sich in Resignation, Rückzug, Kriminalität und Rebellion äußert. Infolgedessen unterliegt das Programm, das den Wohlfahrtsstaat durch den Wettbewerbsstaat und in besonderer Gestalt durch den Bildungsstaat ersetzen will, im Hinblick auf das damit verbundene Inklusionsversprechen einer Illusion. PISA schürt diese Illusion. Der Wettbewerb um PISA-Punkte produziert letzten Endes nicht nur Gewinner, sondern auch Verlierer, weil zu viel von Investitionen in die Bildung erwartet wird und weil nicht erkannt wird, dass der Leistungswettbewerb im Bildungssystem stratifikatorische Effekte mit sich bringt.

Zunächst einmal sorgt allerdings der PISA-Leistungswettbewerb dafür, dass jenseits der breiten Ausfächerung der Bildung eine Schulung der Basiskompetenzen aller Kinder und Jugendlichen gewährleistet wird und dadurch die leistungsschwächeren Schüler für ihre Selbstbehauptung auf dem Arbeitsmarkt tauglich gemacht werden. Gerade das deutsche Schulsystem hat in dieser Hinsicht Nachholbedarf. PISA schränkt die ermittelten Bildungsqualitäten auf Basiskompetenzen ein, von denen angenommen wird, dass jeder Bürger darüber verfügen muss, um sich auf dem Arbeitsmarkt behaupten zu können. Entscheidend ist demnach kein Bildungskanon, sondern die Befähigung für den Arbeitsmarkt. Deshalb kann man sich auf Basiskompetenzen in Lesen, Mathematik und Naturwissenschaft beschränken. Und man testet diese Kompetenzen bei fünfzehnjährigen Schülern, unabhängig von der Schulart und der Klassenstufe, die sie besuchen, weil angenommen wird, dass die Jugendlichen in diesem Alter solche Kompetenzen besitzen müssen, um ausreichend für den Arbeitsmarkt vorbereitet zu sein. Das adäquate Konzept dafür ist das angloamerikanische Verständnis von ‚literacy' bzw. ‚scientific literacy', das auf literarische und fachliche Ausdifferenzierung verzichtet und sich darin fundamental von der in Deutschland bislang dominanten klassischen Idee der Bildung unterscheidet (Baumert et al. 2001).

Das mäßige Abschneiden der deutschen Schüler im PISA-Test kann auch darauf zurückgeführt werden, dass sie mit einem breit ausdifferenzierten Bildungskanon überfordert werden, der bei vielen von ihnen den Erwerb der von PISA getesteten Basiskompetenzen verhindert. Eine wesentliche Ursache für die große Diskrepanz zwischen den leistungsstarken und den leistungsschwachen Schülern dürfte das stratifizierte Schulsystem sein. Außerdem behindert die mit diesem System verbundene Betonung von Selektion, Fachunterricht und kognitiven Fähigkeiten die Förderleistungen und die Inklusionskraft der deutschen Schulen. Das wird auch durch die große Zahl von Zurückgestellten und Klassenwiederholern sowie durch die umfangreiche Inanspruchnahme von Nachhilfeunterricht bestätigt. Das System wird deshalb weder dem Humankapitalkonzept von PISA noch dem alten Demokratisierungsbestreben aus den 1970er Jahren gerecht.

Mit der Einstellung auf die Basiskompetenzen der PISA-Testreihe kann vermutlich die Beschäftigungsfähigkeit der leistungsschwächeren Schüler verbessert werden. Das bedeutet aber lediglich die Fähigkeit zur Teilnahme am Wettbewerb um weitere Bildungsqualifikationen und um Beschäftigung. Dieser Wettbewerb wird im Bezugsrahmen der Umstellung von wohlfahrtsstaatlicher Absicherung gegen Marktrisiken auf die Beschäftigungsfähigkeit erheblich verschärft. Die Intensivierung dieses Wettbewerbs zeigt sich darin, dass jetzt schon im Kindergartenalter zum Beispiel durch Sprachenlernen die Grundlagen für spätere Markterfolge gelegt werden müssen (Brown 2000; Weenink 2007; 2008) und nach dem von der OECD wie auch von der EU forcierten Konzept des lebenslangen Lernens in jeder Lebensphase neue Qualifikationen zu erwerben sind, um sich auf dem Arbeitsmarkt behaupten zu können (Tuschling/Engemann 2006; Neidhardt 2006; Jakobi 2009). In diesem Zusammenhang ist PISA ein Teil des generellen Programms der Ablösung des Wohlfahrtsstaates durch den Wettbewerbsstaat (Hirsch 1995; Cerny 1997; Münch 2009). Für den Wettbewerbsstaat ist die Bildung der Bevölkerung ein entscheidender Faktor im internationalen Wettbewerb um die Attraktion von Investoren. Bildung als Humankapital verstanden ist von zentraler Bedeutung für die Befähigung der Individuen zur Selbstbehauptung auf den globalisierten Märkten. Da der Staat in entgrenzten Räumen nur in beschränktem Maße mittels territorialer Gesetzesmacht und mittels Disziplinarmacht für die gesellschaftliche Ordnung sorgen kann, muss er umso mehr auf die Selbstregierung voll gebildeter Bürger setzen. Für Foucault ist darin das Kennzeichen der gegenwärtigen Entwicklungsstufe der Regierungskunst zu sehen, die er als neoliberale Gouvernementalität bezeichnet (Foucault 2006; Peters 2001; 2005; Simons 2002; Miller 2003; Bröckling 2007; Cerny 2008).

PISA-Basispunkte garantieren nicht mehr als Beschäftigung überhaupt. Auf welcher Stufe das sein wird, entscheidet sich erst im weiteren Wettbewerb. In dieser Hinsicht fördert PISA ein Bildungsmodell, das nicht mehr auf einen staatsbürgerlich konsentierten Bildungskanon ausgerichtet ist, sondern auf die beliebige Sammlung von Kompetenzen nach Bedarf. Die globale Dimension des Wettbewerbs um Bildungstitel bedeutet indessen, dass für die breite Masse ohne prestigereiche Titel von Elitehochschulen Investitionen in die Bildung nicht die versprochene Rendite bringen (Brown/Lauder/Ashton 2010).

Die Umsetzung des Marktmodells der Bildung führt in der Tendenz zu einer breiteren Ausfächerung von spezialisierten Bildungs- und Weiterbildungsangeboten. Wo dafür, wie in Großbritannien, die Voraussetzungen der freien Gestaltung von Bildungsangeboten und der freien Schulwahl geschaffen worden sind, hat das zu einer Differenzierung des Sekundarschulbereichs in Spezialschulen, zum Beispiel mit humanistischem, naturwissenschaftlichem, technischem oder wirtschaftlichem Profil geführt. Dieselbe Differenzierung hat sich nach der Umstellung des staatlichen Bildungssystems in einen Bildungsmarkt mit öffentlichen und privaten Angeboten in Schweden ergeben. Der Wettbewerb zwischen Schulen und die freie Schulwahl sind wesentliche Elemente der Verwirklichung von New Public Management im Bildungssystem. Die Idee der freien Schulwahl wurde in den USA von dem späteren Ökonomienobelpreisträger Milton Friedman (1955) schon im Jahre 1955 in die öffentliche Debatte geworfen. Der Staat sollte nach dieser Idee nicht die Schulen finanzieren, sondern die Eltern mit Gutscheinen ausstatten, die damit frei entscheiden können, in welche Schule sie ihre Kinder schicken wollen. Mit der Idee der freien Schulwahl verbindet sich wiederum das Interesse an Leistungsvergleichen durch Rankings. Wie sich in Großbritannien und in den USA beobachten lässt, ergibt sich aus dieser Übertragung des Marktparadigmas und der Philosophie des Wettbewerbs auf das Bildungssystem eine wachsende Segregation der Schülerschaft nach ihrer sozialen Herkunft (Burgess et al. 2004; Burgess/Wilson/Lupton 2005; Johnston et al. 2006; Sohoni/Saporito 2009; Lubienski/Gulosino/Weitzel 2009). Eine Studie zur Situation in England kommt zu dem Schluss „Markets in which there are more schools are markets in which there is more ability sorting", wobei „ability sorting" mit „sorting at the school level by income and ethnicity" korreliert ist (Burgess et al. 2004). Es zeigt sich derselbe Effekt wie auf dem freien Wohnungsmarkt. Die theoretische Erklärung dafür bietet Peter Blaus (1977) Studie über Ungleichheit und Heterogenität. Je größere Freiheit in der Beziehungswahl besteht und je mehr Chancen der Markt für Wohnen, Heiraten oder Bildung dafür bietet, umso stärker wird die Segregation nach Gruppenzugehörigkeit ausgeprägt sein. Der Bildungsmarkt erzeugt kumulativ denselben Effekt, wie er in Deutschland in Gestalt des stratifizierten Schulsystems bislang fest institutionalisiert ist.

Allerdings muss berücksichtigt werden, dass in Großbritannien und noch mehr in den USA bisher die Segregation der Wohnbezirke die entscheidende Ursache für die Verteilung der Schulkinder auf mehr oder weniger leistungsfähige Schulen war. Dieser Faktor bleibt auch nach der Einführung der freien Schulwahl wirksam, weil das Einkommen und die daran gebundene Wohnsituation der Eltern nach wie vor maßgeblich beeinflussen, welchen Gebrauch die Eltern von der freien Schulwahl machen. Es ist sogar festgestellt worden, dass nicht mehr als ein bis zwei Prozent der Eltern überhaupt davon Gebrauch machen, wenn ihnen angeboten wird, ihr

Kind von einer ‚schlechter' eingestuften in eine ‚besser' bewertete Schule zu schicken (Ravitch 2010). Freie Schulwahl ist fast ausschließlich eine Sache der wohlsituierten Elternhäuser. Infolgedessen können unterstützende Maßnahmen – wie der kostenfreie Transport zur Schule und die finanzielle Belohnung von Schulen, die benachteiligte Kinder aufnehmen – gegenüber den bislang herrschenden Verhältnissen sogar desegregierend wirken (Taylor/Gorard 2001; Taylor 2009). Allerdings verlangt das ausdrücklich Maßnahmen, die dem sonst wirksamen Motiv der besser gestellten Familien entgegenlaufen, ihre Kinder in besseren Schulen gegenüber Kindern aus bildungsferneren Haushalten abzusondern. Letztlich käme man mit dieser Politik sogar bei einer Einschränkung der Wahlfreiheit für die besser gestellten Schichten an, wie das in den USA im Gefolge der Bürgerrechtsbewegung mit dem School busing im Interesse der Desegregation der Schulen praktiziert wurde. Der Effekt dieser Politik war allerdings, dass die besser gestellten Eltern ihre Kinder vermehrt in Privatschulen geschickt haben.

PISA repräsentiert die Markt- und Wettbewerbsphilosophie auf der Ebene des internationalen Vergleichs, deren konsequente Umsetzung in den nationalen Bildungssystemen einen Wettbewerb der Schulen um Platzierungen in standardisierten Leistungstests und eine freie Schulwahl nahe legt. Die zugrunde liegende Philosophie folgt Friedrich A. von Hayeks (1945; 1969) Lehre vom Wettbewerb als Entdeckungsverfahren, als ein jeder zentralen Regelungskompetenz überlegenes Instrument der Suche nach Ideen und Problemlösungen in einer an sich unübersichtlichen, komplexen und nicht von einem überlegenen Standpunkt aus zu durchschauenden Welt. Auf ihrer Abstraktionshöhe hat die von Hayeksche Philosophie des Wettbewerbs als Entdeckungsverfahren ihre unbestreitbare Richtigkeit. So ist ein offener Wettbewerb zwischen einer Vielzahl von Forscherinnen und Forschern mit Sicherheit die beste Voraussetzung, um Dogmenbildung zu verhindern. Auf dem Investitions- und Konsumgütermarkt sorgt der Wettbewerb für fortlaufende Innovationen und ein vielfältiges Angebot, immer vorausgesetzt, dass es dominanten Akteuren nicht gelingt, den Marktzutritt für neue Wettbewerber zu beschränken. Genau das ist aber in der konkreten Wirklichkeit vielfach der Fall.

Besonders weit entfernt von den Voraussetzungen des von Hayekschen Marktmodells sind Quasi-Märkte, das heißt Marktsimulationen, die im Zuge neoliberaler Reformen eingeführt worden sind, so insbesondere bei der Privatisierung öffentlicher Dienstleistungen und der Verwirklichung von New Public Management (Binswanger 2010). In aller Regel handelt es sich dabei nicht um einen offenen Wettbewerb zwischen einer Vielzahl von Leistungsanbietern und Leistungsabnehmern, sondern um eine Dreieckskonstellation zwischen dem Nachfragemonopol staatlicher Behörden, dem Oligopol von Leistungsanbietern, die sich auf die Einwerbung öffentlicher Aufträge spezialisiert haben, und den Bürgern als nachrangige Konsumenten dieser Leistungen (Crouch 2007). In dieser Konstellation ist es für die betroffenen Bürger kaum noch möglich, politischen Einfluss auf die Gestaltung der Leistungen zu nehmen. Gleichzeitig haben sie jedoch nur beschränkte Marktmacht, weil es zum Leistungsangebot des Oligopols kaum Alternativen gibt. Auch PISA fällt in diese Kategorie einer von staatsbürgerlicher Konsentierung befreiten Dienstleistung, für die es in diesem Fall sogar gar kein konkurrierendes Angebot gibt. Das PISA-Konsortium von fünf Evaluationsinstituten besitzt auf der internationalen Ebene ein Monopol über die Definition von Bildungsstandards. Das wiegt umso schwerer, als jede Menge von Alternativen zum PISA-Test denkbar wären.

Reproduktion von Ungleichheit im schulischen Wettbewerb

Man kann hier beobachten, wie sich eine neue Form der nicht-legitimen Herrschaft herausbildet. Einerseits fehlt PISA die bislang im nationalen Kontext übliche Konsentierung über einen Bildungskanon, andererseits gibt es keine konkurrierenden Angebote. Letztlich müssen die Bürger eine Definition von Bildungsstandards hinnehmen, zu der sie nicht befragt worden sind. Das gilt auch grundsätzlich für Sinn und Zweck von Leistungstests wie PISA. Sie haben weitreichende Konsequenzen, die diskussionswürdige Fragen aufwerfen. Dazu gehören neben der Beseitigung kultureller Diversität durch die weltweit gleiche Reduktion von Bildung auf Basiskompetenzen, der Ersetzung eines Bildungskanons durch Bildungsstandards und der Verdrängung von Bildung durch Humankapital eine Reihe weiterer Folgen. Festzustellen ist insbesondere die einseitige Fixierung auf kognitive Kompetenzen, die Überwucherung des Unterrichts durch standardisierte Leistungstests, die Verdrängung der pädagogischen Beziehung zwischen Lehrern und Schülern durch Unterrichts- und Lerntechnologie, die Stigmatisierung von Verliererschulen und die Erzeugung und Verfestigung einer Stratifikation zwischen Schulen, die unter ganz unterschiedlichen Bedingungen am Wettbewerb teilnehmen, so dass die einen systematisch in eine Aufwärtsspirale und die anderen in eine Abwärtsspirale gezwungen werden. Ein Großteil der Schüler muss deshalb mit dem Stigma leben, eine schwache oder nur mittelmäßige Schule zu besuchen. Die Folge davon ist Demotivierung statt Motivierung. An den Tabellen des internationalen und nationalen Sports ist das gut zu beobachten. Es wird der Matthäus-Effekt befördert, nach dem Leistungsvorteile zunehmend akkumuliert werden und weitgehend auf Dauer feststeht, wer oben und wer unten rangiert (Merton 1968). So erzeugen fortlaufende Leistungsvergleiche letztlich eine Stratifikation im Schulsystem, die sich nicht von der Realität des dreigliedrigen deutschen Systems unterscheidet. Die Folgen von PISA bestehen deshalb nicht wie beabsichtigt in der verbesserten Inklusionskraft des Schulsystems. Bei der Einführung des Leistungswettbewerbs in das Bildungssystem ergibt sich ein sich fortlaufend verstärkender Schließungseffekt, weil Bildung ein

Statusgut darstellt, wie Marginson (1997a; 1997b) anlässlich entsprechender Reformen in Australien gezeigt hat. Das wird von den Befürwortern des Leistungswettbewerbs in der Regel übersehen, die annehmen, dass der Wettbewerb wie in anderen Funktionsbereichen der Gesellschaft auch im Bildungssystem das Leistungsniveau verbessert (siehe zum Beispiel Wößmann 2005; Hanushek/Wößmann 2007). Dabei wäre allerdings grundsätzlich zu klären, um welche Art von Wettbewerb es in den jeweiligen Funktionsbereichen geht. Vielfach handelt es sich dabei lediglich um die Kolonisierung vormals nach eigenen Regeln arbeitender Funktionsbereiche durch die Ökonomie einschließlich der Beschränkung des Wettbewerbs durch Marktmacht. Im Bildungssystem ergibt die Einführung des Leistungswettbewerbs ohne Gegenmaßnahmen eine Konzentration von Ressourcen in den Spitzeneinrichtungen, die in der Breite fehlen, so dass insgesamt ein eher geringeres Leistungsniveau erreicht wird. In der Spitze werden mit materiell an sich überflüssigen Ressourcen Prestigewerte produziert, in der Breite beeinträchtigen fehlende Ressourcen die Leistungsfähigkeit.

Es ist erstaunlich, mit welcher Leichtigkeit von Fachvertretern der Ökonomie die Marktmetapher bemüht wird, wenn in einem bisher anders geregelten Funktionsbereich ein Leistungswettbewerb eingeführt wird. Das gilt schon für Milton Friedman (1955), der in den USA in den 1950er Jahren einen durch Bildungsgutscheine organisierten Bildungsmarkt vorgeschlagen hat (siehe Oelkers/Mangold/Rhyn 2005). Durch den Leistungswettbewerb entsteht noch kein Bildungsmarkt, der den Maßstäben eines ideal funktionierenden Marktes entspricht. Ein solcher Markt benötigt sowohl auf der Angebotsseite als auch auf der Nachfrageseite vollständige Offenheit, Vielfalt und Souveränität, so dass beliebige Angebote auf beliebige Nachfrage treffen können. Das ist jedoch bei dem institutionellen Arrangement, das als Bildungsmarkt bezeichnet wird, überhaupt nicht der Fall, und zwar vor allem deshalb, weil es keine Konsumentensouveränität gibt. Vielmehr wird durch Leistungsvergleiche und daraus resultierende Ranglisten ein Angebotsmonopol geschaffen, das den Schulen diktiert, welche Maßnahmen sie zu treffen haben, um im Leistungsvergleich zu reüssieren. Die Schulen sind gezwungen, das monopolistische Angebot des Leistungsvergleichs anzunehmen, weil sie anderenfalls aus der staatlichen Finanzierung herausfallen würden. Dieses System funktioniert ähnlich wie die Zentralverwaltungswirtschaft im ehemaligen Staatssozialismus. Die Folge davon ist die ausschließliche Fokussierung der Produktion auf die zentral festgesetzten Kennziffern und damit die Überinvestition von Ressourcen in die gesetzten Ziele und die Unterinvestition in Ziele, die nicht im Testprogramm repräsentiert sind.

Die Eltern verfügen in diesem System über keine Konsumentensouveränität, weil sie sich an der Rangliste orientieren müssen, die vorgängig in einem Verfahren durch Ausübung eines Angebotsmonopols erzeugt worden ist. Die Rangliste bedient dann unmittelbar das Distinktionsbedürfnis der

Eltern. Sie wollen ihre Kinder in diejenigen Schulen schicken, die durch ihren Rangplatz das höchste Bildungsprestige vermitteln. Die ranghohen Schulen können allerdings nicht jeden Schüler aufnehmen, wenn sie an der Spitze bleiben wollen. Sie müssen darauf abzielen, in einem Auswahlverfahren möglichst wenige Schüler und vor allem nur die besten zuzulassen, um eine günstige Betreuungsrelation und eine leistungsstarke Schülerpopulation zu haben. Das heißt, sie müssen die meisten Bewerber abweisen. Ihr Rang ist dann unmittelbar mit der Zahl der abgewiesenen Bewerber korreliert. Man könnte darin eine perfekte Verwirklichung des meritokratischen Prinzips erkennen, muss dabei aber ignorieren, dass die Erfolgschancen der Bewerber bei einem solchen Auswahlverfahren stark vom kulturellen Kapital, das heißt von den sozialen und kognitiven Kompetenzen abhängt, die im Elternhaus vermittelt wurden. In der Regel werden die Eintrittsschwellen zusätzlich durch verbindliches Schulgeld oder auch durch freiwillige Spenden erhöht. Auf jeden Fall ist das ein Verfahren der Verteilung der Schüler auf Schulen, das in hohem Maße ererbte Startvorteile zementiert.

Statt eines offenen Bildungsmarktes besteht hier eine perfekte Korrelation zwischen der Stratifikation des Bildungsangebots und der Stratifikation der Nachfrageseite, vermittelt durch das Angebotsmonopol zentraler Leistungsvergleiche. Will man an dem Modell festhalten und trotzdem Chancen für die familiär benachteiligten Kinder gewähren, dann muss ein komplettes System der außerfamilialen Erziehung von Geburt an eingerichtet werden. Gleichzeitig wird dadurch aber der Leistungswettbewerb zwischen den Kindern schon in das Kindergartenalter vorverlegt, mit dem Effekt der systematischen Zersetzung des sozialen Kapitals der Gesellschaft in Gestalt von Vertrauen, Kooperationsbereitschaft und Selbstwertgefühl auch derjenigen Kinder und Jugendlichen, die kognitiv nicht mithalten können. Studien zu den Effekten des Testregimes in den USA zeigen, dass die soziale Herkunft der entscheidende Prädiktor für das Abschneiden bei den Leistungstests ist, sowohl im Vergleich der Schüler als auch im Vergleich der Schulen mit ihrer je verschiedenen sozialen Zusammensetzung. Dem Testregime wird deshalb vorgeworfen, die besser gestellten Kinder massiv zu bevorteilen und soziale Ungleichheit zu zementieren, weil die weiteren Karrierechancen vom Abschneiden in den Leistungstests abhängen. Durch die Leistungstests werden Vor- und Nachteile der sozialen Herkunft in eine legitime Rangordnung nach scheinbar meritokratischen Prinzipien umgemünzt (Bourdieu 1982). Durch das Testregime wird den Schulen nicht der Spielraum gegeben, der sie dazu befähigen würde, Benachteiligungen durch die soziale Herkunft mittels motivierender und fördernder pädagogischer Arbeit auszugleichen (Sacks 1999; 2007; McNamee/Miller 2004; Nichols/Berliner 2007; Payne 2008).

Eine in frühzeitigen, schon bei Geburt beginnenden Leistungswettbewerb nach zentral definierten Kennziffern umgesetzte Meritokratie endet in der krudesten Form des Sozialdarwinismus. Welche Nebenerscheinungen dieser Leistungswettbewerb mit sich bringt, lässt sich anhand der Auswüchse des Spitzensports beobachten, die vom systematischen Raubbau an den körperlichen Kräften über das Doping bis zur Heranzüchtung der erforderlichen körperlichen Eigenschaften im Kindesalter reichen (Bette/Schimank 2006). In letzter Konsequenz endet dieser Leistungswettbewerb ohne Grenzen in der Menschenzucht mit Hilfe der Gentechnik. Zu dieser technisch fortgeschrittenen Art des Sozialdarwinismus gehört dann auch die systematische Produktion von Ausschuss in Gestalt all derjenigen Menschen, die in Resignation, Alkoholismus oder Drogenabhängigkeit fallen. Vollkommen in Vergessenheit gerät dabei die Kindheit als eine Phase der kreativen Selbstfindung und der Entwicklung von Selbstvertrauen, sozialem Vertrauen und sozialen Kompetenzen.

Ein Schulsystem, das nicht diesem Modell des Sozialdarwinismus verfallen will, verzichtet bis zum höheren Sekundarschulabschluss auf die Kolonisierung des Schulbetriebs durch ein überbordendes Testregime und konzentriert sich auf den Bildungsprozess nach pädagogischen Maßstäben. Alles spricht dafür, dass ein solches System der Gesellschaft ein größeres Potential an sozialem und kulturellem Kapital bereitstellt. Das lässt sich gut in den skandinavischen Ländern beobachten.

Bei allem Setzen auf den Wettbewerb wird darüber hinweggesehen, dass vorher unvergleichbare komplexe Leistungen vereinfacht und in eine Rangfolge gebracht und einseitig Indikatoren des Leistungsvergleichs festgesetzt werden. Es tritt vor allem eine Schließung des Wettbewerbs derart ein, dass die Sieger in eine Aufwärtsspirale und die Verlierer in eine Abwärtsspirale gebracht werden. Bildung ist aber in einer demokratischen Gesellschaft kein Leistungssport, bei dem eine kleine Elite an der Spitze auch mittels Doping zu immer besseren Leistungen gelangt und der Rest der Bevölkerung zuschaut, sondern eine Sache, bei der die Inklusion der gesamten Bevölkerung den Vorrang vor der Selektion der Besten hat. Eine auf Inklusion und Förderung ausgerichtete Schule wird aber durch den Leistungswettbewerb zwischen den Schulen gerade verhindert, weil der Wettbewerb zu viele Verlierer hervorbringt und einseitig auf kognitive Kompetenzen setzt. Er zieht zu viele Ressourcen und zu viel Zeit auf sich und steckt sie in eine wuchernde Apparatur von Berichtspflichten und Leistungstests. Genau diese Ressourcen fehlen der pädagogischen Arbeit selbst.

Der amerikanische Ökonomienobelpreisträger James Heckman hat zusammen mit weiteren Forschern nachdrücklich darauf hingewiesen, welch große Bedeutung die Förderung sozialer Kompetenzen wie Motivation, Selbstwertgefühl, Selbstdisziplin und Kooperationsfähigkeit für den Schulerfolg selbst und später für beruflichen Erfolg haben (Heckman 2000; Heckman/Stixrud/Urzua 2006). Das gilt gerade auch für die kognitiv weniger leistungsfähigen Schüler. Es ist schwer vorstellbar, dass eine einseitig auf zentralisierte Leistungstests ausgerichtete Schule diese sozialen Kompetenzen fördert. Statt den leistungsschwächeren Schülern durch pädagogische Arbeit einen Zugang zur Gesellschaft zu verschaffen, werden sie von einer solchen Programmatik eher erst recht auf die Verliererstraße geschickt. Das wird insbesondere dann geschehen, wenn den Lehrern mangels Betreuungskapazität nichts anderes übrig bleibt, als der erhöhten Frequenz von Leistungstests durch die Erhöhung der Leistungsanforderungen zu begegnen. Natürlich lernen sie, wie man dabei Erfolge erzielt; und sie werden ihren Unterricht reaktiv immer besser auf die erwarteten Prüfungsaufgaben einstellen. Der Pädagoge wird auf die Rolle des Einpeitschers reduziert.

Wie wenig in den USA in den innerstädtischen Schulen einkommensschwacher und bildungsferner Nachbarschaften in 25 Jahren der Reform mit Fokus auf Leistungstests und kognitive Kompetenzen erreicht wurde, zeigt eine Studie mit dem vielsagenden Titel *So Much Reform, So Little Change* (Payne 2008). Ganz zur Seite gedrängt wird bei der Fixierung der Bildungspolitik auf die Steigerung kognitiver Kompetenzen die Idee, dass die Schule ein Feld der Sozialisation ist, in dem die moralische Entwicklung der künftigen Staatsbürger, die Heranbildung von Selbstvertrauen, sozialem Vertrauen, Mitgefühl, Kooperation und sozialer Verantwortung genauso wichtig sind wie die Förderung der kognitiven Kompetenzen. Bei Emile Durkheim (1976), George Herbert Mead (1968), John Dewey (1916/1993), Talcott Parsons (1964) und Robert Dreeben (1980) war das noch ganz klar. Von diesen Erkenntnissen hat sich die neue Bildungsforschung weit entfernt.

Literatur

Baumert, J./Klieme, E./Neubrand, M./Prenzel, M./Schiefele, U./Schneider, W./Stanat, P./Tillmann, K.-J./Weiß, M. (Hrsg.) (2001): PISA 2000. Basiskompetenzen von Schülerinnen und Schülern im internationalen Vergleich. Opladen: Leske+Budrich.

Bette, K.-H./Schimank, U. (2006): Doping im Hochleistungssport. 2., erweiterte Auflage. Frankfurt am Main: Suhrkamp.

Binswanger, M. (2010): Sinnlose Wettbewerbe. Warum wir immer mehr Unsinn produzieren. Freiburg: Herder.

Blau, P.M. (1977): Inequality and Heterogeneity. A Primitive Theory of Social Structure. New York: Free Press.

Bourdieu, P. (1982): Die feinen Unterschiede. Frankfurt am Main: Suhrkamp.

Bröckling, U. (2007): Das unternehmerische Selbst. Frankfurt am Main: Suhrkamp.

Brown, P./Lauder, H./Ashton, D. (2010): The Broken Promises of Education, Jobs and Incomes. Oxford: Oxford University Press.

Brown, P. (2000): The Globalization of Positional Competition? In: Sociology 34, S. 633–653.

Burgess, S./McConnell, B./Propper, C./Wilson, D. (2004): Sorting and Choice in English Secondary Schools. CMPO Working Paper Series No. 04/111.

Burgess, S./Wilson, D./Lupton, R. (2005): Parallel Lives? Ethnic Segregation in Schools and Neighbourhoods. In: Urban Studies 42, S. 1027–1056.

Cerny, P.G. (1997): Paradoxes of the Competition State: The Dynamics of Globalization. In: Government and Opposition 32, S. 251–274.

Cerny, P.G. (2008): The Governmentalization of World Politics. In: Kofman, E./ Youngs, G. (Hrsg): Globalization: Theory and Practice. London: Continuum, S. 221–236.

Crouch, C. (2007): Kommerzialisierung oder Staatsbürgerschaft. Bildungspolitik und die Zukunft des öffentlichen Dienstes. In: Mackert, J./Müller, H.P. (Hrsg.): Moderne (Staats)Bürgerschaft. Wiesbaden: VS, S. 167–212.

Dewey, J. (1916/1993): Demokratie und Erziehung. Eine Einleitung in die philosophische Pädagogik. Aus dem Amerikanischen von E. Hylla. Hrsg. mit einem Nachwort von J. Oelkers. Weinheim: Beltz.

Dreeben, R. (1980): Was wir in der Schule lernen. Frankfurt am Main: Suhrkamp.

Durkheim, E. (1976): Soziologie und Philosophie. Frankfurt am Main: Suhrkamp.

Esping-Andersen, G. (1990): The Three Worlds of Welfare Capitalism. Cambridge: Polity Press.

Foucault, M. (2006): Geschichte der Gouvernementalität. 2 Bände. Frankfurt am Main: Suhrkamp.

Friedman, M. (1955): The Role of Government in Education. In: Solo, R.A. (Hrsg.): Economics and the Public Interest. New Brunswick, N.J.: Rutgers University Press.

Hanushek, E.A./Wößmann, L. (2007): The Role of Education Quality in Economic Growth. World Bank Policy Research Working Paper 4122. Washington.

Heckman, J. (2000): Policies to Foster Human Capital. In: Research in Economics 54, S. 3–56.

Heckman, J./Stixrud, J./Urzua, S. (2006): The Effects of Cognitive and Noncognitive Abilities on Labor Market Outcomes and Social Behavior. In: Journal of Labor Economics 24, S. 411–482.

Hirsch, J. (1995): Der nationale Wettbewerbsstaat. Staat, Demokratie und Politik im globalen Kapitalismus. Berlin: ID-Archiv.

Jakobi, A.P. (2009): Die weltweite Institutionalisierung lebenslangen Lernens. Neoinstitutionalistische Erklärungen politischer Programmatiken. In: Koch, S./Schemmann, M. (Hrsg.): Neo-Institutionalismus in der Erziehungswissenschaft. Wiesbaden: VS, S. 172–189.

Johnston, R./Burgess, S./Wilson, D./Harris, R. (2006): School and Residential Ethnic Segregation: An Analysis of Variations across England's Local Education Authorities. In: Regional Studies 40, S. 973–990.

Lubienski, C./Gulosino, C./Weitzel, P. (2009): School Choice and Competitive Incentives: Mapping the Distribution of Educational Opportunities across Local Education Markets. In: American Journal of Education 115, S. 601–647.

Marginson, S. (1997a): Competition and Contestability in Australian Higher Education 1987–1997. In: Australian Universities' Review 40, H. 1, S. 5–14.

Marginson, S. (1997b): Markets in Education. Sydney: Allen&Unwin.

McNamee, S.J./Miller Jr., R.K. (2004): The Meritocracy Myth. Lanham, MD: Rowman&Littlefield.

Mead, G.H. (1968): Geist, Identität und Gesellschaft. Frankfurt am Main: Suhrkamp.

Merton, R.K. (1968): The Matthew Effect in Science. In: Science 159, S. 56–63.

Miller, T. (2003): Governmentality or Commodification? US higher education. In: Cultural Studies 17, S. 897–904.

Münch, R. (2009): Das Regime des liberalen Kapitalismus. Inklusion und Exklusion im neuen Wohlfahrtsstaat. Frankfurt am Main und New York: Campus.

Neidhardt, H. (2006): Zum lebenslangen Lernen gezwungen? 'Bildungspflicht' für Erwachsene. Bonn: Deutsches Institut für Erwachsenenbildung.

Nichols, S.L./Berliner, D.C. (2007): Collateral Damage. How High Stakes Testing Corrupts America's Schools. Cambridge, Mass.: Harvard Education Press.

Oelkers, J./Mangold, M./Rhyn, H. (2005): Zur Problematik der öffentlichen Finanzierung von Bildung am Beispiel des Bildungsgutscheines. In: Bank, V. (Hrsg.): Vom Wert der Bildung. Bern, Stuttgart und Wien: Haupt, S. 289–330.

Parsons, T. (1964): Social Structure and Personality. New York: Free Press.

Payne, C.M. (2008): So Much Reform, So Little Change. The Persistence of Failure in Urban Schools. Cambridge, Mass.: Harvard Education Press.

Peters, M.A. (2001): Foucault And Governmentality: Understanding The Neoliberal Paradigm of Education Policy. In: The School Field XII (5/6), S. 59–80.

Peters, M.A. (2005): The New Prudentialism in Education: Actuarial Rationality and the Entrepreneurial Self. In: Educational Theory 55, S. 123–137.

Ravitch, D. (2010): The Death and Life of the Great American School System: How Testing and Choice are Undermining Education. New York: Basic Books.

Sacks, P. (1999): Standardized Minds. The High Price of America's Testing Culture and What We Can Do to Change It. New York: Da Capo Press (Perseus Books).

Sacks, P. (2007): Tearing Down the Gates. Confronting the Class Divide in American Education. Berkeley, CA: University of California Press.

Simons, M. (2002): Governmentality, Education and Quality Management. In: Zeitschrift für Erziehungswissenschaft 5, S. 617–633.

Soeffner, H.-G. (Hrsg.) (2012): Transnationale Vergesellschaftungen. Verhandlungen des 35. Kongresses der Deutschen Gesellschaft für Soziologie in Frankfurt am Main 2010. Wiesbaden, VS.

Sohoni, D./Saporito, S. (2009): Mapping School Segregation: Using GIS to Explore Racial Segregation between Schools and their Corresponding Attendance Areas. In: American Journal of Education 115, S. 569–600.

Taylor, C./Gorard, S. (2001): The Role of Choice in School Segregation: Placing the Impact of Parental Choice in Perspective. In: Environment and Planning A 33, S. 1829–1852.

Taylor, C. (2009): Choice, Competition and Segregation in a United Kingdom Urban Education Market. In: American Journal of Education 115, S. 549–568.

Tuschling, A./Engemann, C. (2006): Education to Lifelong Learning: The emerging regime of learning in the European Union. In: Educational Philosophy and Theory 38, S. 451–469.

von Hayek, F.A. (1945): The Use of Knowledge in Society. In: American Economic Review 35, S. 519–530.

von Hayek, F.A. (1969): Der Wettbewerb als Entdeckungsverfahren. In: Ders. (Hrsg.): Freiburger Studien. Tübingen: Mohr Siebeck, S. 249–265.

Weenink, D. (2007): Cosmopolitan and Established Resources of Power in the Education Arena. In: International Sociology 22, S. 492–516.

Weenink, D. (2008): Cosmopolitanism as a Form of Capital. In: Sociology 42, S. 1089–1106.

Wößmann, L. (2005): Educational Production in Europe. In: Economic Policy 20, S. 445–504.

Thomas Brüsemeister

Die Trias Kompetenzen/Bildungs-
standards/Evaluation als
Reproduktionsmechanismus des
funktional fragmentierten Schulsystems
Ein spitzer Kommentar

In das Schulsystem wurde eine neue Steuerungsarchitektur eingezogen: Auf der Basis von Kompetenzmodellen, die aus der Feder der pädagogischen Psychologie stammen, wurden Bildungsstandards entworfen. Durch regelmäßige Testungen soll ermittelt werden, in welcher Weise Schülerinnen und Schüler die Standards erreichen. Die Daten sollen nicht nur für ein Monitoring auf Bundes- und Landesebene eingesetzt werden, sondern (in anderer Aggregatform) insbesondere Lehrkräften zur Verfügung stehen, um Gegenmaßnahmen ergreifen zu können. Die gesamte Institutionenstruktur des Schulsystems soll mit der Trias Kompetenzen/Bildungsstandards/ Evaluation umgebaut werden.

Verschiedene Ebenen sollen dabei einander zuarbeiten:
- Bildungsstandards geben von Schülerinnen und Schülern zu erreichende Kompetenzniveaus vor (Verbindung von der Ebene Zentrale mit der Ebene Schülerinnen und Schüler).
- Die Überprüfung, wie Standards in Schulen umgesetzt werden, obliegt im Rahmen eines Systemmonitorings der Zentrale sowie intermediären Instanzen, insbesondere der Schulinspektion (Verbindung der Ebenen Zentrale – mit einer Mittlerfunktion der intermediären Ebene (Schulinspektion) – zur Ebene der Einzelschule).
- Die Umsetzung der Standards sowie Gegenmaßnahmen, wenn negative Abweichungen von Standards beobachtet werden, obliegen auf der Ebene der Einzelschule neu gefassten Schulleitungen, die – im Zuge einer stärkeren Autonomisierung der Einzelschulen – mehr Entscheidungsrechte erhalten sollen. Dies erfordert gleichursprünglich ein kollektives Reagieren der Lehrerschaft und damit eine Umformung der individualistischen zu einer kollektiven Profession (Verbindung der Ebene Einzelschule zur Zentrale).

- Wie die einzelne Schule reagiert, wenn es negative Abweichungen von Standards gibt, erfolgt innerhalb eines Regelkreislaufes, an dem Schulinspektion, -aufsicht und Zentrale mitwirken; Letztere gibt Standards vor; daran orientieren sich Berichte der Schulinspektion, die den Schulen übergeben sind und die dann zu Zielvereinbarungen zwischen der Schule und ihrem Schulamt führen sollen, über deren Erfolge letztlich auch wieder die Zentrale erfährt. Das Reagieren der einzelnen Schule erfolgt in Abstimmung mit Zielvereinbarungen, die die Schule mit dem zuständigen Schulaufsichtsamt abschließt (Verbindung Ebene Schule, intermediäre Ebene, Zentrale, da letztlich auch dort die Umsetzung der Zielvereinbarung registriert wird).

Es sind Regelkreisläufe intendiert, die scheinbar alle organisatorischen Ebenen einbeziehen.

Ob eine intensivere Abstimmung zwischen den Ebenen gelingt, hängt freilich entscheidend von einer zumindest ähnlichen Handlungslogik der Akteure ab – so könnte man zunächst denken. Soll eine Steuerungsmaßnahme, die auf einer Ebene des Schulsystems konzipiert wird, auf anderen Ebenen adaptiert werden, so hängt dies einerseits von zumindest ähnlichen Interessen, Kommunikations- und Handlungsorientierungen der Akteure auf diesen Ebenen bzw. Teilbereichen der Schule ab.

Andererseits lässt sich davon ausgehen, dass die Adaptions- und Verstehens-Möglichkeiten zwischen den Ebenen und Akteuren begrenzt sind; man kann dies mit Luhmann (1997, S. 768-770) als „Interdependenzunterbrechung" bezeichnen. In einem ganz allgemeinen Sinne verstehe ich darunter eine Unterbrechung von Beobachtungen und damit verbundene Beeinflussungsmöglichkeiten.

Für das Mehrebenensystem der Schule bedeutet dies, dass sich Koordinationshemmnisse einerseits sowie bildungspolitische Integrationsbemühungen andererseits gegenüberstehen. Bezogen auf Letztere herrscht ein großes Versprechen: die Vereinheitlichung des Systems durch Standards. Jeder versteht sofort die Kernbotschaft – und die Notwendigkeit, weil das Schulsystem seit Jahrzehnten Mängel aufweist.

1. Kompetenz oder Konstellation

Wenn Reformen untersucht werden, stellt die – von der pädagogischen Psychologie dominierte – empirische Bildungsforschung in der Regel auf einen einzelnen Akteur ab: Es wird nach Motiven, Kompetenzen, Fähigkeiten eines Akteurs gefahndet, um eine Reform zu initiieren, umzusetzen oder aufzunehmen.

In der Perspektive der Educational-Governance-Forschung hat dagegen eine Akteurkonstellation das analytische Primat inne. Ein Akteur konstituiert sich innerhalb eines sozialen Feldes in Relation zu anderen. Dies schließt Professionen ein, die ihre besonderen Leistungen in Abgrenzung zu anderen Professionen erstellen, mit denen man um knappe Ressourcen – Anerkennung (vom Staat), Monopolisierung der Ausbildung, Zugang zu Klienten und Nachfragemärkten – konkurriert.

Die Perspektive von Educational Governance geht konflikthaften Professionalisierungs- und Selbstbehauptungskämpfen nach. In einer konflikttheoretischen Lesart der Educational Governanceforschung (Kussau/Brüsemeister 2007) sind verschiedene professionelle Akteure in einem Mehrebenensystem ‚interdependent‘ miteinander verflochten: Jede Gruppe strebt mindestens um den Erhalt, wenn nicht um die Erweiterung ihres Einflusses. Dies ist jedoch nur um den Preis von Ressourcen möglich, die eine andere Gruppe zumindest teilweise kontrolliert.

2. Organisierte Unverantwortlichkeit

Bildungsreformen sind oftmals mit Kooperationserfordernissen zwischen verschiedenen Professionen verbunden, da sich Bildungsprobleme nicht an Grenzen von Zuständigkeiten halten.

In der Praxis kommt es jedoch dazu, dass man Reformen ausruft, die im Kern beinhalten, dass nur andere Akteure die Arbeit machen müssen, während man selbst aus dem Schneider ist – indem man sich mit der Ideologie, der guten Absicht brüstet, und den Legitimationsgewinn dafür einstreicht.

Aus organisationstheoretischer Sicht werden dadurch lauter Halbheiten ins Leben gerufen. Es entsteht eine blockierte Bildungslandschaft, wozu folgende Beispiele dienen mögen:

Im Flurgespräch bewundert der Direktor eines Qualitätsinstituts, Herr A., die Konsequenzhaftigkeit eines ehemaligen Ministerpräsidenten, da dieser seine und die Entscheidungen anderer auf ein New Public Management (NPM) ausgerichtet habe. Die eigene Verwaltung wurde unter Modernisierungsdruck gesetzt, mit der Frage: Werden die Entscheidungen an den richtigen Orten getroffen, die nahe an den ‚Kunden‘ sind? Haben wir sie dahin verlagert? Die 400 Beamten der mittleren Ebene, die der Ministerpräsident in einem Saal zusammenruft, verschränken die Arme. Sie sitzen fest in den Sesseln und lassen sich nicht irritieren.

Herr A. bringt mit dieser Anekdote zum Ausdruck, dass gegenwärtig *die Systeme zu wenig verzahnt sind*. Er meint, dass insbesondere die Schulaufsicht nicht genügend mit anderen schulischen Systemen zusammenarbeitet. Die Zahnräder greifen nicht ineinander, sondern bewegen sich einzeln und isoliert. Herr A. sagt, es müssen gegenseitige Abhängigkeiten zwischen den Systemen *erst hergestellt werden*.

Wir haben es damit bei den neuen Schulreformen offensichtlich mit einem *zu wenig* an Interdependenzen zu tun. Interdependenzen müssen erst noch initiiert werden! Dies heißt dann Folgerichtigkeit oder Konsequenz. Das NPM war dafür eine konsequente, strenge Linie, die jedoch von der Verwaltung erfolgreich ausgesessen wurde. Die Regel des NPM lautete: Verlagere die Entscheidungen an den Ort der Leistungsproduktion! Dort müssen die Entscheidungen getroffen werden. Alles andere ist Verwässerung.

Herr B. aus dem gleichen Qualitätsinstitut liefert das Beispiel der Kompetenzmodelle, deren Einführung Anfang 2011 kurzfristig durch Intervention des Philologenverbandes gestoppt wurde. Daraufhin wird den Schulen freigestellt, die Kompetenzorientierung selbst einzuführen oder nicht. So eine Beliebigkeit wäre unter NPM nie geduldet worden. Wenn es stimmt, was Altrichter zur Steuerung sagt – nämlich dass sich Steuerung definieren lässt als „Einschränkung der Beliebigkeit von Folgehandlungen" (Altrichter/Maag Merki 2010, S. 20), dann ist dieses Beispiel keine Steuerung!

In einem anderen Bundesland wird deutlich, dass nach fünf Jahren Schulinspektion eigentlich nichts richtig funktioniert und noch nicht einmal die Kernaufgaben von den einzelnen Akteuren richtig verstanden wurden. Insbesondere die Schulaufsicht behandelt die Zielvereinbarungen mal so oder mal so, das heißt entweder diktieren diese den Schulen alles, oder sie machen überhaupt nichts. Die Kultusbehörde zieht die Konsequenzen, in dem sie mehrere massive Nachschulungen für Schulaufsichtsleute durchführt.

Herr B. führt in diesem Zusammenhang an, dass man auch ohne empirische Bildungsforschung, nämlich einfach durch Nachdenken, hätte darauf kommen können, dass derartige Schulungen notwendig sind.

Dies bedeutet: Die Schulinspektion ist im Punkt der Datenhandhabung für die meisten Akteure im Schulsystem zu kompliziert. Bereits der erste Akteur, den die Bildungspolitik sozusagen direkt vor der eigenen Haustür in die Pflicht nehmen kann, weiß nicht was gemacht werden soll! Die Politik hat Maßnahmen erfunden, die nicht einmal in ihrer unmittelbaren Umgebung adaptiert werden.

Das ist auch bei Bildungsstandards der Fall, die in der Schweiz im Zuge der „Vereinbarung über die Harmonisierung der obligatorischen Schule" (HarmoS) eingeführt werden sollen: Die Messung von Schülerkompetenzen löst eine riesige Lawine von Folgeproblemen aus, da alle Subsysteme – von Lehrplänen bis zu verschiedensten Handlungsroutinen – geändert werden müssen. Jedoch wird die Implementierung aus dem Programm der Bildungsstandards herausgerechnet. Es gibt keine detaillierten Anpassungspläne, welche Teilschritte in welchen Jahren erreicht werden sollen.

Dies kann man mit Ulrich Beck (1988) zusammenfassen als organisierte Unverantwortlichkeit. Das Konzept der Bildungsstandards ist in sich durchorganisiert und sinnvoll, aber die Implementierung lässt man weitgehend laufen.

3. Einakt-Handlungen

Man könnte sagen, dass viele Bildungsreformen nur Einakt-Handlungen sind: Das Ministerium ruft eine Reform aus, aber bereits der nächste erreichbare Akteur greift diese nicht auf. Statt Interdependenzen herrschen Ein-Akt-Handlungen vor. Es gibt kaum eine Einschränkung der Beliebigkeit von Folgehandlungen, kaum Steuerung. Im Kern geht es darum, dass kaum jemand mit den Daten arbeitet.

Der Grund dafür liegt in einem Konstruktionsfehler, nämlich einer zentrifugalen Konstruktion: Es ist immer jemand anderes, der die Konsequenzen eines Bauteils ausbaden soll:

- Der Bund beauftragt Professor Klieme zu einer Expertise zu kompetenzorientierten Bildungsstandards; dieser gibt der Politik Empfehlungen, die aber nur zum Teil aufgegriffen werden; es entsteht eine Halbheit.
- Die KMK erlässt Bildungsstandards, überlässt die Umsetzung aber den Schulen; eine weitere Halbheit oder Konsequenzlosigkeit entsteht.
- Die Schulinspektion erstellt Berichte, darf die Schulen aber nicht beraten; eine erneute Halbheit.
- Die Schulaufsicht soll mittels der Berichte Zielvereinbarungen mit den Schulen machen, was sie jedoch nur bedingt tut; schon wieder eine Halbheit.

Während kompetenzorientierte Bildungsstandards sehr gute Konzepte für den einzelnen Akteur sein mögen, wird gleichzeitig die Umsetzung in einer Akteurkonstellation nicht mit beobachtet. Die Reform läuft in der Akteurkonstellation aus dem Ruder. Während dort laufend konsequenzlose Halbheiten erzeugt werden, sieht sich jeder Akteur vollmundig als Teil einer Reform, die aber in Wirklichkeit nur darin besteht, dass er von einem anderen Akteur etwas fordert, mit der Konsequenz, dass man selbst aus dem Schneider ist, und der andere seine Aufgabe nicht erfüllt.

Dann lässt sich wunderbar herumjammern: Würden die Lehrer doch endlich verstehen, dass die Aufgabenbeispiele aus den Bildungsstandards ihnen eine Hilfe wären, das wäre die Lösung! Würde die Schulaufsicht doch endlich die Zielvereinbarungen richtig mit den Schulen verhandeln!

Wichtig ist, zu beobachten, dass die Misere immer darin besteht, dass einer von einem anderen etwas verlangt, aber selbst nichts tun muss, sondern durch die Forderung an den anderen sogar noch den Legitimationsgewinn einstreicht. Die Schulinspektion ist vom Konzept her ein tolles System, weil man für die Einzelschule Daten produziert – aber wie die Schulen dann damit umgehen: Entsprechende Hilfen werden nicht in das Inspektionsprogramm mit eingebaut. Also erneut Konsequenzlosigkeit.

So werden die Probleme laufend verschoben; es baut sich eine riesige Welle ungelöster Probleme auf. Dies ist die von Beck (1988) so genannte organisierte Unverantwortlichkeit.

Sie bedeutet, dass jeder Akteur etwas anderes unter Kompetenzen verstehen darf:

- Die pädagogische Psychologie versteht unter der Trias Kompetenzen/Bildungsstandards/Evaluation ihren eigenen Aufschwung als Referenzwissenschaft für die gesamte ‚empirische Bildungsforschung‘, deren Namen man nun für sich allein beansprucht. An Universitäten werden bisherige Lehrstühle empirischer Sozialforschung verdrängt, und ersetzt durch junge Lehrstuhlinhaberinnen und Lehrstuhlinhaber, die gekonnt große Datenbanken handhaben, aber in der Lehre den Studierenden nicht vermitteln können, wie man einen Fragebogen konstruiert.

- Die Politik verspricht sich durch Standards Legitimationsgewinn durch Anschluss an international bewährte Testverfahren mit hoher Reputation. Ihre Hauptaussage ist: Wir haben alles richtig gemacht. Die Fehler liegen bei anderen.

- Die Schulaufsicht verspricht sich durch die regelmäßige Schulinspektion[1] einen mächtigen Steuerungshebel. Vertreter von Bundesländern erfahren nach eigenen Angaben in den 1990er Jahren eine Art Offenbarung mit quasi-religiösem Charakter, da nach ihrer Ansicht die niederländische Schulinspektion in der Lage sei, ‚mit Daten eine ganze Schule umzukrempeln‘. Es wäre fahrlässig gewesen, wäre man dieser messianischen Verheißung nicht nachgegangen. Heute erlebt der gleiche Vertreter, dass sein Bundesland die Schulinspektion zurück ins Glied pfeift. Denn nachdem klar ist, dass die Inspektion nur das herausbekommt, was man ohnehin schon weiß – nämlich: die Schulen sind gut, nur der Unterricht ist schlecht –, geht es nun um politische Konsequenzen, als da wären massive Investitionen in Unterrichtshilfen für einzelne Schulen. Die aber sind in Zeiten knapper öffentlichen Kassen nicht zu haben. Es bleibt der Rückzug auf einen Status quo ante, der aber natürlich so nie dargestellt wird.

Gewinner in dem Daten-Spiel sind diejenigen, die ihre Profession auf Datenhandhabung basieren lassen. Aber schon innerhalb der Wissenschaft ist die Art der Datenhandhabung durch die pädagogische Psychologie eine spezielle, da auf große standardisierte Messverfahren ausgerichtet. Andere Berufe haben erhebliche Probleme, auf diese Weise oder überhaupt mit Daten umzugehen. In der Folge wird die versprochene neue datenbasierte Architektur des Schulsystems zurückgebogen auf das, was man selbst für richtig hält – die bestehende fragmentierte Struktur wird reproduziert.

Jeder Akteur sieht die Ursachen für mögliche Störungen darin, dass die anderen Akteure eben nicht richtig arbeiten oder nicht verstanden haben,

---

1 Tatsächlich scheint in einigen Bundesländern die Schulaufsicht die Schulinspektion ausgerufen und mit Stellen besetzt zu haben.

worum es geht. Derjenige Akteur, der dies sagt, hat überhaupt keinen Anlass, sich zu verändern, weil die Schuld ja bei den anderen liegt. In der
Summe wurde ein perfektes und sehr stabiles System der Verantwortungs-
losigkeit erbaut; stabil, weil jeder den Legitimationsgewinn einstreicht (ich
habe meinen Part erfüllt, nun liegt es bei den anderen); und verantwortungs-
los, weil das Arbeiten mit Daten stecken bleibt, aber niemand sich dafür
schuldig bekennt.

Das bedeutet, das eingeführte System ist ein zentrifugales. Die Maßnahmen erlauben den Akteuren, sich voneinander zu dissoziieren. Es entstehen keine Interdependenzen, allenfalls konsequenzlose Asymmetrien:
Jemand sieht die Ergebnisse seines Handelns in Abhängigkeit von dem Tun
anderer, aber wenn diese nichts unternehmen, kann man leider nichts machen, sorry.

In dieser Art der Steuerung ist die Konsequenzlosigkeit nicht irgendwie
ein unvorhergesehenes Ereignis, sondern ein Systemfehler. Und zwar deshalb, weil permanent die Folgen des eigenen Handelns an andere Akteure
externalisiert werden.

Die Schulpolitik sagt: Wir haben alles richtig gemacht, indem wir Kompetenzmodelle, Evaluation, Standards, Inspektion eingeführt haben. Die
müssen jetzt aber auch richtig arbeiten! Nur: Dafür tun wollen wir nichts.
Wir wollen zum Beispiel aus politischen Opportunitätsgründen die Schulaufsicht nicht an die Kandarre nehmen, obwohl sie nicht arbeitet und das
System blockiert. Wir wollen nicht die Eigenverantwortlichkeit der Schulen
stärken, weil wir dann als Politik selbst Macht an sie abgeben müssten.

Im Grunde ist es ein Märchen, wenn Politik und Forschung behaupten,
Systementwicklung und Einzelschulentwicklung seien miteinander verbunden worden (van Ackeren 2003). Investiert wurde ausschließlich in die Systementwicklung; für die Einzelschulentwicklung wurde kaum etwas getan.

4. Ein alternatives System

Damit taucht die Frage nach einem alternativen System auf. Es lässt sich
rein logisch gesehen als das exakte Gegenteil des oben Beschriebenen denken. Ein solches System gibt es in Ländern (wie die Niederlande und
Schweden), in denen statt des Föderalismus die Gemeinden in Bildungsfragen das Sagen haben, das heißt die Kräfte sind vor Ort gebündelt:

4.1 Anwesenheitsverfügbarkeit

Nach der Logik effektiven Managements dürfen die Kräfte nicht wieder
dissoziiert werden, sondern müssen an einem Ort gebündelt werden; dies
sind die Gemeinden. Es darf das Heil also nicht wieder in irgendeiner Ex-

pertenkommission gesucht werden, die bereits in sich eine Dissoziierung, einen Verschiebebahnhof der Verantwortlichkeit darstellt ('Wenn Du nicht mehr weiter weißt, gründe einen Arbeitskreis'), sondern man muss am Ort des 'Produktionsgeschehens' die bereits vorhandenen Kräfte bündeln; das sind die unterrichtliche Interaktion zwischen Lehrer und Schüler, die Schulleitung sowie weitere helfende Berufe um die Schule herum.

Mit der konzeptionellen Berücksichtigung, dass Bildungsprozesse immer schon verräumlicht ablaufen, werden „Anwesenheitsverfügbarkeiten" der Akteure sichtbar (so ein Begriff von Schroer 2006, S. 117, der hierbei an Giddens anschließt). Dies im Unterschied zu Konzepten der Evaluation und der kompetenzorientierten Standards, mit denen sich (über aggregierte Testdaten oder summative Berichtsdaten der Schulinspektion) allenfalls vermittelte Kontakte und Beziehungen herstellen lassen – wenn überhaupt.

Während evaluationsbasierte Steuerung mit dem Problem zu kämpfen hat, Erkenntnisse aus aggregierten Daten über Rückkoppelungssysteme wieder in eine Region rückübersetzen zu müssen, was die Suche nach geeigneten lokalen Transformatoren notwendig macht, hat die Kategorie der *räumlichen Präsenz* von Akteuren innerhalb von Bildungsprozessen von vornherein eine besondere Bedeutung.

Anwesenheitsverfügbarkeit, zum Beispiel regionaler Steuergruppen oder überhaupt lokal verfügbarer Berufe in Staat, Zivilgesellschaft und Wirtschaft, beinhaltet dabei zunächst, überhaupt in der Region über eine Adresse ausfindig gemacht werden zu können. Dies ist nicht nur technisch im Sinne einer Postadresse gemeint, sondern als kommunikative Adressierbarkeit.

Insbesondere die Politik muss sich entscheiden, ob sie vor Ort arbeiten und anwesend sein will, damit auch angreifbar wird, aber auch lernen kann; oder ob sie auf höhere Ebenen flieht, sich unangreifbarer machen will, die Gewinne an Legitimation einstreicht und ansonsten kaum erreichbar ist.

Diese Wahlmöglichkeiten haben auch alle anderen professionellen Akteure. Es ist die Frage, ob man eine sinnvolle Zusammenarbeit mit anderen Professionellen eingeht, gerade wenn dies schwierig ist und langfristige Auseinandersetzungen beinhaltet; oder ob man sich in seine eigene professionelle Wagenburg zurückzieht, die Kosten der Kooperation auf andere abschiebt, das heißt sich nicht in der Auseinandersetzung mit anderen zusammen 'die Hände schmutzig macht', sondern dafür lieber auf die anderen Akteure schimpft, weil diese ja nicht richtig arbeiten. Anwesenheitsverfügbarkeit heißt auch anzuerkennen: dass kein anderer Akteur da ist, mit dem man zusammenarbeiten kann (man kann sich die Akteure, mit denen man auskommen muss, nicht schönreden; andere Akteure lassen sich nicht herbeizaubern). Weiter ist die Tatsache, dass sämtliche Akteure am liebsten Kooperation meiden, einfach weil sie Zeit und Geld kostet, nicht das Ende der Kooperation, sondern der Beginn, insofern man beobachten kann, dass sich die Akteure in ihrer Abneigung gegenüber der Zusammenarbeit mit anderen ähneln – wenn eh alle im gleichen Boot sind, dann kann ich mich als Einzelner genauso gut hervortun und mit der Kooperation beginnen, um mit anderen Akteuren über dringliche Qualitätsaspekte zu sprechen.

Freilich, der Rückzug auf die eigene Partei- oder Verbandsposition oder professionelle Haltung steht jedem Akteur offen. Aber das bedeutet Kleinstaaterei; jeder pflegt sein eigenes Laubengärtchen. Wer dies als ineffektiv ansieht und nicht mehr Teil eines konsequenzlosen Schulsystems sein will, muss eben anfangen, die Last der Kooperation zu tragen.

4.2 Rückzugsmöglichkeiten

Anwesenheitsverfügbarkeit bedeutet jedoch nicht, dass alle Akteure füreinander an jedem Ort und jederzeit erreichbar sind.

Konstitutiv für Räume – so ebenfalls eine Erkenntnis aus der Raumsoziologie – ist vielmehr auch eine „Zonendemarkation" (Schroer 2006, S. 116), das heißt Übereinkünfte, dass Handlungen nur an bestimmten Orten und zu bestimmten Zeiten erfolgen (zum Beispiel im häuslichen Verhalten: Essen und Schlafengehen zu bestimmten Tageszeiten). In der soziologischen und erziehungswissenschaftlichen Diskussion von Raum wird gerade der *Rückzug* als konstitutive Möglichkeit dafür angesehen, dass Handlungseinheiten Individualität entwickeln können. Mit dem Modell des (bürgerlichen) Hauses sinnbildlich gemacht: Nur wenn sich der Zögling zu bestimmten Zeiten in sein Zimmer zurückziehen kann, gibt es den notwendigen Raum für die eigene Entwicklung (ebd.).

Hierfür braucht es gewisse Räume der administrativen Nichtbeobachtung. Schulen und einzelne Lehrkräfte müssen selbst auf die Idee kommen können, Beratung und Unterstützung anzufordern; und Selbstorganisation von Schulen bedeutet in diesem Sinn, zu bestimmten Zeiten in Ruhe gelassen zu werden. Andererseits muss jemand verfügbar sein, wenn Hilfe angefordert wird.

Entgegen dieser räumlichen, konkreten Präsenz sind in kompetenzbasierten Evaluationssystemen Lehrkräfte mit ‚abstrakten Anordnungen aus der Ferne' konfrontiert, die keine verschiedenen Zonen markieren (was ist obligatorisch, was Vereinbarung; wo fängt Evaluation an, wo endet sie). Anwesende Akteure können demgegenüber aushandeln und sich bei der Umsetzung sozial kontrollieren (!), was gemacht und was nicht gemacht werden soll.

Vielleicht ist dieser kleine Nebensatz für ein alternatives Steuerungsmodell entscheidender als man denkt. Es wäre gut, wenn neben der Neuerung auch gesagt würde, was gleich bleiben kann, was sich vielleicht auch bewährt hat, wo Anerkennung für bereits erbrachte Leistungen symbolisch ausgedrückt werden kann. Oder anders gesagt: Wenn etwas gut ist, dürfen die Leute, die dies gemacht haben, ruhig auch mal gelobt werden.

Dagegen drückt die jetzige Symbolpolitik aus: Nur das Neue ist gut und heilsbringend, alles Bisherige ist schlecht. Unter diesen Bedingungen mag niemand so recht arbeiten.

4.3 Das soziale Vermögen Einzelner und der Region

Im Rahmen von Anwesenheitsverfügbarkeit lässt sich darüber hinaus anerkennen, dass auch *einzelne Personen* Beiträge für die schulische Qualität leisten. In der bürokratischen Steuerungssemantik gab es dafür keine Sensibilität, sofern man sich auf aggregierte Leistungsangebote für die Fläche konzentrierte.

In dem Maße, wie sich das Schulsystem der inneren Qualität seiner Leistungsproduktion zuwendet sowie ‚responsibler' für die Ko-Produktion von Leistungen anderer (auch zivilgesellschaftlicher) Akteure wird, erfährt die Kategorie der Einzelleistung einen Bedeutungswandel. Entdeckt wird soziales Kapital von Personen und Organisationen.

Mitunter scheint man sich kaum bewusst, dass gravierende Unterschiede zwischen manageriellem und sozialem Kapital bestehen; es wird so getan, als bräuchte man für Regionen oder für die Schule in der Region nur gute Manager.

Dies verkennt, dass soziales Kapital anders organisiert ist. Der Aufbau von Beziehungen ist langwierig; es dominieren wechselseitige Nutzengesichtspunkte und soziale Erwartungen, die sich weder in ihren Herstellungskosten noch in ihren Verwendungsmöglichkeiten richtig ökonomisch berechnen lassen. Ist jedoch ein Beziehungsnetz einmal verfügbar, lassen sich Leistungsmöglichkeiten zeitnah mobilisieren.

Während in der Sichtweise des Manageralismus einzelne Personen immerhin, wenn auch nicht in ihren sozialen Kompetenzen, vorkommen, sind sie aus der Analyseperspektive von Netzwerken nicht wegzudenken. Personen sind Kristallisatoren, von denen Beziehungsknoten ausgehen bzw. auf sie zulaufen, die also soziales Kapital einer Region verkörpern. Und soziales Kapitel bauen auch aggregierte Handlungseinheiten, wie zum Beispiel die Schulen selbst, auf.

4.4 Sichtbarkeit von Bildung

Eine Durchschlagskraft haben kompetenzorientierte Bildungsstandards, weil man sofort die Sinnhaftigkeit begreifen kann: Um die Leistungen von Schülern beobachten zu können, braucht es ein Verrechnungssystem. Bildungsstandards liefern es. Aber, wie oben angedeutet, im Grunde benutzen gerade die Akteure, die im Schulsystem gut im Sattel sitzen, die Kompetenz-Konzepte dazu, andere Akteure vor sich her zu treiben und von ihnen etwas zu verlangen. Evidenzbasierte Politik beinhaltet ein Spiegelgefecht, das wiederum beinhaltet, konsequenzlose Systeme zu organisieren; dabei gefällt sich die Politik im Spiegel gut, werden doch gewichtige Forderungen an andere Akteure gestellt – für deren Umsetzung dann nichts getan wird. Der Ball liegt also immer im Feld der anderen, und die Politik hat eine saubere Weste.

Wie ebenfalls bereits angedeutet gibt es in einem alternativen Schulsystem die Möglichkeit, dass sich die Politik, wie seit Urzeiten, die Hände in Auseinandersetzungen vor Ort schmutzig macht.

Aber auch hier lässt sich nach einer öffentlich sichtbaren Verrechnungseinheit fragen. Bildungsstandards haben solch eine Verrechnungseinheit zu schaffen versucht, sind aber ein zu kompliziertes Profi-System, das schon die Schulaufsicht nicht versteht.

Es braucht also eine einfachere Verrechnungseinheit, um Erfolge von Bildung und auch der Bildungspolitik öffentlich sichtbar zu machen.

Vielleicht ist es ein Zeichen der Krise, dass man in diesem Punkt den Wald vor lauter Bäumen nicht mehr sehen kann.

Vielleicht ist das einzelne Schulhaus diese Verrechnungseinheit.

Eltern wissen – durch Berichte von anderen Eltern, oder noch allgemeiner: durch Erfahrung –, welche Arbeit eine bestimmte Schule macht. Das Schulhaus ist Anwesenheitsverfügbarkeit per se – und bietet Möglichkeiten für Kooperationen von Berufen, und zwar wiederum zentriert nicht an irgendwelchen abstrakten Kriterien wie Bildungsstandards, sondern brennenden Problemen im einzelnen Schulhaus.

Ungeklärt ist das Problem der Schulaufsicht. Seit Jahrzehnten wird gewusst, dass die Kontrollspanne der Schulaufsicht zu gering ist. Es gibt nicht ein Zuviel, sondern ein Zuwenig an Aufsicht.

Dies bedeutet, dass die jetzige Schulaufsicht in ihrer Konsequenzlosigkeit für die eigenverantwortliche Schule schlichtweg überflüssig ist.

Eine Alternative kann im Rekurs auf das Prinzip der Internalisierung, der Lokalisierung gefunden werden, das heißt die Lösungen sind eigentlich schon vor Ort; man sieht sie nur nicht, und/oder traut sich nicht, das System so umzubauen, dass alle weiteren Ebenen um die einzelne Schulen herum nur für die Unterstützung der Schule da sind.

Literatur

Ackeren, I. van (2003): Evaluation, Rückmeldung und Schulentwicklung. Erfahrungen mit zentralen Tests, Prüfungen und Inspektionen in England, Frankreich und den Niederlanden. Münster: Waxmann.
Altrichter, H./Maag Merki, K. (2010): Steuerung der Entwicklung des Schulsystems. In: dies. (Hg.): Handbuch Neue Steuerung im Schulsystem. Wiesbaden: VS

Beck, U. (1988): Gegengifte. Die organisierte Unverantwortlichkeit. Frankfurt am Main: Suhrkamp.

Kussau, J./Brüsemeister, T. (2007): Governance, Schule und Politik. Wiesbaden: VS.

Luhmann, N. (1997): Die Gesellschaft der Gesellschaft. 2 Bde. Frankfurt am Main: Suhrkamp.

Schroer, M. (2006): Räume, Orte, Grenzen. Auf dem Weg zu einer Soziologie des Raumes. Frankfurt am Main: Suhrkamp.

Achim Brosziewski

Kompetenzmessung als Bindung organisationaler Intelligenz
Zur soziokulturellen Evolution der skalenförmigen Organisationsbeobachtung

Mein Beitrag geht von einer Empirie der Kompetenzerfassung und -messung aus, wie sie in den Organisationen des Erziehungssystems, insbesondere Schulen und Hochschulen, etabliert wurde und immer noch ausgebaut wird. Diese Lage soll durch eine Theorie der soziokulturellen Evolution erklärt werden. Der Vorzug dieses Ansatzes wird darin gesehen, dass er nicht nur einen Trend, sondern auch die Widerstände gegen ihn in *einer* Theorie zu positionieren versteht.

1. Kompetenzmessungen in Schulen und Hochschulen

Können und Nichtkönnen von Schülerinnen, Schülern, Studentinnen und Studenten werden in Schulen und Hochschulen bemessen, seit es diese Erziehungsorganisationen gibt. Die Normalform der Kompetenzmessung, die tagtäglich in unzählbarer Häufigkeit vollzogen wird, ist die der *Prüfung*, inklusive all der ‚kleinen‘ Könnensabfragen im Schulalltag, die der Lehrer nicht in Noten, sondern lediglich in Lob und Tadel bewertet (Luhmann 1996, S. 288). Das Kennzeichen dieser, aufs Ganze gesehen, Bagatellmessungen ist ihre *Individualisierung*: die exakte und eindeutige Zurechnung auf die namentlich bestimmte Einzelperson des Prüflings. Niemand außer ihm selbst muss aus dem Messergebnis irgendeine Konsequenz ziehen. Daneben finden sich weitaus seltenere *Kollektivmessungen*, in denen der Könnensstand ganzer Kohorten erhoben wird. Auch solche Messungen gibt es, seit es Schulen in der heutigen Form, als *staatlich* finanzierte und kontrollierte Organisationen gibt (Giordano 2005). Kompetenzmessungen diesen Typs gehören zum allgemeineren Format der *Bevölkerungsbeobachtung*, deren Funktionen im Kontext der *Staatsverwaltung* zu suchen und zu finden wären. Ein Schweizer Beispiel liefert die ‚pädagogische Rekrutenprüfung‘, die bereits seit dem 19. Jahrhundert die Wehrpflichtigen eines Jahrgangs zu Beginn ihrer Dienstzeit erfasste (Lustenberger 1996; Crotti/Kellerhals 2007). In Paper-and-Pencil-Tests

mussten diese Kohorten vorzeigen, welche Niveaus sie in den Elementarfä-
higkeiten des Lesens, Schreibens und Rechnens sowie in den Spezialfähigkei-
ten der Geschichte und der politischen Bildung im Laufe ihrer Schulzeit erreicht hatten. Was immer Staatsverwaltungen (als Auftraggeber) und die Öf-
fentlichkeiten der Bildungspolitik (als Adressaten) in den verschiedenen
Epochen mit Daten solch eines Typs angefangen haben, anfangen und anfangen werden: Sie basieren auf Kollektiverhebungen, auf Aggregierungstechni-
ken und auf Kollektivzuschreibungen. Deshalb ist und bleibt ihr pädagogischer Wert gleich Null: nützt nichts, schadet aber auch nicht.[1]

Hat das „PISA-Regime" (Münch 2009; Jahnke/Meyerhöfer 2006) an dieser Lage irgendetwas Grundsätzliches geändert?[2] Oder hat es die Population
der Kompetenzmessungen dank ihrer Technologiefortschritte einfach nur
vermehrt? In einer inzwischen gängigen Terminologie könnte man sagen: Die
Kollektivmessung wurde sowohl *globalisiert* als auch *lokalisiert* – und beides
wäre ohne die neuen, auf Digitalisierung gründenden Technologien gar nicht
möglich gewesen.[3] ,Globalisierung' heißt: Die Kollektivmessungen gehen
über Einzelstaatsebenen hinaus. Sie erlauben, vom staatsterritorialen Denken
her gesehen, ,Weltbeschreibungen'. „Education at a Glance" (OECD 2011)
weltweit ist das inzwischen als eingelöst geltende Versprechen – wenn man
den Selbstbeschreibungen der Tabellenwerke glauben möchte. ,Lokalisie-
rung' heißt: Man kann, ebenfalls dank der Technologiefortschritte, auf kleins-
te Kohorten hinunter rechnen, auf Schulen und Schulklassen zum Beispiel.
Und stünden dem nicht rechtliche und professionsethische Bedenken entgegen, wären dank dem nichts vergessenden Gedächtnis der Computer sogar
die getesteten Kompetenzen des Einzelschülers als Kleinstkohorte rekonstru-
ierbar. Doch für die nachfolgenden Analysen ist die Unterscheidung von global und lokal zu ungenau, zu stark dem Landkartendenken und seiner moder-
nisierten Varianten vom Typ ,Google Earth' verhaftet. Es geht nicht um ir-
gendwelche Territorialeinheiten, sondern um *Staatseinheiten*. Nur staatliche
Einheiten verfügen qua Hoheitsrechten und öffentlicher Gelder über die
Möglichkeit, ,ihre' Kohorten zusammenfassen und messen zu lassen. ,Glo-
bal' ist jene Staatlichkeit, die sich als OECD gebündelt hat und nun ihr Terri-
torium, die ganze Welt, einer Bevölkerungsbeobachtung unterzieht. ,Lokal'
ist jene Staatlichkeit, die Hoheits- und Budgetrechte in ihren Schulen und

---

1 Die pädagogische Nichtigkeit wird von Befürwortern (,es nützt') und Kritikern (,es
  schadet') bestritten. Doch der Streit selbst wird wie ihr Gegenstand nur im Medium
  von Verwaltung und Öffentlichkeit wirksam, und beide Positionen müssen so kompli-
  zierte Umrechnungen von Kollektivzuschreibungen auf Individualzuschreibungen
  (ohne die kein pädagogischer Wert möglich ist) vornehmen, dass sich keine dieser
  Konstruktionen je plausibilisieren und durchsetzen können.
2 „PISA-Regime" steht hier nur als Platzhalter für eine ganze, sich auf allen Ebenen
  noch verlängernde Reihe von Kompetenzmessungen.
3 Siehe hierzu und zum Folgenden Brosziewski 2007.

Schulklassen ausübt, in der Schweiz beispielsweise die kantonalen Erziehungs- und Bildungsdirektionen sowie die gemeinderechtlich verankerten Schulbehörden.[4] Was der PISA-Komplex verändert hat, in einem Zusammenspiel technologischer und administrativer Komponenten, ist eine *Steigerung der Aggregierbarkeit*, und das in *beide* Richtungen: in Richtung immer größerer *und* immer kleinerer Aggregate.[5] ‚Die Kohorte‘ kann, in Extrempolen, dann einmal von allen 15-Jährigen dieser Welt oder ein andermal von einer Schulklasse oder sogar nur einem Schüler gebildet werden (solange nicht hoheitsrechtliche Regelungen dem entgegenwirken). Das Aggregat ist im letztgenannten Fall das Bündel von Kompetenzen und Inkompetenzen, das die betreffende Einzelperson im Messvorgang offenbart.

Die *Einheit* all der zuvor genannten Kompetenzmessungen, auf welchem Aggregationsniveau und mit welch staatlichen Deckungen auch immer, wird durch die *Form der Skala* gebildet. Gemessen kann nur werden, was mehr oder weniger (auf einer Intervall- oder einer Verhältnisskala), was höher oder niedriger (auf einer Ordinalskala), was einer von mehreren Benennungen zugehörig (auf einer Nominalskala) sein kann.[6] Die *Kommunikationsprobleme, -chancen und -themen,* mit denen alle Beteiligten beschäftigt sind, lassen sich mit den aus der sozialwissenschaftlichen Methodik bekannten Begriffen der Validität und Reliabilität fassen (Odendahl 2011); nur dass über *beide* Größen nicht in wissenschaftlichen Fachzeitschriften, sondern in den Protokollen von Gremiensitzungen und in staatlichen Verlautbarungstexten entschieden wird. Für wen und was sollen die Skalen und ihre Werte Gültigkeit beanspruchen, und als wie zuverlässig sollen die Ergebnisse im Einzelnen behandelt werden? Wer auf *wissenschaftliche* Antworten auf diese Fragen setzt, wird vergeblich warten. Statistiker und Mathematiker, denen man die Messwerke vorlegt, raufen sich die Haare – oder lassen es bei einem Stirnrunzeln bewenden, wenn sie Höflichkeit im Umgang mit Statistiklaien erlernt haben. Validität und Reliabilität der Skalen bilden immer nur ‚lokale‘ Gültigkeiten aus,

---

4 Erziehungsdirektionen wären mit den deutschen Kultusministerien vergleichbar. Schulbehörden sind, ganz anders als der Name suggeriert, keine Verwaltungseinheiten der Erziehungsdirektionen. Ihre Mitglieder werden direkt von der Gemeindebevölkerung gewählt und arbeiten in der Regel ehrenamtlich.

5 Die Unterscheidung ‚global/lokal‘ kann mithin durch die Unterscheidung ‚Aggregation/Disaggregation‘ spezifiziert und sogar ganz ersetzt werden, wenn man hinzunimmt, dass es sich stets um Staatsaggregate und -disaggregate handelt. Siehe für den parallel gelagerten Fall von *Wirtschaftsaggregaten* (Unternehmungen) Broszdewski 1999, mit sehr ähnlichen Begleiterscheinungen.

6 Der Hinweis auf Ordinal- und Nominalskalen verdeutlicht, dass Skalierung nicht gleichbedeutend mit Quantifizierung zu verstehen ist, obwohl beides ineinander überführt wird, sobald die Besetzung der Ränge oder der Kategorien *gezählt* wird. Skalierung bedeutet zunächst einmal nur Vereinheitlichung durch eine Dimension. Dank und innerhalb der Dimensionen kann dann *verglichen* werden, sowohl quantitativ als auch qualitativ. Siehe hierzu, alle Formen von *Kulturvergleichen* einbeziehend, Heintz 2010.

eingebettet in die normalen bildungspolitischen Streitigkeiten um Worte und Werte einerseits, eingebettet in die normalen bürokratischen Empfindlichkeiten für die Beschreibungen über ihre Hoheitsgebiete andererseits. Nicht die Grenze zur Wissenschaft ist hierbei ausschlaggebend, sondern nach wie vor die Grenze zur *Pädagogik*, die oben genannte pädagogische ,Nichtigkeit' aller aggregierenden, auf Populationen statt auf Einzelpersonen abzielenden Kompetenzmessungen.

Denn selbst der Extremfall der Disaggregation, selbst die Reduktion der Kohorte auf einen ,Einzelfall', würde die Grenze zum *pädagogisch Relevanten* nicht überschreiten, sofern die Messung *nicht als Prüfung* vollzogen wird. Zur Kommunikationsform der Prüfung gehört, dass die *Bewertungsskala mitkommuniziert* und im Idealfalle vom Prüfling verstanden und nachvollzogen werden kann. Nur so kann im Hinblick auf ein ,Können' gelernt und solch ein Können anhand möglicher Fehlleistungen kontrollierend geübt werden. Die Kommunikation der Skalen müsste Teil des pädagogisch-didaktischen Vermittlungsgeschehens werden, so etwa beim ,Zentralabitur' oder ähnlichen zentralistisch organisierten Prüfungsverfahren. Eine Freigabe der Skalenkommunikation für ihre pädagogische Vermittlung ist bei den Kompetenzmessungen aber gerade *nicht* vorgesehen, würde sie doch eine unkontrollierbare ,Reaktivität' in die Messungen einführen, die letztlich jede Vergleichbarkeit zerstörte. Eine *lernende* Einstellung der Schulen, Lehrpersonen sowie Schülerinnen und Schüler auf die PISA-Aufgabentypen gilt sowohl aus testtechnischen wie auch aus pädagogischen Gründen (,teaching for the test') als *unerwünscht*. Die Skalenkommunikation muss im Spiel zwischen Bildungsverwaltung, Bildungspolitik und dem verbleiben, was Frank-Olaf Radtke (2003) die „Erziehungswissenschaft der OECD" nennt – sonst funktioniert sie nicht.

2. Soziokulturelle Evolution: Variation, Selektion und Stabilisierung

Wenn man von *konstruktivistischen* Annahmen ausgeht, gleichgültig in welcher Spielart von Konstruktivismus, kann man auch Skalen nicht anders denn als Konstruktionen auffassen (Mennicken/Vollmer 2007; Heintz 2010). Etwas enger gefasst, sollen Skalen hier als *soziale Formen von und für Kommunikation* begriffen werden – als Formen, die sich *eine bestimmte Einschränkung* geben, um auf der Basis dieser Einschränkung Information und Mitteilung in Zirkulation zu versetzen.[7] Kommunikation braucht dabei keineswegs als konsensuelle Informationsauffassung und/oder Mitteilungs-

---

7 Siehe hierzu auch den Vorschlag von Bettina Heintz (2000), Mathematik ganz generell als ein Medium der Kommunikation aufzufassen.

verbreitung gedacht werden. Im Gegenteil: Soweit die grundlegende Einschränkung akzeptiert wird, eignen sich Skalen ganz besonders dafür, auch konträre Meinungen miteinander ‚im Gespräch zu halten'. Schon die Darstellung der schulischen und hochschulischen Kompetenzmessungen kam nicht ohne Verweise auf die sie tragenden Kommunikationskontexte aus. Doch mit solchen Hinweisen alleine ist noch keine Erklärung für das Vorkommen, für die Verbreitung und für die Etablierung einer bestimmten sozialen Form gegeben. Um den Stellenwert der Theorie der soziokulturellen Evolution für diese Erklärungsaufgabe zu verdeutlichen, kann man in einer groben Rahmung *einstellige, zweistellige und dreistellige* Erklärungsformate unterscheiden. Einstellige Erklärungen für die Etablierung der Skalenform wären beispielsweise alle Erklärungen, die ihre Durchsetzung aus einer *immanenten ‚Logik' heraus* erklären wollen, zum Beispiel aus der *wissenschaftlichen Leistungsfähigkeit* von Messungen und damit von Skalenbildungen. Die *soziale* Verbreitung wäre danach schlicht eine Fortsetzung von Wissenschaft jenseits ihrer eigenen Entstehungsbedingungen, etwa aufgrund eines gesamtgesellschaftlichen Vertrauens in wissenschaftliche Darstellungen und Behauptungen. Tatsächlich findet sich im Kontext schulischer-hochschulischer Kompetenzmessungen auch diese einstellige Erklärung wieder: in Form der Werbung für eine „evidenzbasierte Bildungspolitik", die sich an die Stelle einer „ideologischen" Bildungspolitik gesetzt habe respektive zu setzen habe (Slavin 2002; Weiß 2006).

Zweistellige Erklärungsmuster verzichten auf form-immanente Erklärungen. Sie gehen von *Korrespondenzen* der fraglichen Form mit spezifischen Strukturen der modernen Gesellschaft aus. In unserem Kontext könnte man etwa das Rationalisierungstheorem Max Webers heranziehen, das ‚rationale' Formen der Kalkulation mit einer spezifischen, einst religiösen, dann säkularisierten *Motivation der Lebensführung* korreliert (Schluchter 1976). Mit Talcott Parsons (1960) könnte ‚Motivation' durch die ‚universalistische Orientierung' als eine der „pattern variables" der modernen Gesellschaft ersetzt werden. Das Problem der zweistelligen Erklärungen liegt darin, dass sie letztlich tautologisch konstruiert sind: Die Modernität bestimmter Einstellungen und Orientierungen muss die Entstehung und Etablierung der Modernität gesellschaftlicher Erscheinungen und damit der Gesellschaft selbst ‚erklären'.

Die Theorie der soziokulturellen Evolution schließlich verzichtet auf Erklärungen sowohl qua Immanenz als auch qua Korrespondenz. Sie arbeitet dreistellig. Sie stellt sich selbst die Aufgabe, drei verschiedene Mechanismen zu identifizieren: einen Mechanismus der *Variation*, einen Mechanismus der *Selektion* sowie einen Mechanismus der *Stabilisierung*.[8] Theo-

---

8 Siehe zur Exposition dieser Theorie Luhmann 2008 (verfasst 1981) sowie Luhmann 1997, S. 451–505, darüber hinaus auch Stichweh 2007.

riearchitektonisch ist mit dieser Aufgabenstellung die bloße *Analogie* zur Theorie der biologischen Evolution strikt vermieden. Der Theoriebau erfolgt vielmehr über den Weg der *Generalisierung und Spezifizierung*. Die Theorie muss nachweisen (und gegebenenfalls daran scheitern) können, dass sich für die genannten drei Mechanismen tatsächlich genuin *soziale Ausprägungen* identifizieren lassen, die kausal unabhängig voneinander fungieren und dennoch im Gesamteffekt zur Entstehung, Verbreitung und Etablierung bestimmter sozialer Formen beitragen.

Dies soll hier für den Fall einer Form geschehen, die ich als ‚skalenförmige Organisationsbeobachtung' bezeichne und die in schulischen und hochschulischen Kompetenzerfassungen eine ihrer möglichen Ausprägungen findet. Die Annahme ist, dass es nicht eine einzige, eine ‚innere' Logik ist, die die Konstruktion der Kompetenzerfassungen, ihre Überzeugungskraft und ihre soziale Etablierung erklären würde. Es ist eine Mehrheit von Logiken, die nicht miteinander verrechnet werden können: eben eine Logik der Variation, eine Logik der Selektion und eine Logik der Stabilisierung. Die ersten beiden Logiken möchte ich nur kurz benennen. Der Analyse der dritten Logik, jener der Einpassung in die gesellschaftliche, hier die organisationale Realität von Schulen und Hochschulen, gilt das Hauptaugenmerk meines Beitrags.[9]

3. Variation und Selektion der skalenförmigen Organisationsbeobachtung

Die Skalenform von Organisationsbeobachtung ist im *Wissenschaftssystem* entwickelt worden und unterliegt dessen spezifischen Überzeugungsbedingungen. In diesem Kontext ist der *Variationsmechanismus* zu lokalisieren. Skalen vermögen wissenschaftlich zu überzeugen, wenn es gelingt, Kausalannahmen mit ihnen zu verknüpfen und beide Elemente, Kausalität und Skala, im Format des Tests miteinander interagieren zu lassen. Im Bereich der wissenschaftlichen Organisationsbeobachtung gelang dies insbesondere im Kontext von Ansätzen und Disziplinen, die Organisationen mit dem Schema von Input und Output beobachten: in den Wirtschaftswissenschaften, in der Verwaltungswissenschaft und in jüngerer Zeit auch in den Erziehungswissen-

---

9 Der systematische Einbau von Organisationen in die Theorie der *gesellschaftlichen* Evolution steht noch aus. Es liegen allein Skizzen für die Unterscheidung gesellschaftlicher von Funktionssystem-spezifischen Evolutionen vor (Luhmann 1997, S. 557–569). Im Kontext von Organisationsbeobachtungen ist man, wenn Evolution überhaupt diskutiert wird, in der Kontroverse zwischen Planungstheorie (Rationalität, Intentionalität, Steuerung, ...) und Evolutionstheorie stecken geblieben (Luhmann 2000, S. 346–360). Einen (unausgearbeiteten) Ansatzpunkt liefert die Vorstellung, Organisationen stellten der Gesellschaft „Interdependenzunterbrechungen" zur Verfügung (Luhmann 2000, S. 394–396).

schaften. Der Mechanismus der *Selektion* ist im *politischen System* zu verorten. In der Politik überzeugt das Input-Output-Schema, allerdings unter Abstreifung aller messtechnischen und kausaltheoretischen Problematiken, mit denen sich die Wissenschaft intern beschäftigt. Mit Messproblemen und den Unsicherheiten wahrscheinlichkeitsbasierter Kausalaussagen lässt sich keine Politik machen. Die Politik hat vielmehr mit dem Problem zu schaffen, ihre eigene Operationsbedingung, das staatlich-verwaltungsmäßige Handeln, nicht in ihrer wirklichen Komplexität in die öffentliche Meinungsbildung einbringen zu können. Dort muss sie Handlungsfähigkeit darstellen, ohne zeigen zu können, was staatlich geht und was nicht. Die skalenförmige Organisationsbeobachtung vor allem der ,eigenen', der staatlich kontrollierten Organisationen, kommt den politischen Vereinfachungsanforderungen entgegen. Mit Indikatoren lässt sich Politik machen, seit und soweit sich die Öffentlichkeit durch Indikatoren über Erfolge und Misserfolge der Politik belehren lässt. Die Demonstration der Handlungsfähigkeit der Politik verleiht sich selbst den Titel der ,Steuerung'. In der Wirtschaftspolitik hatte sich dieses Format erstmals durchgesetzt – und andere Politikbereiche wie Gesundheit, Umwelt und nun auch Bildung zogen und ziehen nach.

4. Stabilisierung: Organisation und Selbstbeschreibung

Gemäß den genannten Prämissen der Evolutionstheorie ist ausgesagt, dass es weder die kausalanalytische (= wissenschaftliche) Eignung von Skalen noch ihre rhetorische (= politische) Funktion sind, welche die soziale Stabilisierung der Skalenform erklären könnten. Der stabilisierungsrelevante Mechanismus wird auf der Ebene der Organisationen verortet. Ihm soll das Hauptaugenmerk gelten.

In der Theorie sozialer Systeme werden Organisationen als Systeme aufgefasst, die sich durch die Kommunikation von Entscheidungen reproduzieren (Luhmann 2000; für Universitäten Baecker 2010). Der zentrale Entscheidungstypus von Organisationen ist die Entscheidung über *Mitgliedschaft*, an der alle weiteren Entscheidungen über Handlungsprogramme (,Aufgaben') und über Kommunikationsverflechtungen (,Verantwortlichkeiten', Anweisungs- und Informationspflichten) anknüpfen (Luhmann 1992b). Anders als die meisten anderen Sozialsysteme, zum Beispiel Interaktionssysteme, sind Organisationen zur Bestimmung ihrer Grenzen konstitutiv auf Selbstbeschreibungen angewiesen (Luhmann 2000, S. 417–443). Sie brauchen Texte wie Urkunden, Verträge, Buchungen, Bilanzen, Protokolle, Akten usw., um Entscheidungen als die ihren, als ,eigene' Entscheidungen zu identifizieren und ihre Resultate für weitere Entscheidungen verfügbar zu halten. Eine jahrzehntelange und immer noch anhaltende Sozialforschung über Organisationskultur und informelle Organisation hat zudem gezeigt, dass die formalen, gewissermaßen ,aktenkundigen' Selbstbeschreibungen in aller Regel von einem ganzen Kranz weiterer Organisationsbeschreibungen begleitet, ergänzt, modifiziert und teilweise auch konterkariert werden; Beschreibungen, die systematisch und symptomatisch keine Textgestalt annehmen, sondern sich auf Symbole, Metaphern, Analogien, Gründungs- und Personenmythen, Sprichwörter und Ähnliches beschränken.[10] Die informalen Selbstbeschreibungen dienen vornehmlich organisationsinternen Abgrenzungen und Spezifikationen. Sie lassen sich kaum oder gar nicht generalisieren. Sie fungieren vorwiegend lokal, situativ, kontextuell und ad hoc. Anders als die formalen Selbstbeschreibungen sind sie der Fremdbeobachtung kaum zugänglich. Und wenn sie dann doch einmal ‚objektiviert‘ und ‚erhoben‘ werden, sei es durch Forschung, sei es durch Organisationsberatung, dann erscheinen sie als ‚widersprüchlich‘ und lassen sich nur über die Allzweckformel der ‚Kultur‘ mit den offiziellen Organisationsbeschreibungen vereinbaren.

Skalenförmige Organisationsbeobachtungen sind in jedem Fall Fremdbeobachtungen – und dies auch dann, wenn sie von organisatorisch ausgewiesenen Stellen vorgenommen, in Auftrag gegeben und/oder angenommen werden. Skalen stellen auf Kontinuitäten ab, zum Beispiel auf Linearitäten im Fall metrischer Skalen, auf Hierarchien im Fall ordinaler Skalen oder auf Klassifikationen im Fall nominaler Skalen, die als Klassifikationen immer für mehr als einen Fall gelten. Dem Format der Skala ist somit immer ein Moment der Vergleichbarkeit inhärent, während Selbstbeschreibungen exklusiv für einen Fall, nämlich für den eigenen Fall, angefertigt werden (Martin et al. 1983). Selbstbeschreibungen müssen, wie schon hervorgehoben, Grenzregulierungen betreuen, also für *Diskontinuitäten* und für Unvergleichbarkeit sorgen. Werden Organisationen skalenförmig beobachtet und beschrieben, ist folglich auf jeden Fall mit Widersprüchen zu rechnen, mit Ablehnungen, mit partiellen Annahmen in Form eines ‚Ja, aber ...‘, mit Modifikationen, mit Betonungen eines wesentlichen Restes, der durch die Skalen nicht zu erfassen sei. Skalenförmige Organisationsbeobachtungen können sich also nicht ‚von sich aus‘ durchsetzen – gleichviel, mit Hilfe welcher Logiken sie immer auch konstruiert, mit welchen (externen) Zwecken sie immer auch legitimiert werden. Die organisationalen Selbstbeschreibungen können mithin als jener evolutionäre Mechanismus angesehen werden, in dem sich Skalenbeobachtungen bewähren müssen, sollen sie einen sozialen Bestand jenseits ihrer Konzeptionen und jenseits ihrer Überzeugungsrhetoriken finden.

5. Kompetenzerfassung

Die Form der Kompetenzerfassung und -messung ist jener Modus der skalenförmigen Organisationsbeobachtung, die von der Wissenschaft für Or-

---

10 Siehe für eine unübersehbare Literatur paradigmatisch: Meyer/Rowan 1977; Morgan 2006.

ganisationen im Bereich des Erziehungssystems entwickelt und von Bildungspolitik und Bildungsverwaltung für die ihnen zugeordneten Organisationen adaptiert wurde.[11] Gemäß der dazu komplementären Schemata von Input- und Output-Grenzen von Bildungsorganisationen kommen die Kompetenzskalen in einer zweifachen Variation zum Einsatz: zur Beobachtung der Inputgrenzen und zur Beobachtung der Outputgrenzen. Auf der Outputseite sind es die Kompetenzen der Klientenkohorten, die erfasst, vermessen, verglichen und entweder Organisationspopulationen oder je nach Aggregationsniveau auch einzelnen Organisationen und ihren internen Einheiten zugerechnet werden: als Erfolge oder Misserfolge ihrer Aktivitäten, je nachdem, wie sie auf den Skalen im Vergleich mit anderen Organisationen oder auch mit sich selbst im Zeitverlauf abschneiden. Für die Erziehungswissenschaften ist diese Organisationsbeobachtung attraktiv, gelangen sie derart doch zu den lang vermissten objektiven Wirkungen der Erziehung, wenigstens der Erziehung durch Organisationen.

Auf der Inputseite geht es um eine andere, um die innere Umwelt der Bildungsorganisationen: um die Kompetenzen ihrer Mitglieder, um die Kompetenzen ihres Bildungspersonals. Hierbei wird die Frage der Grenzziehung von Organisationen besonders virulent, als Frage danach, was sich das Bildungspersonal an Aufgaben und Verantwortlichkeiten zumuten kann und zumuten lässt. In diesem Problembereich wird entschieden, inwieweit die skalenförmige Fremdbeobachtung von Bildungsorganisationen produktiv oder auch destruktiv wirken kann. Entsprechend ist hier der ‚heiße Kern' der Auseinandersetzung, der möglichen Integration und Desintegration von Selbst- und Fremdbeobachtungen zu vermuten – ein Widerspruchsfeld, dessen Behandlung die organisationale Intelligenz[12] binden wird, bis die soziale Form der Kompetenzmessung eingepasst und/oder neutralisiert sein wird.

Man darf sich daher nicht wundern, und man darf es nicht ausschließlich der dies beschreibenden Theorie vorwerfen, wenn es bei der Kompetenz des Bildungspersonals besonders kompliziert wird. Aus den Komplikationen schöpft die Kritik der Kompetenzerfassung und schöpft auch die Organisationsentwicklung der Schulen und Hochschulen, die in Widerspruch, Kritik und Widerstand ihr ureigenstes Betätigungsfeld innehat. Es bilden

---

11 Vgl. hierzu und zum Folgenden die inzwischen immens angewachsene Empirie aller möglichen Formen von ‚Bildungsberichten', die von internationalen Ebenen (beispielsweise „Education at a Glance") über nationale Ebenen (bspw. Bildungsbericht Deutschland) bis hin zu Länder- respektive Kantonsebenen oder sogar Schulen reichen. Die Erkennungsmerkmale dieser Textgattung sind: Skalierung, Indikatorisierung, Aggregierung (immer auf das jeweilige Niveau der Staatlichkeit bezogen) sowie eine Begleitsemantik von Input, Output, Effektivität und Steuerung. Siehe hierzu abermals Brosziewski 2007.

12 Der Ausdruck ‚organisationale Intelligenz' soll nicht durch Intelligenztests Messbares bezeichnen. Er fungiert als Kürzel für die oben erörterte Organisationsnotwendigkeit, Selbstbeschreibungen zu vertexten.

sich daraufhin spezialisierte Kommunikationsnetzwerke von Experten und Beratern, die in der Kompetenz der Kompetenzerfassung ihre Themen finden und besetzen.[13] Autopoiesis der Kommunikation as usual. Das Problem der soziologischen Theorie ist nur, ob sie die Komplikation näher spezifizieren, von den normalen Problemen der Bildungsorganisationen abgrenzen und mögliche Folgen bestimmen kann.

Hierzu lässt sich eine systemtheoretische These formulieren: Die besonderen Probleme liegen darin, dass in der Bestimmung der Kompetenz des Bildungspersonals Innen- und Außengrenzen der Bildungsorganisationen zusammenfallen. Das bringt die Skalenform durcheinander, lassen sich interne und externe Dimensionen und Variablen doch nicht mehr hinreichend sauber trennen, um Messungen und Kausalitätszuordnungen vornehmen zu können. Epistemologisch gesprochen kommen Heisenberg'sche Unschärferelationen ins Spiel. Als zentrale Kompetenz wird dem Bildungspersonal vorgegeben, die Kompetenzen ihrer Klienten zu steigern. Auf eine kurze Formel gebracht: Das Bildungspersonal wird auf Kompetenzkompetenz, auf eine Kompetenz zweiter Ordnung hin beobachtet.[14] In der Optik der Skalenförmigkeit lässt sich diese Einheit noch dekomponieren, in eine Kompetenz der Kompetenzdiagnostik und eine Kompetenz des Lehrens, die je für sich erfasst und gemessen werden können. Die Bildungsorganisationen selbst vermögen diese Einteilung gut nach- und mitzuvollziehen, müssen sie doch seit eh und je für die Ordnung ihrer Entscheidungsprozesse zwischen den Handlungsprogrammen der Prüfung (Diagnostik) und des Unterrichtens (Lehren) unterscheiden.

Doch gilt das auch für den Teil des Personals, der selber unterrichtet? Kann er Diagnostik und Lehre trennen und beides unabhängig voneinander realisieren? Unterrichten als Interaktionsform bezieht seine Möglichkeiten, zumindest die besseren seiner Möglichkeiten, doch daraus, die Kommunikation *selber herausfinden und bestimmen* zu lassen, was es überhaupt zu können gibt. Erst in zweiter Linie – und nicht selten hinderlich für die erste Linie – muss zugeordnet werden, wer von den Beteiligten im Verhältnis zum möglichen Können etwas kann und wer nicht; eingeschlossen den Lehrenden mit der Frage, ob er und inwieweit er das fragliche Können erstens selber beherrscht, zweitens auch vermitteln und drittens kompetent beurteilen kann. Für diese Bestimmungs- und Zuordnungsprobleme konnte bislang

---

13 Siehe hierzu abermals Münch 2009. Ob man jedoch von Beratungseliten auszugehen habe oder nicht vielmehr von einer Variante des „Kognitariats" (Alvin Toffler, hier nach Willke 1998, S. 162), würde ich noch offenhalten.

14 Besonders prägnant zu beobachten im Fall der Standardisierung (= Kompetenzbeobachtung dritter Ordnung) der Lehrerinnen- und Lehrerbildung, siehe das 88-stellige Kompetenzraster bei Oser 2001. Die Kompetenz*darstellungs*kompetenz (Pfadenhauer 2003): das wäre die Form der Skalierung selbst, das Herstellen von und Hantieren mit Skalen.

keine generalisierbare, auf Populationen und Kohorten umrechenbare Skala entwickelt werden. Die für den Unterricht einzig greifbare Universal- und Minimalskala der Werte zwischen ‚besser' und ‚schlechter' wirkt umso hinderlicher, je verschiedenartiger sich die Talente zeigen, die es zu fördern gilt, und je mehr sich das Bewusstsein der beteiligten Personen von ihr beherrschen lässt. Die skalenförmige Kompetenzerfassung stößt an eine prinzipielle Grenze: an einen Bruch, der die schon bestehenden Brüche zwischen Organisationsmanagement und Produktionspersonal (Brosziewski 2010) vertiefen wird, soweit sich letzteres vornehmlich am Unterricht und weniger an der Reproduktion der eigenen Organisation und der Karriere in ihr orientiert. Die Kritik an der Vermessung der Bildung kann also auch analytisch wiederholt werden, ohne zwangsläufig ihrer Emphase zu verfallen. Die Messgrenzen können zurückgeführt werden auf ein Zusammenklappen von Organisationsinnen- und Organisationsaußengrenzen; ein Vorgang, der das Skalenformat kollabieren lässt.

Speziell für Hochschulen wird, anders als für Schulen, noch ein zweiter Fall virulent, in dem die Trennung von Input- und Outputgrenzen nicht sicher funktioniert, in dem die Selbstbeschreibungen und die organisationale Intelligenz mithin besonders herausgefordert sind. Hochschulen bilden nicht nur für ein Außen, sondern auch für sich selber aus. Dabei ist nicht nur an den wissenschaftlichen Nachwuchs im engeren Sinne zu denken, sondern auch an jenes Personal, das in Organisationen mit anderen Funktionsausrichtungen – in der Wirtschaft, in der Verwaltung, in der Politik, in der Medienproduktion – mit wissenschaftlichen Formaten beschäftigt wird und in seinen Entscheidungen Verständnis (zwecks Anerkennung und Budgetbewilligungen) dafür aufbringen soll, was an Hochschulen geschieht, wenn dort Wissenschaft und Forschung geschieht. Die klassischen Selbstbeschreibungen operierten hier bislang, jedenfalls im deutschsprachigen Raum, mit der Einheit von Forschung und Lehre. Inzwischen wurde auch die Forschungsbeobachtung auf die Skalenform umgestellt, mit der Messung von (gewichteten) Publikationszahlen, von eingeworbenen Drittmitteln, mit abgeleiteten Rankings usw. Die so vermessenen Forschungsqualitäten und Forschungskompetenzen treten – vielleicht komplementär, wahrscheinlich oft eher konkurrierend – an die Stelle, die bislang vom Medium der *Reputation* besetzt war; jenem Sekundärmedium der Wissenschaft, das die Binnendifferenzierung in Disziplinen und Subdisziplinen steuerte und folglich von diesen Subsystemen der Wissenschaft kontrolliert wurde.[15] Ihr Einfluss auf die Selbstbeschreibungen und Grenzziehungen von Hochschulorganisationen wird durch die Universalsprache der Kompetenzskalen konterkariert[16] – und wer zu Verschwörungstheo-

---

15 Siehe zur Unterscheidung von Primär- und Sekundärmedium der Wissenschaft (Wahrheit/Reputation) Luhmann 1992a, S. 244–251.
16 Grit Laudel und Jochen Gläser (2008) sprechen hier von einem „Loss of Peerness".

rien neigt, dürfte in diesem Effekt auch die ‚hidden agenda' der messindustriellen Vereinnahmung der Hochschulen sehen.

6. Eine Art Zusammenfassung

Skalenförmige Organisationsbeobachtung ist strukturelle Grenzüberschreitung. Skalen konstruieren Kontinuitäten und Universalitäten, die der vermessene Gegenstand selbst nicht kennt, da er es laufend mit Grenzziehungen, mit Diskontinuitäten und in einem weiten Sinne mit Exklusivitäten zu tun hat. Von der Theorie selbstreferentieller Systeme her gesehen muss man mit hinzufügen: Skalenförmige Organisationsbeobachtung ist strukturelle Selbstreferenzausblendung. Sie ist und bleibt Fremdbeschreibung, erst recht dann, wenn sie mit staatlicher Macht und/oder staatlichem Geld ausgerüstet wird und anhand dieser Überzeugungsmittel den Organisationen adaptive Strategien empfiehlt. In einem Wechselspiel von Wissenschaft, Politik, Verwaltung und Öffentlichkeit hat sich dieses soziale Format gesellschaftlich etabliert und mehr und mehr Bereiche funktionsorientierter Organisationen erfasst, in der Wirtschaft, im Gesundheitswesen, in der Technikentwicklung, in der Verwaltung selbst.

Um welche *speziellen* Grenzen es im Fall der kompetenzvermessenen Bildungsorganisationen vornehmlich gehen kann und gehen wird, habe ich skizzenhaft anzuzeigen versucht: um die Kompetenzkompetenz des Bildungspersonals und um seine Selbstrekrutierung. Aus contested boundaries resultieren contested terrains, mit Entscheidern, Betroffenen und interessierten Dritten, die als Koalitionäre gewonnen werden wollen. Angesichts des hohen Bildungsstandes aller Beteiligten wird man mit wahrlich akademischen Konflikten zu rechnen haben. Für die Soziologie stellt sich die Frage, ob sie jenseits der Unterscheidung von Mitmachen oder Dagegensein Beobachtungspositionen aufzubauen versteht, die nicht als Durchsetzungs- oder Protestrhetoriken von den Konflikten selbst verbraucht werden. Die Theorie der soziokulturellen Evolution hat hier einen Ansatz skizziert. Wissenssoziologie, Wissenschaftssoziologie, Professionssoziologie und Organisationssoziologie werden den variety pool von Beschreibungs- und Erklärungsmustern sicherlich weiter anreichern. Und irgendwann wird die soziokulturelle Evolution entschieden haben, mit welchen Beschreibungen die Sozialwissenschaften verbuchen, was den Selbstbeschreibungen von Schulen und Hochschulen durch die Kompetenzmessungen geschehen sein wird.

Literatur

Baecker, D. (2010): A Systems Primer on Universities. In: Soziale Systeme. Zeitschrift für soziologische Theorie 16, S. 341–355.

Brosziewski, A. (1999): Computer und die Transparenz des Unternehmens. In: Soziale Systeme. Zeitschrift für soziologische Theorie 5, H. 1, S. 105–124.

Brosziewski, A. (2007): Bildungsmonitoring in der Globalisierung der Bildungspolitik. In: Bemerburg, I./Niederbacher, A. (Hrsg.): Die Globalisierung und ihre Kritik(er). Wiesbaden: VS, S. 135–148.

Brosziewski, A. (2010): Schulmanagement als Dauerirritation der Lehrprofession. In: Soeffner, H.-G. (Hrsg.): Unsichere Zeiten. Verhandlungen des 34. Kongresses der Deutschen Gesellschaft für Soziologie in Jena 2008. Wiesbaden: VS.

Crotti, C./Kellerhals, K. (2007): 'Mögen sich die Rekrutenprüfungen als kräftiger Hebel für Fortschritt im Schulwesen erweisen!' PISA im 19. Jahrhundert: Die schweizerischen Rekrutenprüfungen - Absichten und Auswirkungen. In: Revue suisse des sciences de l'education 29, H. 1, S. 47–64.

Giordano, G. (2005): How Testing Came to Dominate American Schools. The History of Educational Assessment. New York: Lang.

Heintz, B. (2000): "In der Mathematik ist ein Streit mit Sicherheit zu entscheiden" – Perspektiven einer Soziologie der Mathematik. In: Zeitschrift für Soziologie 29, S. 339–360.

Heintz, B. (2010): Numerische Differenz. Überlegungen zu einer Soziologie des (quantitativen) Vergleichs. In: Zeitschrift für Soziologie 39, S. 162–181.

Jahnke, T./Meyerhöfer, W. (Hrsg.) (2006): PISA&Co. Kritik eines Programms. Hildesheim: Franzbecker.

Laudel, G./Gläser, J. (2008): Responses to the Loss of Peerness in Evaluation. Paper presented at the Joint 4S and EASST Conference 'Acting with Science, Technology, and Medicine', Rotterdam, 20.–23.8.2008. Rotterdam.

Luhmann, N. (1992a): Die Wissenschaft der Gesellschaft. Frankfurt am Main: Suhrkamp.

Luhmann, N. (1992b): Organisation. In: Küpper, W./Ortmann, G. (Hrsg.): Mikropolitik. Rationalität, Macht und Spiele in Organisationen. Wiesbaden: VS, S. 165–185.

Luhmann, N. (1996): Takt und Zensur im Erziehungssystem. In: Luhmann, N./Schorr, K.-E. (Hrsg.): Zwischen System und Umwelt. Fragen an die Pädagogik. Frankfurt am Main: Suhrkamp, S. 279–294.

Luhmann, N. (1997): Die Gesellschaft der Gesellschaft. 2 Bände. Frankfurt am Main: Suhrkamp.

Luhmann, N. (2000): Organisation und Entscheidung. Wiesbaden: VS.

Luhmann, N. (2008): Sinn, Selbstreferenz und soziokulturelle Evolution. In: Ders.: Ideenevolution. Beiträge zur Wissenssoziologie. Hrsg. von Kieserling, A. Frankfurt am Main: Suhrkamp, S. 7–71.

Lustenberger, W. (1996): Pädagogische Rekrutenprüfungen – Ein Beitrag zur Schweizer Schulgeschichte. Chur-Zürich: Rüegger.

Martin, J./Feldman, M.S./Hatch, M.J./Sitkin, S.B. (1983): The Uniqueness Paradox in Organizational Stories. In: Administrative Science Quarterly 28, S. 438–453.

Mennicken, A./Vollmer, H. (Hrsg.) (2007): Zahlenwerk. Kalkulation, Organisation und Gesellschaft. Wiesbaden: VS.

Meyer, J.W./Rowan, B. (1977): Institutionalized Organizations. Formal Structure as Myth and Ceremony. In: American Journal of Sociology 83, S. 340–363.

Morgan, G. (2006): Images of Organization. Thousand Oaks, CA: Sage.

Münch, R. (2009): Globale Eliten, lokale Autoritäten: Bildung und Wissenschaft unter dem Regime von PISA, McKinsey & Co. Frankfurt am Main: Suhrkamp.

Odendahl, N.V. (2011): Testwise: Understanding Educational Assessment. Lanham, Maryland: Rowman & Littlefield.

Organization for Economic Co-operation and Development (OECD) (2011): Education at a Glance 2011: OECD Indicators. Paris: OECD Publishing.

Oser, F. (2001): Standards: Kompetenzen von Lehrpersonen. In: Oser, F./Oelkers, J. (Hrsg.): Die Wirksamkeit der Lehrerbildungssysteme. Von der Allrounderbildung zur Ausbildung professioneller Standards. Zürich: Rüegger, S. 215–342.

Parsons, T. (1960): Pattern Variables Revisited: A Response to Robert Dubin. In: American Sociological Review 25, S. 467–483.

Pfadenhauer, M. (2003): Professionalität. Eine wissenssoziologische Rekonstruktion institutionalisierter Kompetenzdarstellungskompetenz. Wiesbaden: VS.

Radtke, F.-O. (2003): Die Erziehungswissenschaft der OECD - Aussichten auf eine neue Performanz-Kultur. In: Nittel, D./Seitter, W. (Hrsg.): Die Bildung des Erwachsenen. Erziehungs- und sozialwissenschaftliche Zugänge. Bielefeld: Bertelsmann, S. 277–304.

Schluchter, W. (1976): Die Paradoxie der Rationalisierung. Zum Verhältnis von 'Ethik' und 'Welt' bei Max Weber. In: Zeitschrift für Soziologie 5, S. 256–284.

Slavin, R.E. (2002): Evidence-Based Education Policies: Transforming Educational Practice and Research. In: Educational Researcher 31, H. 7, S. 15–21.

Stichweh, R. (2007): Evolutionary Theory and the Theory of World Society. In: Soziale Systeme. Zeitschrift für soziologische Theorie 13, S. 528–542.

Weiß, M. (Hrsg.) (2006): Evidenzbasierte Bildungspolitik. Beiträge der Bildungsökonomie. Berlin: Duncker&Humblot.

Willke, H. (1998): Organisierte Wissensarbeit. In: Zeitschrift für Soziologie 27, S. 161–177.

Inga Truschkat

Quo vadis, Kompetenz?
Zur sozialstrukturellen Blindheit der Kompetenzmessung bei Übergängen

Einleitung

Die Gestaltung und Bewältigung von Übergängen im Bildungs- und Sozial-
system erfährt eine neue fachwissenschaftliche und bildungspolitische Re-
naissance. Nicht zuletzt durch die PISA-Studien wurde deutlich, dass das
bundesdeutsche Bildungssystem gerade an den Schnittstellen der Institutionen eine hohe soziale Selektivität aufweist. Während in den 1960er Jahren
jedoch Sorge um die katholische Arbeitertochter vom Lande getragen wurde, steht heute der muslimische Migrantensohn aus der Großstadt als Bil-
dungsverlierer fest. So erfahren Kinder mit Migrationshintergrund vor allem im Rahmen von Selektionsentscheidungen an den Übergängen im
Schulsystem eine institutionelle Diskriminierung. Gomolla und Radtke
(2000) zeigen diesbezüglich auf, dass sich die entsprechenden Leistungsbe-
urteilungen und Selektionsentscheidungen an Normalitätserwartungen orientieren, die der Schul- und Sprachfähigkeit deutschsprachiger Kinder der
Mittelschicht entspricht. Übergänge – so wird deutlich – sind somit in einem hohen Maße durch normative Orientierungen geprägt.
  Diese Debatte trifft auf eine Entwicklung, die sich unter dem Begriff
‚Kompetenz‘ subsumieren lässt; eine Entwicklung, die zunehmend die individuellen und persönlichen Fähigkeiten und Fertigkeiten zu fokussieren
scheint. Pädagogische Zielkategorien weichen – so eine Beobachtung – zugunsten einer individuellen Leistungsfähigkeit auf, wodurch Bildung, oder
besser gesagt: Kompetenz, kaum mehr normativ zu bestimmen ist als das,
was sein soll, sondern vielmehr als das, was ist. Es scheint also nicht verwunderlich, dass die Messung dieser Kompetenzen einen zentralen Stellenwert einnimmt, um eben jenen individuellen Ist-Zustand zu erfassen.
Auf dem Markt der Möglichkeiten wird mittlerweile eine Vielzahl an Instrumenten angeboten, die mal eher Kompetenzbestände, mal Prozesse der
Kompetenzentwicklung erfassen, die mal auf Selbst- und mal auf Fremd-
bewertung basieren (Pawlowsky/Menzel/Wilkens 2005, S. 352 ff.). Und
hoffnungslos wie die Suche nach einer geteilten Definition des Kompetenz-

begriffs scheint auch die Suche nach einem etablierten, sich durchsetzenden Instrument der Kompetenzmessung.

Dennoch erheben die Instrumente insgesamt den Anspruch, Wegweiser zu sein an jenen spezifischen Schnittstellen im Erwerbs- und Bildungssystem. So stellen sie Verfahren des Identifizierens, Bewertens und Vergleichens von Individuen bereit, um das Auswählen von geeigneten, weil kompetenten Mitarbeiterinnen und Mitarbeitern oder Lernerinnen und Lernern zu ermöglichen. Im Rahmen dieser Auswahl- und Selektionsprozesse wird entschieden, wer passt und wer nicht, wer den Anforderungen der (modernen) Arbeits- und Bildungswelt entspricht und wer nicht. Kompetenzmessung findet somit überall dort statt, wo Übergänge zu gestalten und zu bewältigen sind.

Ausgehend von diesen Beobachtungen wird im vorliegenden Beitrag der Frage nachgegangen, inwiefern der Einsatz von Kompetenzmessverfahren eine Minimierung der mit der Gestaltung von Übergängen einhergehenden sozialen Selektivität erwarten lässt. Dazu wird in einem ersten Schritt das Phänomen des Übergangs in den Blick genommen und die mit ihm verbundene soziale Selektivität herausgearbeitet (1). Daran anschließend wird aufgezeigt, dass sich die Instrumente der Kompetenzmessung als Materialisierung eines spezifischen Diskurses verstehen lassen, der seinen Fokus vordergründig stärker auf die individuelle Leistung richtet und somit eng mit den aktuellen Diskussionen um Übergänge verknüpft ist (2). Diese Überlegungen gilt es dann durch einen empirischen Einblick in den Diskurs und die Instrumente der Kompetenzmessung zu überprüfen (3). Ausgehend von diesen Einsichten wird in einem abschließenden Fazit die Frage aufgegriffen, welche Möglichkeiten einer sozial gerechteren Übergangsgestaltung die Instrumente der Kompetenzmessung tatsächlich bieten (4).

1. Übergänge und soziale Selektion

Übergänge stellen ein Phänomen dar, das in der sozialwissenschaftlichen Forschung zu einem recht klassischen Themenbereich gehört. So lassen sich die Anfänge der Übergangsforschung auf den Anfang des 20. Jahrhunderts und hier vor allem auf ethnologische Forschungen zurückführen, bei denen die Untersuchung von Übergangsritualen im Vordergrund stand (Turner 1969; van Gennep 2005). Obgleich diese Studien aus sozialwissenschaftlicher Perspektive an einer theoretischen Unterkomplexität leiden, so zeigen sie doch erstmalig die zeit-räumlichen Bewegungen von Individuen in einer Gesellschaft auf und sensibilisieren für die soziale Regulation der vollzogenen Übergänge. Schon in diesen frühen Arbeiten werden somit die Perspektiven deutlich, die bis heute die Übergangsforschung beeinflussen. Übergänge müssen von einzelnen Individuen vollzogen werden. Übergänge werden also gemacht, sie werden gestaltet und bewältigt. Die Übergänge im

Leben der einzelnen Individuen werden zugleich reguliert durch gesellschaftliche Institutionen. Durch die Kopplung gesellschaftlicher Teilsysteme wird das Leben zu einem Lauf durch die Institutionen. Übergänge im Leben sind somit zu einem großen Teil institutionalisierte Übergänge, wodurch das Leben der Individuen in spezifische Bahnen gelenkt wird. Die Kopplung dieser Teilsysteme wiederum ist abhängig von den vorherrschenden normativen Orientierungen, wann welche Lebensereignisse anstehen und welche Übergänge wann und wie zu vollziehen sind. Es handelt sich um normative Orientierungen, die nicht nur die Kopplung der gesellschaftlichen Institutionen beeinflussen, sondern auch die Lebensgestaltung der Einzelnen. Die Übergangsforschung bewegt sich also stets in dieser Perspektiventrias von Individuum, Institution und normativen Orientierungen. Übergänge lassen sich somit als in gesellschaftliche Übergangsstrukturen eingebettete Statuswechsel definieren, „die – unterschiedlich umfangreich – sozial normiert und mit einem individuell zu bewältigenden Wechsel von Identitätssegmenten verbunden sind" (Sackmann/Wingens 2001, S. 22).

In diesem Sinne verstandene Übergänge sind somit stets institutionell reglementiert und folgen einer gesellschaftlichen Normierung. Entsprechend der Institutionalisierung des Lebenslaufs sind Übergänge zu bestimmten Zeitpunkten im Lebenslauf, in oder zwischen rahmenden Institutionen und mit bestimmten Anforderungen verbunden zu bewältigen. Aufgrund ihrer Gesellschaftlichkeit unterliegen Übergänge jedoch auch stets historischem und sozialem Wandel (Konietzka 2010). Dies zeigt sich nicht zuletzt daran, dass aktuell der Thematik des Übergangs in wissenschaftlichen und bildungspolitischen Diskursen eine neue Aufmerksamkeit zuteilwird. So gewinnt die Thematik Übergang in der internationalen Bildungsforschung vor allem im Kontext der Debatte um Lifelong Learning neues Gewicht (vgl. stellvertretend Fiel/Gallacher/Ingram 2009; Merrill 2009). Die europäische Bildungs- und Beschäftigungspolitik zur Förderung des Lebenslangen Lernens sieht beispielsweise eine Stärkung der „Career Guidance Services" vor, unter denen OECD und EU jene Angebote verstehen, „(which; I.T.) assist people, of any age and at any point throughout their lives to make educational, training and occupational choices and to manage their careers" (Watts/Sultana 2004, S. 107). Diese Debatte thematisiert vor allem die Destandardisierung und zunehmende Häufigkeit von Übergängen im Lebenslauf und reagiert damit auf die Tatsache, dass die Bewältigung von Übergängen zunehmend vom einzelnen Subjekt durch den Rückgriff auf individuelle Kompetenzen und Entwicklungspotentiale zu meistern ist. Übergänge zeichnen sich in dieser Perspektive somit als „riskante Übergänge" (Seitter 1999) aus, die grundsätzlich mit der Gefahr des Scheiterns verknüpft sind.

In der Bundesrepublik ist das Phänomen Übergang aber vor allem durch die bildungspolitische Diskussion um Chancengleichheit im Bildungssystem in die (fach-)öffentliche Aufmerksamkeit gerückt, die nach der Jahrtausendwende durch die PISA-Studien zu neuem Leben erweckt wurde (OECD 2001; 2004; 2007; 2010). Und auch der nationale Bildungsbericht richtet das Augenmerk zunehmend auf das Thema der Übergänge im Bildungssystem (vgl. vor allem Autorengruppe Bildungsberichterstattung 2008; vgl. auch Autorengruppe Bildungsberichterstattung 2010). So wurde deutlich, dass die Bewältigung von Übergängen im Bildungssystem von den hier stattfindenden Gatekeepingprozessen (Rabe-Kleberg/Behrens 2000; Struck 2001) geprägt ist, die in hohem Maße von der Verfügung über familiäre Ressourcen abhängig sind. Gomolla und Radtke (2007) sprechen diesbezüglich sogar von einer institutionell implementierten Diskriminierung.

Die bildungspolitische Diskussion zielt somit auf eine Minimierung der sozialen Selektion und eine Optimierung des Übergangsgeschehens ab. Hier lassen sich zwei unterschiedliche Strategien erkennen. Zum einen wird eine Erhöhung der Chancengleichheit im Bildungswesen angestrebt durch „eine *Abmilderung* bzw. *Entschärfung* von Übergängen, indem diese intensiver vorbereitet, in sich ausdifferenziert und zeitlich verlängert werden" (Thielen 2011, S. 12). Zum anderen ist eine stärkere Betonung der individuellen Leistung bzw. Leistungsfähigkeit zu beobachten, die sich u.a. in einer größeren Aufmerksamkeit für Verfahren der Kompetenzmessung äußert.

2. Kompetenzmessung als Dispositiv

Unter dem Stichwort der Kompetenzmessung lassen sich Bemühungen und Bestrebungen subsumieren, welche auf ganz unterschiedliche Weise auf eine Operationalisierung der individuellen und/oder kollektiven Leistungsfähigkeit abzielen. Die von Pawlowsky, Menzel und Wilkens (2005) entwickelten Kategorisierungskriterien unterscheiden die Vielzahl dieser Instrumente beispielsweise hinsichtlich ihrer Analyseebene (Individuum, Gruppe, Organisation, Netzwerk), des Gegenstands der Messung (Prozesse vs. Bestände), der Messmethoden (Bestandsaufnahme vs. Prozessanalyse), des Beurteilungsgrades (Erfassung vs. Bewertung, Beurteilungsperspektive und Erfolgskriterien), der zeitlichen Dimension (Vergangenheit, Gegenwart, Zukunft) und der Zielperspektive der Kompetenzmessung. Im Hinblick auf die Optimierung des Übergangsgeschehens scheint diesen Instrumenten jedoch gemein zu sein, dass sie eine homosoziale Kooptation vermeiden und offene, leistungsorientierte Kooptation befördern sollen.

Eine solche Ausrichtung der Messverfahren an einem meritokratischen Leistungsprinzip macht sich vor allem an der zentralen Bedeutung des Kompetenzbegriffs in diesem Feld fest. Betrachtet man die Konjunktur dieses Begriffs, so zeigt sich, dass er im Bereich der Erwachsenenbildung vor allem im Zuge der bundesdeutschen Bildungsdebatte der 1990er Jahre an

Prominenz gewann (Vonken 2001): So wurde durch den massenhaften Verfall beruflicher Qualifikationen im Kontext der deutsch-deutschen Wiedervereinigung eine Qualifizierungsoffensive Ost gefahren, in der es einer Begrifflichkeit bedurfte, die einerseits die bisherigen Lebensleistungen der Menschen auch unabhängig von der formalen Zertifizierung anerkannte, die andererseits aber auch jene Fähigkeiten in den Blick nahm, sich neuen und sich permanent verändernden Strukturen anzupassen und diese ebenso mit zu gestalten. Mit dem Begriff Kompetenz sollte also die Schnittmenge von Individualität und Leistung fokussiert werden, eine Bildungsidee, die sich auch in anderen Bildungssektoren wiederfinden lässt – Lehrpläne werden zu Bildungsplänen umgeschrieben, Lernziele werden durch Kompetenzziele ersetzt und auch in der Notengebung wird zunehmend auf die Bedeutung individueller Bezugsnormen fokussiert. Durch diese spezifische Kombination von Individualität und Leistung ist Bildung oder besser gesagt Kompetenz dann nicht mehr normativ zu bestimmen als das, was sein soll, sondern nur noch empirisch als das, was ist. Leistung aber, so macht Michaela Pfadenhauer (2003) im Anschluss an Dreitzels Elitensoziologie deutlich, führt nur dann zum Erfolg, „wenn sie als solche sichtbar wird, das heißt ‚bekannt' ist, ‚erkennbar' wird und als ‚bedeutsam' erscheint" (ebd., S. 81). Die Verwertbarkeit von Leistung und in diesem Sinne auch von Kompetenz ist also stets abhängig davon, dass sie als solche erkannt und anerkannt wird und somit auch davon, was als kompetent gilt und was nicht. Die Instrumente der Kompetenzmessung sind somit Werkzeuge der Sichtbarmachung eben dieser individuellen Leistungsfähigkeit und lassen sich somit auch als Ausdruck eines spezifischen Diskurses begreifen, in dem der Gegenstand Kompetenz konstituiert wird, und mit dem bestimmte Wahrheitspolitiken und somit eine spezifische Rationalität von Norm und Abweichung einhergehen. Die Instrumente der Kompetenzmessung lassen sich somit als Materialisierung dieses Diskurses begreifen, als Ausdruck eines Kompetenzdispositivs (Truschkat 2008; 2011).

3. Empirische Einblicke

Ausgehend von diesen Überlegungen liegt es somit nahe, das Verhältnis des normativen Wissens um die Kompetenzthematik und die Sichtbarmachung von Individualität und Leistung durch die Instrumente der Kompetenzmessung eingehender zu reflektieren. Betrachtet man den Diskurs um Kompetenz, so lassen sich zunächst zwei unterschiedliche Diskursstränge unterscheiden, die sich als strukturell-normativer und individual-dispositiver Diskursstrang benennen lassen (Truschkat 2008; 2010).

Der strukturell-normative Kompetenzdiskurs zeichnet sich dadurch aus, dass die Konzeptionalisierung von Kompetenz ein hohes Maß an Operationalisierungsbemühungen aufweist, was in einem engen Verhältnis zu den

Bestrebungen steht, eine Art optimales Kompetenzmodell zu entwerfen. So zeigt sich, dass häufig eine Differenzierung zwischen einem Handlungsvermögen und einem Handlungsantrieb vorgenommen wird. Unter der Komponente des Handlungsvermögens werden die einzelnen Fähigkeiten als aggregierbare und technizistische Fertigkeit verhandelt. Durch die richtigen Techniken und das passende Equipment – so wird suggeriert – sei jede(r) in der Lage, sich nach dem Baukastenprinzip das notwendige Handlungsvermögen additiv zusammenzustellen, wobei es hier unterschiedliche Kompetenzniveaus zu erreichen gibt, was sich oftmals in der Betitelung von Einsteigern, Fortgeschrittenen und/oder Experten und Spezialisten widerspiegelt. Eine ähnliche Logik findet sich auch in den Instrumenten der Kompetenzmessung wieder, wie folgendes Beispiel aus dem Profil-Pass (4. Schritt Bewerten) des Deutschen Instituts für Erwachsenenbildung (2009, S. 15) aufzeigt.

[...] Nutzen Sie dazu diese Niveaus:

Niveau A	Ich kann es mit Hilfe einer andern Person oder einer schriftlichen Anleitung tun.
Niveau B	Ich kann es ohne Hilfe einer anderen Person oder einer schriftlichen Anleitung, das heißt selbstständig tun.
Niveau C1	Ich kann es selbstständig auch in einem anderen Zusammenhang tun.
Niveau C2	Ich kann es selbstständig auch in einem anderen Zusammenhang tun und kann es anderen Menschen vormachen oder erklären.

Im Kontext des Profil-Passes geht es sowohl um die Erfassung als auch um die Bewertung der eigenen Fähigkeiten mit dem Ziel der Bestimmung eines individuellen Kompetenzprofils. Das Erfassen und Bewerten wird für verschiedene Tätigkeitsbereiche vorgenommen und erfolgt stets in vier Schritten: benennen, beschreiben, auf den Punkt bringen und bewerten. Schritt vier, die Bewertung, soll dann nach dem oben benannten Muster erfolgen. Hier werden unterschiedliche Kompetenzniveaus definiert, welche die jeweiligen Fertigkeiten bewertbar machen. Die Logik unterliegt einer Ordinalskala, einer Rangordnung von mehr oder weniger, größer oder kleiner bzw. stärker oder schwächer. Trotz diesem Bemühen um Operationalisierung der Bewertung bleibt die Beurteilung jedoch qualitativ. So erfährt man nichts über die Abstände zwischen den benachbarten Urteilsklassen und darüber, ob diese zwischen den Niveaus als gleich groß gelten können. Gleichwohl wird hier ein Phasenmodell suggeriert, in dem man sukzessive aufsteigen und die individuelle Leistung additiv erweitern kann.

Ein weiterer Aspekt der Operationalisierungsbemühungen des strukturell-normativen Kompetenzdiskurses bezieht sich auf den Handlungsantrieb, der im Vergleich zum Handlungsvermögen allerdings weitaus weniger intensiv behandelt wird. So lassen sich auch weniger Bemühungen finden, diesen zu operationalisieren. Hier wird mit Begrifflichkeiten wie Motivation, Werte, Persönlichkeit etc. operiert. Der Handlungsantrieb wird als eine Art ‚Black Box' dargestellt, die von außen nicht einsehbar und manipulierbar ist. Der innere Aufbau und die inneren Funktionsweisen einer solchen Black Box bleiben unbekannt. Dies findet sich auch in den Instrumenten der Kompetenzmessung wieder, wie es sich hier im Kasseler-Kompetenzraster zeigt:

Abbildung 1: Der allgemeine Variablenzusammenhang 1
(Pawlowsky/Menzel/Wilkens 2005, S. 364)

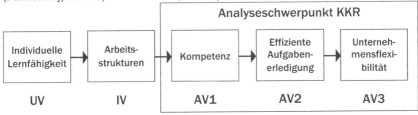

UV = Unabhängie Variable; IV = Intervenierende Variable; AV = Abhängige Variable

Während sich der Analysefokus auf die abhängigen Variablen der Kompetenz, der Effizienz und der Flexibilität bezieht, wird neben der intervenierenden Variable der äußeren Struktur die individuelle Lernfähigkeit als unabhängige Variable deklariert. Das Kasseler-Kompetenzraster basiert dabei auf einer Analyse von Problemlösungsprozessen von Gruppen, wobei die Operationalisierung der Kompetenz durch verbale Äußerungen im Gruppenprozess, die Operationalisierung der Effizienz durch den Einsatz von Multiplikatorwerten durch Experten und die Operationalisierung der Flexibilität durch eine an OECD-Kriterien angelehnte Selbsteinschätzung der Organisation vorgenommen wird. Die intervenierende Variable hingegen wird durch die gestellte Gruppenaufgabe und die Unternehmensbereiche beeinflusst. Die individuelle Lernfähigkeit wird nicht weiter operationalisiert und stellt entsprechend des strukturell-normativen Kompetenzdiskurses eine Black Box dar, die funktional nicht zu bestimmen und zu variieren ist. Hier findet sich somit die diskurstypische Aufteilung in Bereiche des Handlungsantriebs als unabhängige Variable und des Handlungsvermögens als operationalisierbare, abhängige Variable. Und so werden im Allgemeinen jene Kompetenzanteile, die den Handlungsantrieb betreffen, auch als (‚fremdgesteuert') kaum entwickelbar erachtet, gelten gleichzeitig aber als die zentrale Triebfeder des Handelns. Wie massiv sich dies in den Instrumenten zur Kompetenzmessung widerspiegelt, zeigt das folgende Beispiel aus dem LIFO[©]-Lebensorientierungs-Fragebogen.

Der LIFO©-Lebensorientierungs-Fragebogen

„Die LIFO©-Methode ist ein Verfahren, mit dem Verhaltensstile und grundlegende Einstellungen quantitativ beschreibbar werden. [...] Dazu arbeitet die LIFO©-Methode mit den vier Grundwerten Leistung, Aktivität, Vernunft und Kooperation, die alle Personen in unterschiedlichen Ausprägungsgraden verwenden (Erpenbeck/Heyse 1999, S. 245). Im Kern der Betrachtung des LIFO©-Lebensorientierungs-Fragebogens, der im Rahmen der Kompetenzbiographie angewandt wird, stehen Fragen nach der Beschaffenheit von Lebensorientierungen, Stärken und Wertorientierungen. Es geht also um die Ermittlung von Lebensorientierungen und Stärken, die zum Erfolg befähigen" (Kaufhold 2006, S. 228).

Die LIFO©-Methode wurde 1967 von Stuart Atkins und Allan Katcher entwickelt und hauptsächlich im personalwirtschaftlichen Bereich angewandt. Beim Lebensorientierungs-Fragebogen handelt es sich um ein Instrument der Bestandsaufnahme, das die Bestimmung persönlicher Verhaltensstile durch eine quantifizierende Operationalisierung ermöglichen soll. Im Ergebnis werden hier vier Grundstile des Verhaltens unterschieden, die alle Individuen in spezifischer Mischung aufweisen. Unterschieden werden der Stil ‚Unterstützend/Hergebend' mit dem Fokus auf Leistung und Werten, der Stil ‚Bestimmend/Übernehmend' mit dem Fokus auf Aktivität und Effizienz, der Stil ‚Bewahrend/Festhaltend' mit dem Fokus auf Vernunft und Logik und der Stil ‚Anpassend/Harmonisierend' mit dem Fokus auf Kooperation und Harmonie (vgl. Atkins/Katcher/Dahl 2003). Der Identifikation dieser Persönlichkeitsmerkmale kommt hier eine zentrale Bedeutung zu, da sie es sind, die – wie es im oben genannten Zitat heißt – „zum Erfolg befähigen".

Wie sich insgesamt zeigt, beziehen sich die Bemühungen um Operationalisierung von Kompetenz im strukturell-normativen Kompetenzdiskurs in einem starken Maß auf die Bereiche der Performanz und somit auf den Anteil des Handlungsvermögens. Das hier vorherrschende Baukastenprinzip, in dem die scheinbar zentralen Fertigkeiten und Fähigkeiten additiv aufgelistet werden, und die Abgrenzung unterschiedlicher Leistungsniveaus bieten die Möglichkeit, Ist- und Soll-Zustand zu bestimmen. Durch die Kompetenzmessung wird somit nicht nur eine Normation vorgenommen, durch die das kompetente Subjekt überprüfbar wird, sondern es wird zugleich eine prinzipielle Erreichbarkeit dieser Norm suggeriert, in dem stets zugleich aufgezeigt wird, was noch möglich wäre. Individuelle Leistung spielt hier somit stets hinein. Zugleich wird jedoch deutlich, dass hinter dieser prinzipiellen Leistungsbezogenheit stets der Handlungsantrieb steht, der hier als eine Art Black Box oder unabhängige Variable gesetzt wird, wodurch eine spezifische Form der Selbstregulation adressiert wird.

Die Selbstregulation des kompetenten Subjekts nimmt im zweiten Diskursstrang, im individual-dispositiven Kompetenzdiskurs eine noch zentralere Stelle ein, da die Selbstregulation hier ein noch grundlegenderes Element in der Konzeptionalisierung von Kompetenz darstellt (Truschkat 2008; 2010). Die besondere Bedeutung der Selbstregulation findet sich im individual-dispositiven Kompetenzdiskurs in der dynamischen Form der Konzeptionalisierung von Kompetenz wieder. Kompetenz wird hier im Gegensatz zum strukturell-normativen Diskurs nicht so sehr durch seine Einzelbestandteile definiert, als vielmehr durch einen systemischen Charakter. Das System Kompetenz zeichnet sich durch eine dynamische Stabilität aus, dessen Systemgestalt nicht durch ein Identisch-bleiben der Systemelemente und der zwischen ihnen bestehenden Verknüpfungen erhalten bleibt, sondern durch die selbstreferentielle Operationsweise. Dieses Kompetenzmodell beinhaltet im systemischen Sinne sowohl eine retrospektive als auch eine prospektive Dimension. Die temporal rückwärts gerichtete Aufmerksamkeit zielt auf den Aspekt der Erfahrungsaufschichtung, der einen Strukturbildungsprozess beschreibt und somit weitaus integrativer angelegt ist als die additiv-funktionalistische Kompetenzentwicklung des strukturell-normativen Diskursstrangs. Die Struktur des Systems Kompetenz beeinflusst ihrerseits aber auch zukünftiges Handeln; Kompetenz umfasst somit auch eine dispositive Seite. Das Individuum im individual-dispositiven Kompetenzdiskurs wird somit weitaus deutlicher als sozial Handelnder, und es wird als Gestalter seines eigenen Bildungsprozesses in die Pflicht genommen (Truschkat/Herzberg 2009), wodurch das Prinzip der „Sorge um sich" (Foucault 1993, S. 35) einen zentralen Stellenwert einnimmt. Dieses Prinzip findet sich auch in Instrumenten der Kompetenzmessung wieder, wie der Hinweis zum Kompetenz-Pass aufzeigt, der im Rahmen der Initiative „in eigener Sache" entwickelt wurde.

Zeigen Sie Ihre Initiative in eigener Sache. […]

„Der Kompetenz-Pass »in eigener Sache« fasst Ihr Ergebnis des Kompetenz-Tests, Ihre berufsrelevanten Fachkenntnisse sowie Ihr Engagement zum Ausbau Ihrer Arbeitsmarktfitness in einem einzigen Dokument zusammen. […]
Dokumentieren Sie mit dem Kompetenz-Pass Ihren Weg zu mehr Arbeitsmarktfitness oder verwenden Sie ihn im Rahmen Ihres Selbstmarketings, zum Beispiel bei Bewerbungen" (www.in-eigener-sache.de).

Bereits durch die Betitelung dieses Kompetenz-Passes mit dem Label „in eigener Sache" wird das Prinzip der „Sorge um sich" deutlich. Folgt man Foucaults (1993) Ausführungen zu dieser Selbsttechnik, so kommt man zu dem Schluss, dass es sich bei der Sorgfalt, die man auf sich selbst verwendet, um mehr als die bloße Aufmerksamkeit für sich gehe. Vielmehr handelt es sich um die „äußerste Sorgfalt auf seine Begabungen und seine Gesundheit", wobei dies „ein reales Handeln und nicht nur ein Habitus" sei (ebd., S. 34). Ziel dieser Sorgfalt ist im vorliegenden Beispiel also, seine Begabungen zu schärfen oder anders gesagt, seine Arbeitsmarktfitness auszubauen und zwar in eigener Sache und handelnd. Insgesamt stellt die Sorge um sich somit das Individuum in die Verantwortung für die eigene Entwicklung, wobei dieser Individualisierung durch Selbstregulation der kollektive Endzweck gegenübersteht, der mit der ‚Sorge um sich selbst' verbunden ist. „Eine Polis" so heißt es bei Foucault (1994, S. 282), „in der jedermann sich in der rechten Weise um sich selbst sorgte, wäre eine Polis, die gut funktionierte und die darin das ethische Prinzip ihrer Dauer fände." Die Sorge um sich oder die Selbstorganisation des Individuums oder, noch einfacher gesagt, die Kompetenz beinhaltet somit immer auch ein funktionalistisches Prinzip. Die wirschaftliche und gesellschaftliche Funktionalität der hier fokussierten Sorge um sich wird im vorliegenden Beispiel dadurch unterstrichen, dass es zunächst einiger Recherche auf der entsprechenden Internetseite bedarf, um die Autoren dieses Kompetenzpasses zu identifizieren. Schließlich stößt man im Impressum darauf, dass diese Initiative aus einer Arbeitsgemeinschaft erwächst, die maßgeblich von der Deutschen Bank AG getragen wird.

Neben der Sorge um sich zeichnet den individual-dispositiven Kompetenzdiskurs zugleich aus, dass mit der Kompetenzthematik zugleich eine Logik der permanenten Vervollkommnung vermittelt wird. Erste Hinweise hierauf finden sich auch im obigen Beispiel. Indem hier der Begriff der Arbeitsmarktfitness gewählt wird, wird ein Bild eröffnet, das deutlich macht, dass nur ein permanentes Training die entsprechende Fitness gewährleistet. So gilt es, den erreichten Status zu erhalten und weiter auszubauen. Eine sehr ähnliche Logik findet sich auch in den folgenden Ausführungen zum Qualipass.

Qualipass – Bildungspass Baden-Württemberg

„Der Qualipass – Bildungspass Baden-Württemberg ist eine Dokumentenmappe für Erwachsene, in der ehrenamtliches Engagement sowie Qualifizierungsangebote dokumentiert werden.
Berufsbegleitende Qualifizierung und lebenslanges Lernen werden in der heutigen Arbeitswelt immer wichtiger. Nur wer sich kontinuierlich weiterbildet, wird den Arbeitsplatzanforderungen von morgen gerecht, schafft sich Möglichkeiten zum beruflichen Wiedereinstieg oder zu beruflichen Veränderungen.
Neben fachspezifischen Qualifizierungsangeboten der Wirtschaft und von Weiterbildungsträgern kommt dem Bereich des Ehrenamts eine besondere Stellung zu.
In Baden-Württemberg engagieren sich über vier Millionen Menschen bürgerschaftlich und ehrenamtlich in Vereinen, Bürgerinitiativen, Schulen, sozialen Einrichtungen oder

Selbsthilfegruppen. Der Qualipass – Bildungspass Baden-Württemberg dokumentiert und wertschätzt dieses Engagement und macht es deutlich sichtbar" (www.qualipass.info/Bildungspass).

Der Qualipass Baden-Württemberg ist im Gegensatz zum Kompetenz-Pass ein Instrument, das von Seiten öffentlicher Geldgeber gefördert wurde und – wie aus dem Zitat hervorgeht – Augenmerk auf das ehrenamtliche Engagement legt. Dennoch wird auch hier an die Eigenverantwortung jedes Einzelnen appelliert und sehr explizit auf die Bedeutung der permanenten Weiterqualifizierung hingewiesen. Mit dieser Logik der Relativität, die gleichsam im Diskurs wie in den Instrumenten der Kompetenzmessung angelegt ist, geht schließlich eine prinzipielle Unabschließbarkeit der eigenen Kompetenzentwicklung einher. Hier wird somit ein Imperativ der „fortschreitenden Vervollkommnung" (Makropoulos 2003, S. 11) konstituiert. Nur wer sich permanent selbst entwickelt, kann seine Stellung im Gefüge der dynamischen Verteilung behaupten.

Insgesamt wird deutlich, dass im individual-dispositiven Kompetenzdiskurs im Gegensatz zum vorherigen Diskursstrang Kompetenz nicht als optimales Modell, das heißt als Norm verstanden wird, die durch Training und Übung prinzipiell erreichbar wäre. Die Rationalität des individual-dispositiven Kompetenzdiskurses liegt vielmehr in der Relativität der Differenzierung begründet. Differenzierung vollzieht sich nicht im Sinne einer Einteilung in richtig oder falsch, sondern in besser und schlechter.

„Im Ergebnis entstehen dynamische Verteilungen, die veränderbar sind und den Individuen Statuswechsel von ‚normal' zu ‚anormal' und umgekehrt von ‚anormal' zu ‚normal' ermöglichen. Die Trennlinie zwischen dem Normalen und dem Unnormalen ist nicht nur durchlässig, sondern auch unscharf, nur gültig für bestimmte Lebensbereiche und befristete Zeiträume. Sie muss stets von neuem erkundet und ausgelotet werden" (Waldschmidt 2004, S. 193).

Die Rationalität des individual-dispositiven Kompetenzdiskurses und deren Materialisierung in den Instrumenten der Kompetenzmessung erzeugen somit ein permanentes „Diktat des Komparativs" (Bröckling 2000, S. 163).

4. Fazit

Im vorliegenden Beitrag wurde die These entwickelt, dass die Instrumente der Kompetenzmessung im Kontext der bildungspolitischen Aufmerksamkeit für die sozialen Selektionsprozesse an Übergängen im Bildungs- und Erwerbssystem besondere Konjunktur erfahren. Der mit der Kompetenzthematik verknüpfte Fokus auf Individualität und Leistung scheint jener sozialstrukturellen Färbung entgegenzuwirken. Die Einblicke in die Empirie weisen jedoch darauf hin, dass ein solcher Anspruch an die Instrumente der Kompetenzmessung eher mit Skepsis zu betrachten ist.

Beide Diskursstränge weisen durchaus Bezüge zu Individualität und Leistung auf, die jedoch unterschiedlichen Logiken unterliegen. Im ersten Fall, dem strukturell-normativen Kompetenzdiskurs, zeigte sich, dass auch die entsprechenden Instrumente der Kompetenzmessung mit einer stark normativen Vorstellung von Kompetenz arbeiten. Die Erfüllung der Norm ist dabei vordergründig leistungsabhängig, da in der Kompetenzmessung vor allem auf das Handlungsvermögen abgezielt wird, das seinerseits als technizistisch und aggregierbar konzeptionalisiert wird. Im zweiten Fall, dem individual-dispositiven Kompetenzdiskurs, liegt der Fokus hingegen vor allem auf Prozessen der Selbstregulation. Mit der Ausrichtung auf Individualität ist hier somit keine festgefügte Norm verbunden, sondern vielmehr ein ‚survival of the fittest'. Die Anforderung an jeden Einzelnen besteht nunmehr darin, um sich selbst Sorge zu tragen und sich der fortschreitenden Vervollkommnung hinzugeben.

Die Gemeinsamkeit beider Diskursstränge liegt jedoch darin, dass weder in dem einen noch in dem anderen Fall das soziale Gewordensein des kompetenten Subjekts reflektiert wird. So wird im strukturell-normativen Kompetenzdiskurs die besondere Relevanz des Handlungsantriebs deutlich, der in der Operationalisierung von Kompetenz in den Instrumenten der Kompetenzmessung systematisch ausgeschlossen wird. Damit wird aber auch ausgeblendet, dass gerade Elemente wie Werte, Lebensorientierungen etc., die sich hierunter verbergen, stark geprägt sind von zur Verfügung stehenden Ressourcen und der sozialen Herkunft. Gleiches gilt für die hohe Bedeutung der Selbstregulation im individual-dispositiven Diskursstrang. Die Möglichkeit, sich stets weiterzubilden und anzupassen, um sich selbst Sorge zu tragen etc., hängt stark von den Möglichkeiten ab, sich von der Notwendigkeit des strategischen Denkens, von der Entwicklung eines lesbaren sozialen (Lebens-)Plans freimachen zu können. Diese Möglichkeit hängt im entscheidenden Maße davon ab, wie Diffusitäten, Neuorientierungen und Einkommensausfälle kompensiert werden können. Flexibilität und Selbstbestimmung gehen somit eng einher mit der Verfügung über Ressourcen, über kulturelles und ökonomisches, aber vor allem über soziales Kapital (Bourdieu 1983). Die sozialstrukturellen Einflüsse werden jedoch weder im einen noch im anderen Diskursstrang reflektiert. Der Kompetenzdiskurs und damit auch die Instrumente der Kompetenzmessung kranken somit an dem, was Helmut Bremer (2004) auch im Bezug auf das Selbstlernen diagnostiziert hat, nämlich daran, dass sich hier „elitäre Habitusmuster und Strategien finden, die als Leitbilder explizit oder implizit auf die gesamte Gesellschaft projiziert werden" (ebd., S. 198). Der Einsatz dieser Instrumente an Übergängen im Bildungs- und Erwerbssystems und die damit suggerierte stärkere Ausrichtung auf Leistung und Individualität birgt somit die Gefahr, strukturelle Barrieren nicht abzufedern, sondern diese im Gegenteil zu perpetuieren.

Literatur

Atkins, S./Katcher, A./Dahl, E (2003): LIFO Training: Productivity Workbook 2. Los Angeles, CA: BCon LIFO International.

Autorengruppe Bildungsberichterstattung (2008): Bildung in Deutschland 2008. Ein indikatorengestützter Bericht mit einer Analyse zu Übergängen im Anschluss an den Sekundarbereich I. www.bildungsbericht.de/daten2008/bb_2008.pdf (Abruf 20.12.2010).

Autorengruppe Bildungsberichterstattung (2010): Bildung in Deutschland 2010. Ein indikatorengestützter Bericht mit einer Analyse zu Perspektiven des Bildungswesens im demografischen Wandel. www.bildungsbericht.de/daten2010/bb_2010.pdf (Abruf 20.12.2010).

Bourdieu, P. (1983): Ökonomisches Kapital, kulturelles Kapital, soziales Kapital. In: Kreckel, R. (Hrsg.): Soziale Ungleichheiten, Soziale Welt Sonderband 2. Göttingen: Schwartz & Co, S. 183–198.

Bremer, H. (2004): Der Mythos vom autonom lernenden Subjekt. Zur sozialen Verortung aktueller Konzepte des Selbstlernens und zur Bildungspraxis unterschiedlicher sozialer Milieus. In: Engler, S./Krais, B. (Hrsg.): Das Kulturelle Kapital und die Macht der Klassenkulturen: Sozialstrukturelle Verschiebungen und Wandlungsprozesse des Habitus. Weinheim: Juventa, S. 189–213.

Bröckling, U. (2000): Totale Mobilmachung. Menschenführung im Qualitäts-und Selbstmanagement. In: Bröckling, U./Krasmann, S./Lemke, T. (Hrsg.): Gouvernementalität der Gegenwart: Studien zur Ökonomisierung des Sozialen. Frankfurt am Main: Suhrkamp, S. 131–167.

Field, J./Gallacher, J./Ingram, R. (2009): Researching Transitions in Lifelong Learning. London: Routledge.

Foucault, M. (1993): Technologien des Selbst. In: Martin, L.H./Gutman, H./Hutton, P.H. (Hrsg.): Technologien des Selbst. Frankfurt am Main: Fischer, S. 24–62.

Foucault, M. (1994): Das Subjekt und die Macht. In: Dreyfus, H.L./Rabinow, P. (Hrsg.): Michel Foucault. Jenseits von Strukturalismus und Hermeneutik. Weinheim: Beltz, S. 243–261.

Gomolla, M./Radtke, F. (2000): Mechanismen institutionalisierter Diskriminierung in der Schule. In: Gogolin, I./Nauck, B. (Hrsg.): Migration, gesellschaftliche Differenzierung und Bildung. Opladen: Leske+Budrich, S. 321–341.

Gomolla, M./Radtke, M. (2007): Institutionelle Diskriminierung. Die Herstellung ethnischer Differenz in der Schule. Wiesbaden: VS.

Kaufhold, M. (2006): Kompetenz und Kompetenzerfassung. Analyse und Beurteilung von Verfahren der Kompetenzerfassung. Wiesbaden: VS.

Konietzka, D. (2010): Zeiten des Übergangs. Sozialer Wandel des Übergangs in das Erwachsenenalter. Wiesbaden: VS.

Makropoulos, M. (2003): Massenkultur als Kontingenzkultur. Artifizielle Wirklichkeiten zwischen Technisierung, Ökonomisierung und Ästhetisierung. In: Lux, H. (Hrsg.): lautloses irren, ways of worldmaking, too. Berlin: Verlag der Kunst, S. 153–171.

Merrill, B. (2009): Learning to Change? The Role of Identity and Learning Careers in Adult Education. Frankfurt am Main: Lang.

OECD (2001): Lernen für das Leben. Erste Ergebnisse der internationalen Schulleis-tungsstudie PISA 2000. www.oecd.org/dataoecd/44/31/33691612.pdf (Abruf 20.12.2010).

OECD (2004): Lernen für die Welt von morgen. Erste Ergebnisse von PISA 2003. www.oecd.org/dataoecd/48/48/34474315.pdf (Abruf 20.12.2010).

OECD (2007): PISA 2006. Naturwissenschaftliche Kompetenzen für die Welt von morgen. Kurzzusammenfassung. www.oecd.org/dataoecd/18/35/39715718.pdf (Abruf 20.10.2010).

OECD (2010): PISA 2009 Ergebnisse: Zusammenfassung. www.oecd.org/dataoecd/35/13/46580802.pdf (Abruf 20.12.2010).

Pawlowsky, P./Menzel, D./Wilkens, U. (2005): Wissens- und Kompetenzerfassung in Organisationen. In: Arbeitsgemeinschaft Betriebliche Weiterbildungsforschung e.V. (Hrsg.): Kompetenzmessung im Unternehmen. Lernkultur- und Kompetenzanalysen im betrieblichen Umfeld. Münster: Waxmann, S. 341–445.

Pfadenhauer, M. (2003): Macht – Funktion – Leistung: Zur Korrespondenz von Eliten- und Professionstheorien. In: Mieg, H./Pfadenhauer, M. (Hrsg.): Professionelle Leis-tung – Professional Performance. Konstanz: UVK, S. 71–87.

Projektverbund Deutsches Institut für Erwachsenenbildung (2009): Profil-Pass: gelernt ist gelernt; Stärken kennen – Stärken nutzen. Bielefeld: Bertelsmann.

Rabe-Kleberg, U./Behrens, J. (2000): Gatekeeping im Lebenslauf – oder: Wer wacht an Statuspassagen? In: Hoerning, E.M. (Hrsg.): Biographische Sozialisation, Band 17. Stuttgart: Lucius&Lucius, S. 101–135.

Sackmann, R./Wingens, M. (2001): Theoretische Konzepte des Lebenslauf: Übergang, Sequenz und Verlauf. In: Dies. (Hrsg.): Strukturen des Lebenslaufs. Übergang, Se-quenz, Verlauf. Weinheim und München: Juventa, S. 17–48.

Seitter, W. (1999): Riskante Übergänge in der Moderne. Vereinskulturen, Bildungsbio-graphien, Migranten. Opladen: Leske+Budrich.

Struck, O. (2001): Gatekeeping zwischen Individuum, Organisation und Institution. Zur Bedeutung und Analyse von Gatekeeping am Beispielen von Übergängen im Lebensverlauf. In: Leisering, L./Schuhmann, K.F. (Hrsg.): Institutionen und Lebens-läufe im Wandel. Weinheim und München: Juventa, S. 29–54.

Thielen, M. (2011): Pädagogik am Übergang. Arbeitsweltvorbereitung in der allgemein-bildenden Schule. Bad Heilbrunn: Klinkhardt.

Truschkat, I. (2008): Kompetenzdiskurs und Bewerbungsgespräche: eine Dispositiv-analyse (neuer) Rationalitäten sozialer Differenzierung. Wiesbaden: VS.

Truschkat, I./Herzberg, H. (2009): Lebenslanges Lernen und Kompetenz: Chancen und Risiken der Verknüpfung zweier Diskursstränge. In: Alheit, P./von Felden, H. (Hrsg.): Lebenslanges Lernen und erziehungswissenschaftliche Biographieforschung. Konzepte und Forschung im europäischen Diskurs. Wiesbaden: VS, S. 111–126.

Truschkat, I. (2010): Kompetenz: eine neue Rationalität sozialer Differenzierung? In: Kurtz, T./Pfadenhauer, M. (Hrsg.): Soziologie der Kompetenz. Wiesbaden: VS, S. 69-84.

Truschkat, I. (2011): Das Kompetenzdispositiv. Zu den Chancen und Herausforde-rungen einer Dispositivanalyse. In: Ecarius, J./Miethe, I. (Hrsg.): Methodentrian-gulation in der qualitativen Bildungsforschung. Opladen: Barbara Budrich, S. 225–245.

Turner, V.W. (1969): The ritual process: structure and anti-structure. London: Routledge & Kegan Paul.

van Gennep, A. (2005): Übergangsriten. Frankfurt am Main: Campus.

Vonken, M. (2001): Von Bildung zu Kompetenz. Die Entwicklung erwachsenenpäda-gogischer Begriffe oder Rückkehr zur Bildung? In: Zeitschrift für Berufs- und Wirt-schaftspädagogik 97, S. 503–522.

Waldschmidt, A. (2004): Normalität. In: Bröckling, U./Krasmann, S./Lemke, T. (Hrsg.): Glossar der Gegenwart. Frankfurt am Main: Suhrkamp, S. 190–196.

Watts, A.G./ Sultana, R.G. (2004): Career Guidance Policies in 37 Countries: Contrasts and Common Themes. In: International Journal for Educational and Vocational Guidance 4, S. 105–122.

Reiner Keller und Harald Hofer

Allgemeine Mobilmachung
Über Kompetenzdefinition, Platzierungskampf
und Positionierungsmacht

1. Einleitung

Unter *allgemeiner Mobilmachung* verstehen wir eine gegenwärtig weit ver-
breitete, in unterschiedlichster Gestalt in Erscheinung tretende Aktivie-
rungspolitik, welche Individuen, Organisationen und auch ganze Nationalstaaten im Sinne der Foucaultschen Gouvernementalitätsdiagnostik in kon-
kurrente Beziehungen setzt, mit dem Ziel, Anstrengungen, Motivationen
und Kompetenzoptimierungen zu erreichen, um im Wettbewerb gegeneinander Platzierungsvorteile zu erzielen.[1] Da es sich um eine institutionalisierte Mobilmachung handelt, sind erzielte Plätze nie gewiss, sondern be-
dürfen permanenter weiterer Kompetenzinvestitionen – die Leistung des
gestrigen Kompetenzsiegers mag morgen angesichts der Anstrengungen der
Anderen nur noch für ein ‚unter ferner liefen‘ qualifizieren. Die erwähnten
Platzierungsvorteile werden nicht über das ‚freie Spiel der Marktkräfte‘ o-
der den Sieg im sportlichen Zweikampf sichtbar. Vielmehr tritt die vermit-
telnde organisatorische Instanz der Kompetenzmessung als ‚unparteiischer
Schiedsrichter‘ auf den Plan, befugt, aufgrund eigener Beobachter-
Kompetenzen Hierarchisierungen der Konkurrenten vorzunehmen. Exemplarisch lässt sich dies am Beispiel der wissensgesellschaftlichen Mobilmachung im Feld der Bildung nachzeichnen. Seit einigen Jahren nimmt dort
der Begriff der ‚Kompetenz‘ eine zentrale Stellung ein. In der Regel sind
darunter primär Fähigkeiten zusammengefasst, die eine aktive und selbst-

---

1 Wir schließen hier – wie schon im Titel – an Ulrich Bröckling an, der seinen 2000
  erschienenen Aufsatz über „Menschenführung im Qualitäts- und Selbstmanagement"
  (Bröckling 2000, S. 131) mit „Totale Mobilmachung" betitelte. Während Bröckling
  mit Bezug auf Foucault im Qualitätsmanagement „ein pastorales Modell der Menschenführung" (Bröckling 2000, S. 141) erkennt und in den Vordergrund rückt, gehen
  wir – nicht im Gegensatz zu, sondern in Weiterführung der Gedanken Bröcklings –
  davon aus, dass im Zuge der Ökonomisierung des Sozialen und der Etablierung entsprechender Dispositive von einem neuen Machttypus, der „Positionierungsmacht",
  gesprochen werden kann.

ständige Teilnahme am Arbeitsmarkt in einer ‚wissensbasierten Gesellschaft' ermöglichen sollen. Ziel einer Vielzahl von Untersuchungen ist es, den Kompetenzerwerb in Bildungsprozessen möglichst effizient zu gestalten, was geeignete Formen der Kompetenzmessung einschließt. Der folgende Beitrag greift zunächst in exemplarischer Absicht die gegenwärtige Konjunktur des Kompetenzbegriffs in den Bildungsdebatten auf, um einerseits seinen Gebrauch kritisch zu hinterfragen und dazu andere soziologische Fragestellungen zu generieren.[2] Damit verbunden soll dann in einem zweiten Argumentationsschritt die hinter den Mobilisierungsprozessen aufscheinende gesellschaftliche Dynamik aufgezeigt werden, die sich u.E. vor allem in einer neuen Machtform, der „Positionierungsmacht" (Keller 2011), zeigt.

2. ‚Kompetenz' im öffentlichen Diskurs und in der Bildungsforschung

Spätestens seit Veröffentlichung der ersten PISA-Studie im Jahr 2000 werden auch in Deutschland Politiker und Arbeitgeber nicht müde, auf Reformen im Bildungsbereich mit dem Ziel der Förderung wettbewerbsfähiger und praxisnaher, nachfrageorientierter Kompetenzen zu drängen.[3] Die gewünschte Kompetenzoptimierung soll dabei möglichst kostensparend und effizient vonstattengehen. Inzwischen hat die Debatte – ausgehend von den Schulen – längst auf andere Bildungsfelder, insbesondere die Hochschulen,[4] übergegriffen, und so sehen sich auch diese einem massiven Veränderungsdruck ausgesetzt. Die im Zuge des Bologna-Prozesses eingeleiteten Reformen sehen dabei neben einer Effizienzsteigerung durch die Verkürzung der Studiendauer auch eine verstärkte Orientierung der Ausbildung an ökonomischen Verwertungsmöglichkeiten vor, die letztlich zur Standortsicherung im Wettlauf der Nationen um die ‚Ressource Wissen' beitragen soll.

Vergleichbare Entwicklungen lassen sich über den gesamten Globus verteilt beobachten. Die internationale Verbreitung einer komparativen und konkurrenten Bildungs- und Kompetenzauffassung sowie -ausrichtung basiert dabei auf einer weltweiten Reformierung der Bildungsapparate spätestens seit den 1970er Jahren. Beginnend mit dem Bericht der UNESCO-Bildungskommission „Wie wir leben lernen. Der UNESCO-Bericht über

---

2 Vgl. zu den Hintergründen und Anschlusspunkten der Diskussion Keller (2005; 2010; 2011).

3 Vgl. dazu die aktuelle Empörung von Norbert Blüm über den „Imperialismus der modernen Schule" in Die ZEIT vom 15.3.2012, S. 75–76.

4 Vgl. dazu das umfangreiche „Handbuch Wissenschaftspolitik" (Simon/Knie/Hornbostel 2010).

Ziele und Zukunft unserer Erziehungsprogramme" (Faure/Herrera/ Kaddoura 1973) starteten UNESCO, UN, OECD und auch die Europäische Gemeinschaft die Transformation ihrer Bildungssysteme in einem Prozess von oben nach unten. Im Zuge dieser Entwicklungen vollzog sich auch eine Neujustierung der durch Bildung zu generierenden Kompetenzen. Die Rede ist von ,Schlüsselqualifikationen', die – gemäß dem Lissaboner EU-Memorandum – „Voraussetzung sind für die aktive Teilhabe an der wissensbasierten Gesellschaft und Wirtschaft" (zitiert nach Tuschling 2004, S. 157). Ein gezieltes Kompetenzmanagement beinhaltet den kontinuierlichen Aufbau und die Pflege von Wissen, also eine „lebenslange Kompetenzentwicklung" (Tippelt/Mandl/Straka 2003, S. 349) in einer „Kompetenzbiographie" (Erpenbeck/Heyse 1999).

Die Bildungsforschung begegnet dem Ganzen bislang weitgehend pragmatisch, widmet sich also vor allem der Frage, wie die Bildungssysteme unter den gegebenen Bedingungen die Individuen befähigen können, für sich selbst und die ökonomischen Belange ihres Landes ihre ,Kompetenz-Fitness' zu optimieren und ,das Beste' zu erreichen. Die im Bildungsprozess anzueignenden Kompetenzen sollen über die Teilhabe an Wirtschaft und Gesellschaft immerhin auch „den Bürgerinnen und Bürgern ermöglichen, sich eine Identität zu erarbeiten und Lebensziele vorzugeben" (Tuschling 2004, S. 157). Das bedeutet im Wesentlichen:

(1) Unter ,Kompetenz' wird primär die optimierte bzw. permanent zu verbessernde Fähigkeit zur nachhaltigen, aktiven und selbstgesteuerten Arbeitsmarktteilnahme verstanden.

(2) Der Erwerb und die Vermittlung von Kompetenz muss zum Wohle aller effizienter und gerechter erfolgen, woraufhin die Bildungsinstitutionen auszurichten sind.

(3) Reformvorschläge sollen gemäß dieser Vorgaben angemessen und realistisch sein.

Ein solches Bildungs- und Kompetenzverständnis hat kaum noch etwas mit der von Adorno an die Pädagogik und die Bildungsinstitutionen gerichteten Maxime zu tun, wonach „[d]ie Forderung, daß Auschwitz nicht noch einmal sei, [...] die allererste an Erziehung [ist]" (Adorno 1970, S. 92).

Auffällig ist allerdings – und das lässt sich vielleicht exemplarisch am Verhältnis von Bildungsforschung und Bildungssoziologie nachzeichnen (Keller 2010) –, wie wenig es der Soziologie bislang gelungen ist oder sie sich der Aufgabe gestellt hat, einen eigenständigen und distanzierten analytischen Blick auf die gegenwärtigen Kompetenz-Mobilmachungen (nicht nur) im Bildungssektor zu richten. Wie Howard S. Becker (2003) es formulierte, wird ein soziologischer Beitrag zur Kompetenzdiskussion vielleicht erst in dem Maße relevant, wie er sich eigenen Forschungsinteressen und Themensetzungen zuwendet; dies sei – so Becker in anderem Zusammenhang – die Voraussetzung dafür, neue oder andere Lesarten auf die Konjunktur von Kompetenzgesellschaft und Positionierungsmacht zu entfalten und auf diese Weise einen gesellschaftlichen (wenn auch nicht unbedingt ökonomischen) ‚Mehrwert an Wissen' zu erzeugen.

Die Antwort auf die Frage, wie eine andere Profilierung der soziologischen Kompetenzforschung gelingen kann, kann dahin gehen, dass es der soziologischen Analyse gerade nicht um die praxisbezogenen Frageinteressen der Kompetenzmobilisierer und -bewerter gehen könnte, sondern um eine Emanzipation von den Relevanzkriterien und Kompetenzdefinitionen des von ihr zu untersuchenden Gegenstandsfeldes. Dies könnte durch folgende Prämissen geschehen:

(1) Ein auf gesellschaftliche Zusammenhangsfragen fokussiertes Erkenntnisinteresse;

(2) einen deutlich anders gefassten Kompetenzbegriff;

(3) die Hinwendung zur ‚gelebten Kompetenzpraxis' unter Individualisierungsbedingungen.

Heinz Bude hat für die Bildungswettbewerbe einen derartigen Perspektivwechsel im Hinblick auf den Kompetenzbegriff in seiner 2008 erschienenen Schrift über die „Ausgeschlossenen" bereits eingefordert. Dort weist er auf ein bislang wenig diskutiertes Problem der öffentlichen und auch wissenschaftlichen Debatten über die gegenwärtige Situation der Bildung hin. Das, was als Bildung und Kompetenz verhandelt wird, hat stets schon einen spezifischen Zuschnitt. Keineswegs handelt es sich um ein ‚unschuldiges' Bildungs- oder Kompetenzverständnis, sondern um das Resultat einer – kontingenten – diskursiven Formierung; das heißt etabliert ist ein spezifisches Kompetenzverständnis, dessen Kehrseite die Ausblendung vieler anderer Kompetenzformen darstellt.

(1) Wie bereits angedeutet wäre somit der erste Vorschlag an eine erweiterte Kompetenzforschung, eben nicht der Frage nachzugehen, wie und welche Kompetenz beispielsweise nach bildungspolitischen oder ökonomischen Vorgaben optimal zu erwerben sei, sondern den Akzent darauf zu legen, in welcher Weise an welcher Stelle welche Kompetenzerwartungen in der Debatte um Bildung gefordert werden und wie dies begründet wird; wie also in öffentlichen oder wissenschaftlichen Diskursen und in lokalen, regionalen oder globalen institutionellen Settings Kompetenzerwartungen formiert werden – das heißt einerseits ‚Passendes' aufgebaut und andererseits ‚Nicht-Passendes' ausgegrenzt wird. Die zu entwickelnde kritische Analyse der „Problematisierung von Kompetenzen" (im Sinne des Foucaultschen Konzepts der Problematisierung, Keller 2008, S. 59ff.) zielt somit auf die diskursive Formierung von Kompetenz in unterschiedlichsten gesellschaftlichen Arenen, ohne aber die Diagnose der Wissensgesellschaft als definitorische Rahmenbedingung vorauszusetzen.

(2) Dem wäre zweitens ein Kompetenzbegriff adäquat, der ‚Kompetenz‘ empirisch-rekonstruktiv als relationales, das heißt in unterschiedlichsten situativen sozialen Settings her- und dargestelltes, erwartetes und zugeschriebenes Geschehen fasst. In diesem Sinne sind dann Kriterien für Kompetenzfeststellung relativ zu solchen Settings (zu Szenen, Vergemeinschaftungen, organisationellen Ordnungen etc.) zu entfalten. Dadurch wird dem Umstand Rechnung getragen, dass jeder Kompetenzbegriff in öffentlichen Diskursen in eine spezifische Machtkonfiguration eingebettet ist und von einer (wissens-)soziologisch ausgerichteten Forschung nicht einfach übernommen werden kann. Auf diese Weise wird ein multispektrisches Verständnis von Kompetenz ermöglicht und gegen dominierende diskursive Formierungen gesetzt, das nicht in der Verfügungserwartung von Arbeitsmärkten aufgeht.

(3) In einem dritten Schritt kann dann der Frage nachgegangen werden, wie spezifische Kompetenzvorstellungen als zugemutete Aufgabe in der individualisierten Bildungspraxis reflexiv-moderner und kosmopolitischer Gesellschaften erworben, angeeignet oder zurückgewiesen werden – und wo sie ihrem ‚Anderen‘ begegnen, also beispielsweise ‚abweichenden‘ Kompetenzformen im Zeichen von Arbeitsmarktflexibilisierungen, Einkommenseinbrüchen, Genialitäten des Durchwurstelns und Überlebenskünsten des prekären Alltags. Statt den Bildungs- und Kompetenzprogrammatiken des „bildungsindustriellen Komplexes“ (Bude 2008, S. 103) zu folgen, könnte es darum gehen, die Vielfalt gelebter Bildungs- und Kompetenzpraxis in den Blick zu nehmen und hierüber auch bislang kaum beachtete Probleme und Alternativen aufzeigen zu können.

Der Theorie reflexiver Modernisierung folgend gehen wir beispielsweise davon aus, dass in Prozessen der „institutionalisierten Individualisierung“ (Beck 2008, S. 123ff.) die Individuen in unterschiedlichsten Handlungsfeldern in Situationen der chancen- und risikoreichen Wahl und Entscheidung versetzt werden. ‚Handlungs-Kompetenz‘ meint in dieser unübersichtlichen Gemengelage unter anderem das Aushalten und ‚Bearbeiten‘ einer permanenten Konfrontation mit der Unüberwindbarkeit von Nicht-Wissen. Zusätzlich lässt sich mit Bude festhalten, dass Kompetenzen einer erfolgreichen Alltagsbewältigung völlig anders in Erscheinung treten können und dass nicht per se davon ausgegangen werden kann und sollte, dass die Adressierung des unternehmerischen Bildungs-Subjekts erfolgreich ist oder sein muss. Mit Bezug auf die berühmte Studie von Paul Willis zum „Spaß am Widerstand“ (1982), die im Original den Titel „Learning to labour“ trägt, heißt es bei Bude zur gegenwärtigen Bildungsdiskussion: „Die Widerständigkeit der Betroffenen, ihre Eigenständigkeit als Subjekte und ihr Anspruch auf Subjektivität kommt in diesem Denken nicht mehr vor“ (Bude 2008, S. 105). Norbert Blüm (2012) weist in seinem Streitbeitrag auf eine Vielfalt von Kompetenzen hin, die er gerade nicht in der Schule erworben habe – und warnt ebenfalls vor Engführungen des Kompetenzbegriffs auf schulische Leistungen.

Eine erweiterte soziologische Kompetenzforschung kann in diesem Sinne danach fragen, was in unterschiedlichen gesellschaftlichen Handlungsfeldern und Milieus als Kompetenz gilt: Dies kann Improvisieren oder Organisieren, Schweigen oder Beschweren, einen Beitrag in einem Internet-Forum schreiben oder eine Bewertung auf Youtube abgeben etc. sein. Das mag auch ein gutes Organisationsklima oder eine sozial verträgliche Generationenbeziehung sein. Es geht also darum, nicht länger die Anpassung der Subjekte, Organisationen, Nationalstaaten an die Erwartungen zu fokussieren, sondern sich umgekehrt den vielfältigen Subversionen dieser Erwartungen und ihrer Einbettung in unterschiedlichste Ordnungen der ‚Aushandlung' unter Individualisierungsbedingungen zu nähern.

Gerade die eingangs erwähnte Rede davon, Bildung solle zur eigenständigen und aktiven Lebensführung befähigen, bekommt vor diesem Hintergrund eine andere Wendung, die sich mit dem von Günter Voß, Werner Kudera u.a. ausgearbeiteten Konzept der „alltäglichen Lebensführung" präzisieren lässt (Projektgruppe ‚Alltägliche Lebensführung' 1995). ‚Lebensführung' verweist auf die gestaltgebende, prekäre und ‚bastlerische' Anstrengung von Individuen, die verschiedenen heterogenen Bereiche ihres Alltagslebens – Arbeit, Familie, Freizeit – zu verbinden und im alltagsorganisatorischen Vollzug abzustimmen. Unsere These ist, dass das Konzept der ‚alltäglichen Lebensführung' einen analytischen Zugriff auf die horizontale Situiertheit von Kompetenzen eröffnet. Denn damit kommen die alltagspraktisch aktiven ‚Bildungsunternehmungen' sozial eingebetteter Individuen in einer Querschnittsbetrachtung, das heißt in ihrer Vermittlung mit anderen Bereichen des alltäglichen Lebensvollzugs in den Blick. Das ist mit den existierenden wissenskompetenzorientierten Fragestellungen so nicht möglich.

In Umkehrung des Lissaboner Memorandums ginge es dann darum, Lebensführung nicht als Ergebnis mehr oder weniger gelungen erworbener Schlüsselqualifikationen, sondern als Ort beziehungsweise Handlungsrahmen für einen vielfältigen Kompetenzerwerb sowie als Auseinandersetzung mit Bildungsprozessen zu verstehen, in dem Kompetenzen in Lebenspraxis eingebettet sind und durch diese geformt werden. Diese These lässt sich in Forschungen umsetzen, die in einem ersten Schritt den Stellenwert von multiplen Kompetenzen im Rahmen der Lebensführung empirisch genauer zu bestimmen trachten.

3. Rankings, Ratings und kein Ende: Platzierungskampf und Positionierungsmacht in den Gegenwartsgesellschaften

Die im vorangehenden Abschnitt am Beispiel des Bildungssektors und im Kontext von Politiken der Wissensgesellschaft diskutierte Kompetenzproblematik ist – so lautet unsere These – Symptom einer allgemeineren Gegenwartsdynamik der Mobilisierung, die zugleich neuer Instanzen der Beurteilung und Bewertung ‚bedarf‘ bzw. solche Instanzen – die wir Instanzen der *Positionierungsmacht* nennen wollen – hervorbringt. Instanzen der Positionierungsmacht verfügen idealtypisch über ein mehrfaches Definitionsmonopol: Zunächst bestimmen sie die einschlägigen Schlüsselgrößen der Kompetenz(-erkennung). Im Anschluss daran kontrollieren sie die Messverfahren und die aus den Messungen ermittelten Qualifikationen bzw. Hierachisierungen des/der Gemessenen. Schließlich entwickeln sie professionelle Dispositive der Kompetenzoptimierung, die an der Verheißung des Aufstiegs im Platzierungskampf orientiert sind. Michel Foucault hatte entsprechende ‚individualisierende Prüfungen‘ (vgl. Foucault 1976, S. 243ff.) als Bestandteile der Disziplinargesellschaft des 18. und 19. Jahrhunderts anhand schulischer Prüfungen beschrieben. Die damaligen Prozesse unterscheiden sich in zweierlei Hinsicht von der heutigen Erscheinung der Positionierungsmacht: So sprechen wir erstens von einer *zeitlichen Entgrenzung im Sinne einer Permanenz der Kompetenzprüfung* (während entsprechende Prozesse bei Foucault auf Ausbildungszeiten beschränkt waren), und zweitens von einer *institutionellen Entgrenzung bzw. organisatorischen Verfestigung der Positionierungsmacht* (die in den von Foucault erwähnten Beispielen auf wenige staatliche Behörden und Amtsträger eingeschränkt war). Hinzu kommt, dass die Dispositive der Kompetenzbeurteilung nicht als ‚unbeteiligte Beobachter‘ in Erscheinung treten. Im Gegenteil ist davon auszugehen, dass ihr Einsatz in massiver Weise die Praxisfelder verändert, die sie sich zur Beobachtung vorgenommen haben. D.h., dass die von ihnen geforderten Kompetenzen die von ihnen beobachteten Individuen, Organisationen, Nationalstaaten verändern – neu formieren entlang der Kompetenzdispositive. Diese Überlegungen wollen wir nun ausgehend vom eingeführten Feld der Bildung weiter ausargumentieren.

Auch in der Wissenschaftslandschaft beispielsweise ist nicht zu übersehen, dass sich diverse Ratings und Rankings sowohl auf nationaler als auch auf internationaler Ebene in den vergangenen zwei Jahrzehnten erfolgreich etablieren konnten und dabei entscheidend den öffentlichen und wissenschaftlichen Diskurs über Hochschulbildung und Kompetenzen der Kompetenzvermittlung geprägt haben.[5] Für die Hochschulen in Deutschland be-

---

5 Für die hier verhandelten Zwecke ist es nicht notwendig, spezifischer zwischen Ratings, Rankings und weiteren Positionierungstechnologien zu unterscheiden. Wichtig

gann dieser Prozess spätestens 1989 mit der Veröffentlichung des ersten SPIEGEL-Rankings (SPIEGEL-Verlag 1990), das kontroverse, sowohl öffentliche als auch innerwissenschaftliche Diskussionen über Sinn und Unsinn entsprechender Vergleiche auslöste (Hornbostel 1999; Stölting 2002, S. 72ff.). Heute gibt es eine Vielzahl von derartigen Instrumenten, wie etwa das DFG-Förderranking, das Rating des Wissenschaftsrates und allen voran das von der Bertelsmann-Stiftung getragene und in der ZEIT veröffentlichte CHE-Ranking. Auf internationaler Ebene zählen das von der Jiao Tong University in Shanghai herausgegebene ‚Academic Ranking of World Universities‘, kurz ‚ARWU‘ oder auch einfach ‚Shanghai-Ranking‘, sowie das ‚Times Higher Education World University Ranking‘, kurz ‚THEWUR‘ oder ‚THE-Ranking‘ zu den prominentesten und einflussreichsten Universitätsrankings.

Die Wirkung der Rankings betrifft die institutionelle Ebene ebenso wie die des Handelns. Wie die „Planungsgruppe des ‚Netzwerk[es] Exzellenz an deutschen Hochschulen‘“ feststellt (Borgwardt et al. 2011), entfalten Rankings „erhebliche Steuerungswirkungen“, da sie „die gesamte öffentliche Debatte über das Hochschul- und Wissenschaftssystem“ beeinflussen, und zwar auch dann, wenn sie „gravierende methodische Fehler aufweisen“ (ebd., S. 7).[6] Dies führe zur Gefahr von Fehlsteuerungen, der interessegeleiteten Interpretation und politischen Instrumentalisierung, der Steuerung von Forschungsschwerpunkten und letztlich der Gefährdung der Freiheit von Forschung und Lehre. Richard Münch weist auf die durch Rankings bedingte Zementierung bestehender Machtverhältnisse und Strukturen hin und spricht von einem „Monopolmechanismus in der Wissenschaft“ (Münch 2010). Die Bewertung von Fachzeitschriften nach ihrem Impact im Rahmen der Qualitätssicherung von Forschung führe beispielsweise im Zusammenspiel mit internationalen Rankings, insbesondere dem Shanghai-Ranking, zur „zirkulären Akkumulation von materiellem und symbolischem Kapital durch eine exklusive Klasse global dominanter Universitäten“ (ebd., S. 341). Der hierdurch noch einmal verstärkte „Matthäus-Effekt“ (Merton 1957; Zuckerman 2010) erzeugt nach Münch eine „Schließung der Wissensevolution“ (Münch 2010, S. 341). Universitäten werden zu Unternehmen (Washburn 2005) im Wettbewerb „um Forscher, Studierende und Forschungsgelder“ (Münch 2010, S. 341), die Renditen versprechen.

Damit ist bereits die neben den institutionellen Konsequenzen nicht weniger bedeutsame handlungspraktische Ebene der Wirkung von Rankings angesprochen. Die auf Wettkampf um prestigeträchtige Rankingplatzierungen

---

ist, dass sie alle relational, vergleichend erzeugte Bewertungen und Eingruppierungen vornehmen.

6 Dies wird vor allem beim Shanghai-Ranking moniert.

ausgerichtete Forschung[7] führt nach Alfred Kieser dazu, dass „intrinsische Motivation [...] zunehmend durch extrinsische verdrängt [wird]. Wissenschaftler sind nicht mehr bestrebt, neue wichtige Erkenntnisse zu gewinnen und die Entwicklung der Wissenschaft voranzutreiben, sondern sammeln Punkte, indem sie Bewährtes variieren" (Kieser 2010b, S. 347). Ihr Forschungsinteresse besteht primär darin, „in A-Journals [zu] veröffentlichen" (Kieser 2010a) und wie sie der permanenten „Beweispflicht" (Allert 2009) begegnen können. Auch Studium und Lehre stehen verstärkt „unter dem Diktat der Nützlichkeit" (Krysmanski 2007) und leiden unter der von Bruno Frey (2008) als neue Krankheit bezeichneten „Evaluitis". Die ritualisierten Prüfungen und Evaluationen in der „Audit Society" (Power 1997) werden für die Bestimmung und Messung von Kompetenzen aller Art angewandt.

Die verschiedenen Wirkungen der Rankings verweisen auf die Mehrdimensionalität und Brisanz, die der spezifischen, gegenwärtig zu beobachtenden diskursiven Formierung von Kompetenz in Bildung und Wissenschaft innewohnt. Dies betrifft selbstverständlich auch die Kategorien des Denkens und damit der gesellschaftlichen Wissensordnung und Konstruktion von Wirklichkeit. Wie die oben erwähnte Planungsgruppe auch bemerkt, bilden Rankings „Realität vereinfacht ab und schaffen eine eigene Realität" (Borgwardt 2011, S. 7). Dies sei zum einen der Auswahl der Indikatoren sowie der Verknappung von Daten auf Durchschnittswerte geschuldet, und zum anderen der Reduktion von „Qualitäten – um Vergleiche überhaupt zu ermöglichen – auf Zahlenwerte" (ebd.). Der zuletzt, fast beiläufig erwähnte Punkt hat u.E. weit größere Implikationen, als die Einschränkung der Aussagekraft von Rankings. Die „Qualitätsvergessenheit" (Hofer 2011, S. 100, 106f.) verweist auf die zunehmende semantische und kulturelle Rationalisierung in der vereinseitigten Form als Ökonomisierung, der auch die Wissenschaft unterworfen ist. ‚Rating' und ‚Ranking' sind zu Kulturtechniken avanciert, die nicht nur spezifisch reduzierte Kompetenzvorstellungen prozessieren, sondern die zugleich andere Formen der Bewertung und Ordnung (das ‚gute Argument', qualitative Unterscheidungen) zunehmend zu eliminieren drohen.

Wirft man einen Blick über die Felder von Wissenschaft, Bildung und Erziehung hinaus, stellt man entsprechend fest, dass Ratings und Rankings als Kulturphänomen mittlerweile praktisch sämtliche gesellschaftliche Bereiche durchziehen. Sie finden also längst nicht mehr nur in ohnehin ‚rankingaffinen' Feldern wie Sport[8] und Ökonomie[9] Anwendung, sondern auch in ehe-

---

7 Vgl. hierzu auch Stölting (2002), der von „Wissenschaft als Sport" spricht.
8 Im Sport entsprechen dem nicht Wettkampfspiele, in denen Einzelne oder Mannschaften gegeneinander antreten, sondern die Vorführung vor einer bewertenden Jury, die Punkte vergibt (also eher das Modell des Eiskunstlaufes als dasjenige des Fußballspiels).

dem davon kaum betroffenen Bereichen wie eben der Wissenschaft (Engel 2001; Müller-Böling/Hornbostel/Berghoff 2001), der Kunst[10] und nicht zuletzt der Alltagswelt. Sie dienen überall der Messung, dem Vergleich und der Legitimierung darauf sich beziehender Aussagen sowie Entscheidungen und sind damit in unterschiedlichsten Kontexten handlungsrelevant. Sie erweisen sich als eine Sinnstruktur, ein Angebot zur Deutung von Situationen, Handlungsproblemen und sozialen Beziehungen, das kaum abzulehnen ist. Sie sind Teil und Konstituens einer spezifischen Machtkonfiguration, die mit dem Begriff der *Positionierungsmacht* näher erfasst werden kann.

Der Machttypus der Positionierungsmacht zeigt sich modellhaft derzeit nirgendwo eindrücklicher als in den zahlreichen Castingshows wie ‚X-Factor‘, ‚Das Supertalent‘, ‚Deutschland sucht den Superstar‘ oder – ebenso wie die vorgenannten Formate auch aus dem angloamerikanischen Raum übernommen – ‚Germany's Next Topmodel, by Heidi Klum‘ (Keller 2011). Der Gewinnerin der Show winken ein Modelvertrag und die Aussicht auf eine anschließende Karriere (so verspricht es zumindest der Sender). Dabei erfordert es die Logik der Auslese, dass am Ende nur eine Siegerin gekürt werden kann, selbst wenn alle Teilnehmerinnen auf hohem Niveau gleich überzeugend wären. Während einer Staffel müssen die Teilnehmerinnen verschiedene Aufgaben bewältigen, in der die – zumeist körperliche – Performanz im Mittelpunkt steht, die es der Jury ermöglichen sollen, ein ‚tragfähiges‘ Urteil zu fällen. Die Mitglieder der Jury berufen sich in ihren Entscheidungen auf ‚Insiderwissen‘, das sie als Kenner des Modelgeschäfts sowie der hierin benötigten Kompetenzen und somit als legitime Juroren ausweisen soll.

Der enorme Publikumserfolg der genannten Shows lässt sich kaum allein durch kulturindustrielle Deformierung, Alltagsablenkung oder Mitfiebern bei sportlichen Wettkämpfen erklären, noch dadurch, dass hier ein Aufstiegsversprechen jenseits öffentlicher Bildungszumutungen – Körper oder Stimme statt Abitur und Studium – abgegeben wird. Vielmehr wird hier konzentriert ein allgemeines soziokulturelles Modell präsentiert, auf das Zuschauerinnen und Zuschauer eigene Erfahrungen beziehen können.

---

9   In der Ökonomie geht es um die Erzeugung von Informationen und Orientierungen für investierende bzw. nachfragende ‚Kunden‘ angesichts einer undurchschaubaren Marktlage.

10 Auf die Bedeutung von Rankings in der Kunst geht Schreiterer (2008) ein: „Rankings bilden Preise ab, die der Reputation […] nicht passiv folgen, sondern längst eine eigene Bedeutung erlangt haben und Teil der Wertsetzung geworden sind. Die Währung, um die es geht, heißt Vertrauen: Kunst ist Vertrauenssache. Die Kunstwelt lebt von programmatischen Irritationen, deren Stärke und Validität indes stets neu geprüft und attestiert sein will. Ohne das Gütesiegel vertrauenwürdiger Institutionen und Gewährsleute ist Kunst wertlos, egal, wie gut, originell, faszinierend oder *trashy* sie auch sein mag" (Schreiterer 2008, S. 32).

Was in der akademischen Hochschulwelt Deutschlands als Exzellenzinitiative in Erscheinung tritt (Münch 2007; 2009; 2011; Hartmann 2010), was in Behörden, Organisationen, Unternehmen als Prämierung von ‚best practice‘, was allgemein als Rating, Auditing, Evaluation (Matthies/Simon 2008), Zertifizierung und Ranking geschieht, was in Assessment-Zentren den Zugang zu beruflichen Positionen bestimmt oder in internetbasierten Partnerschaftsagenturen den Kontakt zum gewünschten Geschlechtspartner, das alles findet sich exemplarisch und kondensiert in den erwähnten Fernsehformaten. Die Situationen, denen sich die Teilnehmerinnen und Teilnehmer ausgesetzt sehen, entsprechen den Erfahrungen der Zuschauer und ihrem Kampf mit dem Exzellenz-Paradox: Die durch die Knappheit der zu vergebenden Prämien erzwungene Logik der Selektion nötigt alle zu höherer Leistung, deren Erfüllung permanent die Grundlagen der Prämierung (des Rankings, der Hierarchisierung) verschiebt. Darin liegt der unauflösbare paradoxe Kern der (all-)gegenwärtigen Positionierungsmacht, deren Funktionsweise in den erwähnten Beispielen dargestellt, symbolisch verkörpert und durchlitten wird.

Hier zeigt sich eine wesentliche und charakteristische Verschiebung von Machtkonstellationen, die sich als Ablösung des Klassenkampfes durch den „Kampf um einen Platz" beschreiben lässt. Mitte der 1990er Jahre wählten Vincent de Gaulejac und Isabella Teboada-Léonetti (1997) diesen Begriff, um die neuen sozialstrukturellen Ungleichheitslagen der Gegenwart zu beschreiben (das französische Wortspiel zwischen ‚lutte des classes‘ und ‚lutte des places‘ lässt sich im Deutschen nicht wiedergeben). Diese Verschiebung ist zweifellos auch vor dem Hintergrund der strukturellen Veränderungen im Zusammenhang mit Individualisierung zu sehen (Beck 1986). Die Freisetzung von Individuen aus traditionellen und erstmodernen sozialstrukturellen Kontexten schafft ebenso wie die damit einhergehende Diffusion kollektiver Wertvorstellungen das strukturelle Einfallstor für die selbsternannten Platzanweiser aus den Castingjurys.

Die in kritischer Absicht vorgenommene Konzentration einiger gegenwärtiger sozialwissenschaftlicher Diskussionen auf das zugleich generalisierte und individualisierte Selbst-Unternehmertum übersieht genau diese zentrale Komponente, die in den erwähnten Casting-Prozeduren unabdingbar eingebaut ist, unabhängig davon, ob diese im Fernsehen oder in realo statthaben: Die Jury bzw. die Instanzen des Ratings und Rankings, jene Instanzen also, welche die Hierarchisierung vollziehen, über Position, Prämie, Zugang oder Ausschluss entscheiden. Es sind die Statthalter der Positionierungsmacht. Sie beziehen ihre Legitimation aus einem Wissensvorsprung, einer mehr oder weniger geheimen Kenntnis der Eingeweihten und Erfolgreichen über das, was der jeweilige ‚Markt‘ erfordere. Dieses ‚überlegene‘ Wissen gewinnen sie aus mysteriösen Kompetenzvorsprüngen (Erfolg, Erfahrung) und unterschiedlichsten Formen der Wissensorganisation (etwa der Auswertung von ‚Evaluation‘).

Ein besonders eindrucksvolles Beispiel für den Einfluss solcher Bewertungsinstanzen liefern seit geraumer Zeit die Kreditratingagenturen. Wie spätestens seit dem Ausbruch der globalen Finanzkrise 2007/08 für jedermann ersichtlich, befinden diese längst nicht nur über die Kreditwürdigkeit und damit die Zukunft von Unternehmen, sondern über Wohl und Wehe ganzer Staaten. Vor einigen Monaten betitelte die Süddeutsche Zeitung einen Kommentar von Martin Hesse zur Rolle von Ratingagenturen in der heutigen Finanzwelt mit „Freiwillig versklavt". Hesse (2011, S. 4) schreibt darin: „Die Grundidee eines Ratings ist ja gut: Experten prüfen, ob ein Unternehmen, eine Bank oder ein Staat kreditwürdig ist, und kondensieren das Ergebnis in eine Note. [...] Im besten Falle wirken Ratings wie ein Warnsystem, das Geld zu den richtigen Preisen seiner sinnvollsten Verwendung zuführt. Doch wenn nur drei Institutionen den Takt vorgeben, nach dem sich Millionen Investoren in aller Welt bewegen, wird die scheinbar objektive Bewertung zur Gefahr. Es sind ja keine Fakten, um die es geht, sondern Meinungen. Und es ist immer noch [...] reichlich unklar, wie sie zu ihren Noten kommen."

Durch die Überführung in Kompetenzmessung und damit verbundene Ranking- bzw. Ratingcodes, die einem hierarchischen System folgen, werden situierte Einschätzungen zu Tatsachen, die im Sinne des Thomas-Theorems faktische Wirkung erzeugen, weil die Marktteilnehmer ihr Handeln danach ausrichten: ‚Wenn eine Kompetenz als real vorhanden oder nicht vorhanden definiert wird, dann ist das real in seinen Konsequenzen'.[11] Was die Beispiele der Wissenschaftsrankings, der Castingshows und der Kreditratingagenturen eindrucksvoll zeigen, ist zum einen die Wirkung quantifizierender und hierarchisierender Bewertungen sowie zum anderen den enormen Einfluss der Instanzen, welche die Ratings und Rankings vornehmen. Sie offenbaren einerseits die „Macht der Zahlen" (Köhler 2011) in ihrer diskursiven Wirkung (ebd.), die sich nur deshalb entfalten kann, weil ihr ein kulturelles Deutungsmuster zugrunde liegt und vorausgeht, das Zahlen und sich hierauf stützenden Bewertungen unterstellt, Wirklichkeit abzubilden. Andererseits bezeugen sie die Macht nicht demokratisch legitimierter Personen und Einrichtungen, die hierauf aufbauend eine Ordnungsfunktion übernehmen oder vorgeben.

Man kann angesichts der Omnipräsenz der Positionierungsversuche und -kämpfe ohne Übertreibung von einer Casting- oder Rankinggesellschaft (Keller 2011) sprechen, da die erwähnten Leistungs-, Selektions-, Rekrutierungs- und Bewertungsprinzipien ein entsprechend verallgemeinertes gesellschaftliches Modell bilden. Genau dadurch und genau hier vollzieht sich

---

11 Zur Problematik von Wertzumessungen und der damit verbundenen Wissenserzeugung sowie Konstruktion von Wirklichkeit durch Ratings und Evaluationen im Zuge der Finanzkrise vgl. MacKenzie (2011).

seit einigen Jahrzehnten jene Verschiebung von Machtrelationen, die sich als Bestandteil einer neuen Machtkonfiguration mit dem Begriff der *Positionierungsmacht* bezeichnen lässt. Dieser Begriff ist im Kontext der Foucaultschen Machtanalytik zu verstehen: Foucault spricht von Macht nicht im Sinne einer Ressource zur Beeinflussung des Handelns anderer, sondern begreift darunter „de[n] Name[n], den man einer komplexen strategischen Situation in einer Gesellschaft gibt" (Foucault 1977, S. 114). Er entwirft damit das, was er eine „Analytik der Macht" nennt, eine empirische Analyse von gesellschaftlichen Konstellationen, die dann unter einen Begriff gefasst werden (als Disziplinarmacht etwa, oder als Biomacht und Bio-Politik). Uns scheint, die Allgegenwart der Positionierungsprozesse lässt es heute zu, von *Positionierungsmacht als einem neuen Machttypus* zu sprechen. An Foucault anzuschließen bedeutet in diesem Zusammenhang, Effekte der Macht nicht ausschließlich in der Unterdrückung, in der Repression, in der Einschränkung zu sehen, sondern zugleich ihre produktive Seite, ihre Produktivität und dadurch vorgenommene Ermöglichungen bzw. Formierungen von Praxisfeldern in den Blick zu nehmen.

Positionierungsmacht impliziert demnach:
* eine Aktivierung und Führung der Selbstführungen der Adressierten, insbesondere durch Einführung von motivierenden Verheißungen, die den Erfolg in der Platzierung mit weiteren Erfolgsmöglichkeiten verknüpft;
* einen generalisierten Wettbewerb zwischen den Teilnehmern, der aus der Logik des Wettkampfes heraus beständig die Messlatte für Erfolg nach oben verschiebt;
* die Etablierung von Bewertungsinstanzen (Expertengremien), die in mehr oder weniger formalisierter Weise Kompetenzen der Kompetenzeinstufung verkörpern und eine starke hierarchische Komponente beinhalten (eine quasi-religiöse Inkarnation des Jüngsten Gerichts);
* in diesem Sinne den Aufbau von Institutionen, die Marktchancen auf unterschiedlichsten Märkten (der Ökonomie, der Kultur, der Wissensproduktion, der Arbeitsplatzkonkurrenz, der Partnerwahl etc.) zuweisen.

4. Folgerungen

Bei Casting, Rating, Ranking handelt es sich um Rekrutierungs- und Sortierungmechanismen, die der Welt der Unternehmen, der Rationalität und Logik der Unternehmensberatung entstammen, und die im Zuge des New Public Management (Lane 2000) auch in die öffentliche Verwaltung und schließlich in die Wissenschaft Einzug gehalten haben. Als generalisierte Formen der Mobilisierung von Aktivität, Eigeninteresse und Eintritt in den Wettkampf haben sich die entsprechenden Praktiken in unterschiedlicher organisatorischer Gestalt nicht nur auf Organisationen (wie beispielsweise Universitäten), sondern bis hin zur Ebene der individualisierten, marktabhängigen Lebensführung ausgedehnt und sind dabei, „flexible Menschen" (Sennett 2000) hervorzubringen sowie Praxisbereiche, die dieser Logik noch nicht unterliegen, zu kolonialisieren. Die Mobilisierung von Energien richtet sich auf Kompetenzerwerb und -darstellung, das Aufsteigen in Platzierungen und die damit einhergehenden säkular-materiellen Heilsversprechungen. ‚Jenseits von Staat und Klasse' avanciert die Idee des Marktes zur allgemeinen Institution der Abstimmung von Handlungsweisen auch abseits der spezifischeren ökonomischen Praxisfelder, im Privaten ebenso wie in der Bildung, bei Kindergärten, Liebesverhältnissen und in ehrenamtlichen Vereinen.

Ob individualisiertes unternehmerisches Subjekt oder individualisierte unternehmerische Organisation/Institution, beide befinden sich gleichzeitig in einer Konstellation der Orientierungsnotwendigkeit über ihre Handlungsführungen, die ein doppeltes Wissensproblem erzeugen: Um zu entscheiden, was sie wollen und erstreben können, benötigen sie scheinbar ein Wissen über das, was sie sind, beziehungsweise was ihre Position, ihren Wert am jeweiligen ‚Markt' begründet. Es ist wenig verwunderlich, dass in den letzten Jahrzehnten allüberall entsprechende Dispositive entstanden sind. Die Agenturen der Beratung, des Castings und Rankings werden zur symbolischen Verkörperung des religiösen Heilsversprechens, da sie ein Wissen über Stand und Aussichten verheißen, das die Selbstführung der Individuen und Organisationen anzuleiten vermag und ihnen mittels bei hinreichender Anstrengung möglichem Markterfolg diejenige säkularisierte Heilserwartung – oder einfach nur: Existenzsicherheit – verspricht, die sich aus religiösen oder sozialstrukturellen Bezügen nicht mehr speisen kann.

Dieses Zusammenspiel von Selbstführung und Fremdführung – in Gestalt von Bewertungen und Bewertungsinstanzen, welche Zugangsversprechen und Zugangschancen kontrollieren – konstituiert den neuen Machttypus der Positionierungsmacht. Gerade das Element der Ästhetisierung im Sinne eines Bedeutungszuwachses einer gelungenen (v.a. körperlichen oder visuellen) Performanz ist dabei ein untrügliches Zeichen für das Eindringen ökonomischer Imperative in lebensweltliche Zusammenhänge. Das Prinzip der Performativität richtet sich auf die Präsentation, auf das ‚Sich-Verkaufen'-Können und -Müssen. Die Agenturen der Positionierungsmacht fordern keine Beichte, sondern eine *Präsenztechnologie von Einsatz und Performanz*; sie agieren nicht als Vermittler zwischen religiöser Transzendenz und individuellem Seelenheil, sondern als Mediatoren zwischen der Transzendenz des Marktes, seinen Platzierungsangeboten und dem individualisierten, innerweltlichen, organisatorischen Seelenheil, den Existenzchancen der Bewerber. Die Rankinggesellschaft entgrenzt entsprechende Kompetenznachweise und deren Zertifizierung sowohl in (lebens-)zeitlicher wie auch in gesellschaftsstruktureller Hinsicht.

Mögliches Scheitern wird gleichwohl nicht der Jury, sondern der mangelnden Anstrengung und Performanz der Bewerber sowie der permanenten Transformation der Märkte zugerechnet, die sich aus dem Wettbewerb aller um ‚Exzellenz' – des Partnerprofils, des Universitätsprofils, des Kindergartenprofils – zwangsläufig ergibt. Denn die entsprechenden Märkte kennen zwar den Wettbewerb, aber keine Grenze, keine Sicherung der Position; sie sind in ihrer Erwartungssteigerung nach oben offen, gerade weil sich die Positionierung aus der Logik des Vergleichs heraus ergibt. Wo alle exzellent sind, wird derjenige zum Gewinner, der *Super-Exzellenz* zu vermitteln vermag.

Soziologisch interessant wird damit gerade die Frage nach den Instanzen und deren Legitimierungen, nach dispositiven Mitteln, Mechanismen, Prozessen und Akzeptanzen der Beurteilung, also nach den Schlüsselgrößen der Positionierungsmacht. Ihre Analyse geht nicht einfach in der Identifikation einiger weniger Agenturen auf. Vielmehr kann unter den gegenwärtigen neuen Technologiebedingungen zugleich von einer organisatorischen Konzentration und einer durch Individualisierung entstehenden Entgrenzung der Positionierungsmacht gesprochen werden. Für Letzteres ist der Button ‚gefällt mir' auf diversen Websites die banalisierte alltagsweltliche und gleichwohl effektreiche Präsenzform. Es ist hier die selbstermächtigte anonyme Jury der Unzähligen, die das Urteil fällt.

Literatur

Adorno, T.W. (1966/1970): Erziehung nach Auschwitz. In: Ders.: Erziehung zur Mündigkeit, Vorträge und Gespräche mit Hellmut Becker 1959-1969. Frankfurt am Main, S. 92–109.

Allert, T. (2009): Die Sorge hat keine Adresse mehr. In: FAZ vom 19.8.2009 (auch online unter www.faz.net/aktuell/feuilleton/gesellschaftstheorie-die-sorge-hat-keine-adresse-mehr-1843598. html, Abruf 4.3.2011).

Beck, U. (1986): Risikogesellschaft. Frankfurt am Main.

Beck, U. (2008): Der eigene Gott: Von der Friedensfähigkeit und dem Gewaltpotential der Religionen. Frankfurt am Main.

Becker, H.S. (2003): Making Sociology Relevant to Society. Vortrag auf der ESA-Tagung in Murcia (Spanien). www.earthlink.net/~hsbecker/articles.html (Abruf 16.2.2009).

Blüm, N. (2012): Freiheit! Über die Enteignung der Kindheit und die Verstaatlichung der Familie. Eine Streitschrift. In: Die ZEIT vom 15.3.2012, 12/2012, S. 75–76.

Borgwardt, A. (2011): Rankings im Wissenschaftssystem – Zwischen Wunsch und Wirklichkeit. Publikation zur Konferenz der Friedrich-Ebert-Stiftung am 17.3.2011. Berlin.

Bröckling, U. (2000): Totale Mobilmachung. Menschenführung im Qualitäts- und Selbstmanagement. In: Ders./Krasmann, S./Lemke, T. (Hrsg.): Gouvernementalität der Gegenwart. Studien zur Ökonomisierung des Sozialen. Frankfurt a.M., S. 131–167.

Bude, H. (2008): Die Ausgeschlossenen. Das Ende vom Traum einer gerechten Gesellschaft. München.

de Gaulejac, V./Taboada-Léonetti, I. (1997): La lutte des places. Paris.

Engel, U. (Hrsg.) (2001): Hochschul-Ranking. Zur Qualitätsbewertung von Studium und Lehre. Frankfurt am Main/New York.

Erpenbeck, J./Heyse, V. (1999): Die Kompetenzbiographie. Wege der Kompetenzentwicklung. Münster u. a.

Faure, E./Herrera, F./Kaddoura, A.-R. (1973): Wie wir leben lernen. Der UNESCO-Bericht über Ziele und Zukunft unserer Erziehungsprogramme. Reinbek.

Foucault, M. (1976): Überwachen und Strafen. Die Geburt des Gefängnisses. Frankfurt am Main.

Foucault, M. (1977): Sexualität und Wahrheit. Band 1: Der Wille zum Wissen. Frankfurt am Main.

Frey, B.S. (2008): Evaluitis – eine neue Krankheit. In: Matthies, H./Simon, D. (Hrsg.): Wissenschaft unter Beobachtung. Effekte und Defekte von Evaluationen. Wiesbaden, S. 125–141.

Hartmann, M. (2010): Die Exzellenzinitiative und ihre Folgen. In: Leviathan 38, S. 369–387.

Hesse, M. (2011): Freiwillig versklavt. In: Süddeutsche Zeitung vom 27.6.2011, S. 4.

Hofer, H. (2011): Verdinglichung als Vergessenheit. Entwicklung und Dimensionen eines vergessenstheoretischen Motivs. In: Dimbath, O./Wehling, P. (Hrsg.): Soziologie des Vergessens. Theoretische Zugänge und empirische Forschungsfelder. Konstanz, S. 95–111.

Hornbostel, S. (1999): Interaktionsprozesse zwischen Öffentlichkeit und Wissenschaft. Das SPIEGEL-Ranking deutscher Universitäten und die Folgen. In: Gerhards, J./Hitzler, R. (Hrsg.): Eigenwilligkeit und Rationalität sozialer Prozesse. Festschrift zum 65. Geburtstag von Friedhelm Neidhardt. Opladen: Westdeutscher Verlag, S. 174–205.

Keller, R. (2005): Bildung und Lebensführung in der Wissensgesellschaft. Vortrag an der Universität Koblenz-Landau. München (unv. Manuskript).

Keller, R. (2008): Michel Foucault. Konstanz.

Keller, R. (2010): Kompetenz-Bildung: Programm und Zumutung individualisierter Bildungspraxis. Über Möglichkeiten einer erweiterten Bildungssoziologie. In: Kurtz, T./Pfadenhauer, M. (Hrsg.): Soziologie der Kompetenz. Wiesbaden, S. 29–48.

Keller, R. (2011): „Drama, Baby, Drama". Casting Society & Ranking Society: Positionierungsmacht in der Zweiten Moderne. In: Bonß, W./Lau, C. (Hrsg.): Macht und Herrschaft in der reflexiven Moderne. Weilerswist, S. 67–98.

Kieser, A. (2010a): Die Tonnenideologie der Forschung. In: FAZ vom 11.6.2010 (auch online unter www.faz.net/aktuell/feuilleton/forschung-und-lehre/akademische-rankings-die-tonnenideologie-der-forschung-1997844.html, Abruf 2.3.2011).

Kieser, A. (2010b): Unternehmen Wissenschaft? In: Leviathan 38, S. 347–367.

Köhler, B. (2011): Macht der Zahlen, Herrschaft der Statistik. Eine machttheoretische Skizze. In: Bonß, W./Lau, C. (Hrsg.): Macht und Herrschaft in der reflexiven Moderne. Weilerswist, S. 330–357.

Krysmanski, H.J. (2007): Unter dem Diktat der Nützlichkeit: Was heißt und zu welchem Ende studiert man Soziologie? Vortrag vom 9.11.2007. www.uni-muenster.de/PeaCon/psr/pn/soziologie--krys-9-11-07.htm (Abruf 2.3.2011).

Lane, J.-E. (2000): New Public Management. New York.

MacKenzie, D. (2011): The Credit Crisis as a Problem in the Sociology of Knowledge. In: American Journal of Sociology Vol. 116 No. 6, S. 1778–1841.

Matthies, H./Simon, D. (Hrsg.) (2008): Wissenschaft unter Beobachtung. Effekte und Defekte von Evaluationen. Wiesbaden.

Merton, R.K. (1957): The Matthew Effect in Science. In: Science 159, S. 56–63.

Müller-Böling, D./Hornbostel, S./Berghoff, S. (Hrsg.) (2001): Hochschulranking – Aussagefähigkeit, Methoden, Probleme. Gütersloh.

Münch, R. (2007): Die akademische Elite. Frankfurt am Main.

Münch, R. (2009): Globale Eliten, lokale Autoritäten. Bildung und Wissenschaft unter dem Regime von PISA, McKinsey & Co. Frankfurt am Main.

Münch, R. (2010): Der Monopolmechanismus in der Wissenschaft. Auf den Schultern von Robert K. Merton. In: Berliner Journal für Soziologie 20, S. 341–370.

Münch, R. (2011): Akademischer Kapitalismus. Über die politische Ökonomie der Hochschulreform. Berlin.

Power, M. (1997): The Audit Society. Ritual of Verification. Oxford.

Projektgruppe ‚Alltägliche Lebensführung‘ (Hrsg.) (1995): Arrangements zwischen Traditionalität und Modernisierung. Opladen.

Schreiterer, U. (2012): Das soll Kunst sein? Museen, Galerien und Rankings als Vertrauensproduzenten. In: WZB Mitteilungen, Heft 135. Paderborn, S. 31–33.

Sennett, R. (2000): Der flexible Mensch. Die Kultur des neuen Kapitalismus. Berlin.

Simon, D./Knie, A./Hornbostel, S. (Hrsg.) (2010): Handbuch Wissenschaftspolitik. Wiesbaden.

SPIEGEL-Verlag (Hrsg.) (1990): Studieren heute – Welche Uni ist die beste? SPIEGEL-Rangliste der westdeutschen Hochschulen. SPIEGEL-Spezial, H. 1/1990.

Stölting, E. (2002): Wissenschaft als Sport. Ein soziologischer Blick auf widersprüchliche Mechanismen des Wissenschaftsbetriebes. In: Die Hochschule 2/2002, S. 58–78.

Tippelt, R./Mandl, H./Straka, G. (2003): Entwicklung und Erfassung von Kompetenz in der Wissensgesellschaft – Bildungs- und wissenstheoretische Perspektiven. In: Gogolin, I./Tippelt, R. (Hrsg.): Innovation durch Bildung. Beiträge zum 18. Kongress der Deutschen Gesellschaft für Erziehungswissenschaft. Opladen, S. 349–370.

Tuschling, A. (2004): Lebenslanges Lernen. In: Bröckling, U./Krasmann, S./Lemke, T. (Hrsg.): Glossar der Gegenwart. Frankfurt am Main, S. 152–158.

Washburn, J. (2005): University Inc.: The Corporate Corruption of American Higher Education. New York.

Willis, P. (1982): Spaß am Widerstand. Gegenkultur in der Arbeiterschule. Frankfurt am Main.

Zuckerman, H. (2010): Dynamik und Verbreitung des Matthäus-Effekts. Eine kleine soziologische Bedeutungslehre. In: Berliner Journal für Soziologie 20, S. 309–340.

Die Autorinnen und Autoren

Albers, Albert, Jg. 1957, Dr.-Ing., Dr. h.c., ist Professor und Leiter des Instituts für Produktentwicklung (IPEK) am Karlsruher Institut für Technologie (KIT); www.ipek.kit.edu

Becke, Claudia, Jg. 1979, Dipl.-Ing., ist wissenschaftliche Mitarbeiterin am Institut für Produktentwicklung (IPEK) am Karlsruher Institut für Technologie (KIT); www.ipek.kit.edu

Blömeke, Sigrid, Jg. 1965 , Dr. phil., ist Professorin für Systematische Didaktik und Unterrichtsforschung an der Humboldt-Universität zu Berlin; ebwb.hu-berlin.de/institut/abteilungen/didaktik

Brosziewski, Achim, Jg. 1961, Dr. oec., ist Professor an der Pädagogischen Hochschule Thurgau und forscht zu den Themen Schule, Lehrberuf, Bildung, Medien und Kommunikation; www.phtg.ch/forschung/

Brüsemeister, Thomas, Jg. 1962, Dr. phil., ist Professor für Soziologie an der Justus-Liebig-Universität Gießen; www.uni-giessen.de/cms/fbz/fb03/institute/ifs

Burkardt, Norbert, Jg. 1951, Dipl.-Ing., ist Oberingenieur am Institut für Produktentwicklung (IPEK) am Karlsruher Institut für Technologie (KIT); www.ipek.kit.edu

Ebner-Priemer, Ulrich W., Jg. 1971, Dr. phil., ist Professor am Lehrstuhl für Angewandte Psychologie am Karlsruher Institut für Technologie (KIT); www.sport.kit.edu/psychologie.php

Fischer, Martin, Jg. 1955, Dr. phil., ist Professor für Berufspädagogik und Leiter des Instituts für Berufspädagogik und Allgemeine Pädagogik (IBP) am Karlsruher Institut für Technologie (KIT); www.ibp.kit.edu

Haasler, Bernd, Jg. 1968, Dr. phil., ist Professor für Technikdidaktik an der Pädagogischen Hochschule Weingarten; www.bernd-haasler.blogspot.de

Heiner, Matthias, Jg. 1953, ist wissenschaftlicher Mitarbeiter am Zentrum für HochschulBildung der Technischen Universität Dortmund; www.zhb.tu-dortmund.de

Hofer, Harald, Jg. 1975, M.A., ist wissenschaftlicher Mitarbeiter am Lehrstuhl für Soziologie der Universität Augsburg; www.philso.uni-augsburg.de/lehrstuehle/soziologie/sozio1/mitarbeiter/

...ı für Soziologie an der Uni-
...ourg.de/lehrstuehle/soziologie/

...60, Dipl.-Psych., ist akademische Mitarbeiterin
...ıgewandte Psychologie am Karlsruher Institut für Tech-
...ı; www.sport.kit.edu/psychologie.php

Kunz, Alexa Maria, Jg. 1979, M.A. (Soz.), B.A. (Berufspädagogik/Soz.), ist akademische Mitarbeiterin am Lehrstuhl für Soziologie des Wissens und am House of Competence des Karlsruher Instituts für Technologie (KIT); www.hoc.kit.edu

Münch, Richard, Jg. 1945, Dr. phil., ist Professor für Soziologie an der Universität Bamberg; www.uni-bamberg.de/soz2/

Pfadenhauer, Michaela, Jg. 1968, Dr. phil., ist Professorin am Lehrstuhl für Soziologie des Wissens am Karlsruher Institut für Technologie (KIT); www.pfadenhauer-soziologie.de

Santangelo, Philip, Jg. 1981, Dipl.-Psych., ist akademischer Mitarbeiter am Lehrstuhl für Angewandte Psychologie am Karlsruher Institut für Technologie (KIT); www.sport.kit.edu/psychologie.php

Truschkat, Inga, Jg. 1975, Dr. disc. pol., ist Junior-Professorin am Institut für Sozial- und Organisationspädagogik der Universität Hildesheim; www.uni-hildesheim.de/index.php?id=3282

Wildt, Johannes, Jg. 1945, Dr. phil. Dr. h.c., ist Professor im Ruhestand am Zentrum für HochschulBildung der Technischen Universität Dortmund; www.zhb.tu-dortmund.de